本书是张少华主持的国家自然科学基金常规面上项目“中国企业和城市规模分布异化的政策根源、形成机制与效率评估”（批准号：72073038）、“中国的‘中部迷失’问题：典型事实、形成机理及宏观后果”（批准号：71673253），以及广州市宣传文化人才培养专项经费资助成果之一

张少华 等 著

中国经济增长的
生产率视角

PRODUCTIVITY PERSPECTIVE OF CHINA'S ECONOMIC GROWTH

从微观到宏观

EVIDENCE FROM MICRO TO MACRO

社会科学文献出版社
SOCIAL SCIENCES ACADEMIC PRESS (CHINA)

目 录

第一章　中国工业企业全要素生产率测度再研究

一　引言

中国工业企业数据库是近年来学术界研究中国经济问题使用最多的数据库之一。其涵盖了中国所有国有企业以及规模以上的非国有企业的年度统计数据，其中规模以上的非国有企业的统计标准为：1999~2010 年为营业收入 500 万元以上；2011~2013 年为营业收入 2000 万元以上。中国工业企业数据库具有样本量大、指标众多、时序较长的特点，但因其源于样本企业提交给当地统计局的原始报表汇总，并非学术机构采集和发布，在使用上存在样本统计误差、统计口径变更、样本匹配混乱、关键指标缺失和异常值多等问题（聂辉华等，2012；杨汝岱，2015）。如 2004 年缺失工业总产值与工业增加值，因统计上的原因，自 2008 年始关键指标缺失的问题更为严重，如计算企业全要素生产率就存在缺失多个关键指标的问题：2008~2013 年缺失工业增加值与工业中间投入、2009~2013 年缺失固定资产净值年平均余额、2008~2010 年缺失本年折旧、2009~2010 年缺失工资支付，等等。因此，目前使用工业企业数据库的大多数研究基本囿于 2007 年前，时效性渐失。

在有关工业企业数据库使用的文献中，Brandt et al.（2012）的研究成为该数据库处理的代表性文献，尤其是其采用序贯识别法进行面板构建为早期使用该数据库的学者提供了重要参考。随后聂辉华等（2012）对数据库的使用现状与潜在问题进行了具体的分析，他们在 Brandt et al.（2012）的基础上针对同一企业存在多个不同代码或者同一企业代码存在多个企业的情况提出交叉匹配法来实现面板的构建。张天华和张少华（2016）则运用 1998~2007 年的中国工业企业数据库讨论了生产函数模型、样本范围和价格因子在不同估计方法中对企业全要素生产率估计的影响。这些文献主要针对2007年前数据的使用，在近期数据的使用上，陈林（2018）重点探讨了数据库2010年后数据的真实性检验。王贵东（2018）虽有对1996~2013年中国工业企业数据库的整理进行的说明，但其通过估计2007年前的企业*TFP*投入要素的弹性系数来插补2007年后年份的缺漏值将使得计算出来的企业*TFP*具有偏误，未必能反映整体的*TFP*真实值。余淼杰（2018）、王万珺和刘小玄（2018）、尹恒和杨龙见（2018）的研究中有涉及2007年后工业企业数据库的使用，但由于所研究的主题只是间接与企业全要素生产率相关，并未报告企业*TFP*测算的相关结果，且关于数据库过程并无交代或者交代不明确。

因此，鉴于现有文献还没有对最新数据库的处理做出严谨系统的讨论，本书尝试在中国工业企业数据库（1999~2013）的整理与使用上做出一些探索性的工作，在吸收和遵循现有文献主要处理方法上，先后采用五种插补方法［单值移动时序平滑法、多重链式方程插补法1（*MICE*1）、多重链式方程插补法2（*MICE*2）、混合插补法1（*MMICE*1）和混合插补法2（*MMICE*2）］进行完善，在此基础上测度和分析了中国制造业全要素生产率。

二 数据说明与变量处理

（一）构建面板

在构建面板数据前，须对每一年的指标字段格式进行统一，这关系到匹配效果。具体为：删除观测值中的空格；统一缺漏值的标识方式；统一指标的表示方式，如我们将地区代码统一成12位（数字代码取前6位，电话取后8位）；等等。相对于已有文献的交叉识别法，笔者做了以下改进：先将“企业名称+地区码+邮编+行业代码+创建年份+主要产品”六项属性相同的企业作为一组归编到同一个企业代码；再将“企业代码+地区码+邮编+行业代码+创建年份+主要产品”属性相同的企业归编到同一个企业名称；以“企业名称+企业代码”形成新的ID识别码；判断同一年份有无重复的ID，对于同一年份同一企业ID有多个观测值的情况，若法人代码不同则视为不同企业，若法人代码相同则保留工业总产值最大的观测样本。这种匹配方法对于处理同一企业有多个不同的企业代码或者多个企业名称上具有优越性，较传统的序贯识别法和交叉识别法更为严谨，尽量避免了将不同家企业匹配成一家企业的情况，并且过程更为简捷。经面板数据匹配整理和删除重复观测值后，得到观测值 3505053 条（不包含 2010 年数据），通过对比可以明显看出匹配比例随着年份的推移逐年提高，说明尽管存在指标的缺漏，但数据库的采集和报送质量明显提高，从而保证了学术界在实证分析中使用数据进行各种经济问题研究的质量和效率。

（二）行业调整

本书所用数据时间跨度为 1999~2013 年，涉及 3 套国民经济行业分类标准。其中 1999~2002 年采用的为 GB/T 4754—1994 标准，2003~2012 年采用的为 GB/T 4754—2002 标准，2013 年采用的为 GB/T 4754—2011 标准。借鉴已有文献统一调整到以 GB/T 4754—2002 为基准的二位数行业大类。另外，本书只针对制造业企业进行研究，按两位数大类代码保留了 30 个制造业行业数据（行业代码为 13~43，没有 38），对采掘业和电力、燃气及水的生产和供应行业样本进行删除处理。

（三）指标插补

由于自 2008 年始数据库中很多关键指标缺失，采用工业企业数据库的现有研究基本止于 2007 年。本书对缺失指标按照“先计算，后修补”的原则进行处理，并且以全要素生产率的估算为例来进行详细阐述。

缺失指标的计算过程如下：对 2004 年缺失的工业总产值与工业增加值，在使用 2004 年中国经济普查企业数据进行融合后还缺少工业增加值指标，通过“工业增加值=工业总产值-工业中间投入+增值税”计算得出。

关于本年折旧，对 2007 年前本年折旧缺失的样本以及 2008~2009 年的数据进行补全处理，若上一年存在固定资产总值，采用“固定资产投资=当年固定资产总值-（1-折旧率）×上年固定资产总值”来补充计算，折旧率折中取 10%（聂辉华等，2012；苏锦红，2015）。这样可以利用固定资产投资推算 2008~2009 年的本年折旧。

关于缺失的 2008~2013 年的工业中间投入和工业增加值，借鉴余淼杰（2018）的方法，采用“工业中间投入=产出值×销售成本/销售收入-工资支付-本年折旧”和“工业增加值=工业总产值+增值税-工业中间投入”先后得出。由于2009年工资支付缺失，这样，在计算企业全要素生产率指标中，还缺失2009年的工业中间投入和工业增加值，需要通过插值方法来获得。

为保留尽可能多的观测值，在插值前本书对异常值进行如下处理。①通过画指标的核密度函数图，将工业增加值a17、固定资产合计a25、工业中间投入a70左右端十万分之一的离群值设为缺漏值。②将关键指标如工业总产值、从业人员年平均人数、固定资产合计、职工人数缺失或者小于等于0的观测值设为缺漏值。③对于所用到的明显不符合会计原则的观测值，如“资产总计<固定资产合计”“工业增加值>工业总产值”“工业中间投入>工业总产值”的观测值，保留理论上相对较大的指标值，将对应的固定资产合计、工业增加值、工业中间投入设为缺漏值。

经过如上处理，总样本和工业增加值、工业中间投入和本年折旧的观测样本发生了一系列变化，需要插值处理的工业增加值a17、本年折旧a28、工业中间投入a70指标的缺失率分别由46.93%、23%、46.84%降低为15.98%、5.42%、16.25%。很大程度上对数据库进行了完善，也为接下来插值处理与效果评估提供了基础。

为了确保对数据库缺漏值的插补效果，笔者将采用五种方法（单值移动时序平滑法、多重链式方程插补法1、多重链式方程插补法2、混合插补法1和混合插补法2）对数据库缺漏值进行插补①，并且分别从数据完整程度的改善、插补后异常值/正常值的对比情况以及插值前后具体指标数据结构是否改变等三个方面来评估插补效果（通过比较插补前后的核密度函数图），发现单值移动时序平滑法相对简单有效，混合插补法1最具优越性，不仅能保证插值后的数据特征与原始数据的特征一致，而且还能保留更大的样本量。因此，笔者后面也将*MMICE*1插值后的数据库用于下文企业全要素生产率的测度。

（四）价格平减

本章将所涉及的名义价格变量以1999年为基期进行平减。工业产出采

① 限于篇幅，每一种插补法的含义和五种插补法的插补效果比较，笔者没有涉及，感兴趣的可以索取笔者工作论文。

用分行业工业品出厂价格指数进行平减，资本投入采用各省份固定资产投资价格指数进行平减，工业中间投入采用全国工业原材料、燃料、动力购进价格指数进行平减，这三种价格指数均来源于《中国统计年鉴》。其中，关于地区固定资产投资价格指数，海南缺失 1999~2000 年数据，广东缺失 1999~2001 年数据，西藏缺失 1999~2013 年数据。本书借鉴苏锦红等（2015）的处理方法，海南的物价指数取广西、云南、湖南、青海、河南五省区的平均值，广东的物价指数取天津、江苏、浙江、辽宁、福建、山东六省市的平均值，西藏的物价指数取云南、甘肃与贵州的平均值进行处理。

（五）派生指标的计算

由于采用永续盘存法计算固定资本存量要用到固定资产投资指标，而数据库中没有列示固定资产投资，笔者参照鲁晓东和连玉君（2012）的核算方法，采用“固定资产投资 I = 当年固定资产总值 - 上年固定资产总值 + 本年固定资产折旧”来计算。

关于实际资本存量 K 的计算，笔者借鉴鲁晓东和连玉君（2012）的核算方法，采用时间跨度为 1999~2013 年的固定资产合计指标作为基础，利用 $K_{it}=K_{it-1}+I_{it}-D_{it}$ 计算出企业在各年份的实际资本存量 K，其中 K、I 和 D 分别表示固定资产总值、固定资产投资额和本年折旧额。其中，初始资本存量用 1999 年的固定资产合计或者企业第一次出现在数据库年份的固定资产合计表示。

（六）样本筛选

极端值的出现往往会使得估计结果产生不可预料的偏误，参照已有文献的处理方式和笔者在数据整理过程中所观察到的具体情况，本章将异常值删除的标准设定如下，以确保估计结果的稳健性。①删除关键指标如工业总产值、从业人员年平均人数、固定资产合计缺失或者小于等于 0 的观测值。②对于明显不符合会计原则的观测值作删除处理，如“资产总计<固定资产合计”“工业增加值>工业总产值”“工业中间投入>工业总产值”。③剔除职工人数小于 5、企业存活年限为零、负数和大于 273 的企业。

三 *TFP* 测度过程

全要素生产率测度是经济学中许多计量实证研究的基础，常见的主流方法有 *OLS*、*FE*、*SFA*、*OP*、*LP*，学界对这些方法的使用一直存在较大争议。从已有研究来看，由于样本范围、数据处理细节、生产函数模型以及测度方法上的不同，虽然都是采用中国工业企业数据库，但不同作者得出的估计结果差异比较大，具体见表 1-1。本章在将中国工业企业数据库延展到 2013 年的基础上，进一步尝试运用如上 *OLS*、*FE*、*SFA*、*OP*、*LP* 估计方法来测度全要素生产率，以进一步评估不同插补方法的有效性。

表 1-1 不同文献中企业全要素生产率的估计结果

估计方法	代表性文献	样本区间	β_k/β_l	*TFP* 均值	*TFP* 增长率（%）
OLS	Jefferson 等（2008）	1980~1992 年	0.381/0.619	1.29~2.71	5~16
	谢千里等（2008）	1998~2005 年	0.316/0.684	2.13~2.58	6.14
	Brandt 等（2012）	1998~2007 年	要素份额	—	9.41
	鲁晓东和连玉君（2012）	1999~2007 年	0.283/0.512	—	—
	余淼杰（2010）	1998~2002 年	0.307/0.150	—	—
FE	鲁晓东和连玉君（2012）	1999~2007 年	0.264/0.510	—	—
	涂正革和肖耿（2005）	1995~2002 年	—	—	6.8
SFA	余淼杰（2010）	1998~2002 年	0.214/0.097	—	—
	聂辉华和贾瑞雪（2011）	—	0.05/0.06	1.61~1.91	2
OP	鲁晓东和连玉君（2012）	1999~2007 年	0.350/0.400	—	—
	杨汝岱（2015）	1998~2007 年	0.173~0.414/0.500~0.772	—	3.83
	郭春娜（2019）	2001~2011 年	—	1.010~1.206	2.36
	王贵东（2018）	1996~2013 年	0.213~0.86/0.324~0.592	—	3.90~18.94
	李红玉等（2008）	1998~2005 年	—	1.307~1.479	3.83
	鲁晓东和连玉君（2012）	1999~2007 年	0.332/0.116	3.56~4.68	1.01~5.19
LP	王贵东（2017）	1996~2013 年	0.000~0.204/0.019~0.089	—	—

（一）估计方法与变量描述

在估计全要素生产率前，首先要对生产函数形式进行设定，在已有的文献中，通常有采用 *Cobb-Douglas* 生产函数（*C-D* 生产函数）、*CES* 生产函数、多要素二级 *CES* 生产函数、*VES* 生产函数、超越对数生产函数（*Trans-log*）等多种生产函数形式。理论上，随后发展的生产函数具有诸多的优点，但在估计中并不能提供比 *C-D* 生产函数更多的信息，相反，*C-D* 生产函数因其结构简约直观且符合常理更受学者青睐（鲁晓东和连玉君，2012）。因此，本书对于企业 *TFP* 的测度基于如下列 *C-D* 生产函数形式进行开展：

$$Y_{it}=A_{it}L_{it}^{\alpha}K_{it}^{\beta} \tag{1.1}$$

其中 Y_{it} 表示产出，L_{it} 表示劳动投入，K_{it} 表示资本投入，A_{it} 表示全要素生产率 *TFP*。通过线性化处理，可将（1.1）式转化为：

$$\ln Y_{it}=\alpha\ln L_{it}+\beta\ln K_{it}+\omega_{it}+\varepsilon_{it} \tag{1.2}$$

通常对（1.2）式进行估计得出全要素生产率的估计值。残差项 ω_{it} 指可以被企业观测到并影响当期的要素选择。ε_{it} 是真正的残差项，包含不可观测的技术冲击和测量误差。鲁晓东和连玉君（2012）对于 *OLS*、*FE*、*OP*、*LP*、*GMM* 方法在企业全要素生产率测度上的应用进行了详细说明，此处不再赘述。本章测度所使用的主要变量的统计特征如表 1-2 所示。

表 1-2　主要变量的描述性统计

变量名称	解释	样本量	均值	标准差	最小值	最大值
ln*Y*	工业总产值对数	3118687	5.82	1.40	-4.61	15.13
ln*Y-add*	工业增加值对数	3118687	4.41	1.47	-7.30	14.53
ln*K*	资本投入对数	3113790	8.76	1.73	-3.12	17.96
ln*L*	劳动投入对数	3118687	4.91	1.11	1.61	12.32
ln*M*	中间投入对数	3118687	5.23	1.42	-7.14	13.97
ln*I*	固定资本投资对数	1729273	2.31	2.22	-7.31	12.43
Exit	企业退出	3118687	0.12	0.32	0	1
age	企业年龄	3118687	16.80	11.01	1	273

（二）估计结果比较与分析

基于 *C-D* 生产函数，本章借鉴鲁晓东和连玉君（2012）的做法，对年份、地区和行业虚拟变量进行控制，分别利用 *OLS*、*FE*、*OP*、*LP* 方法对中国工业企业 1999~2013 年的 *TFP* 进行估算。表 1-3 列示了基于单值移动平滑插补和 *MMICE*1 插补后采用如上四种方法估计的结果。

表 1-3　基于五种企业 *TFP* 估算的要素弹性系数的比较

数据库插补方法	*TFP* 测度方法	资本产出弹性 α	劳动产出弹性 β	$\alpha+\beta$	*obs*
移动平滑插补	*OLS*	0.3439*** (0.0005)	0.4556*** (0.0008)	0.7995	2837280
	FE	0.2675*** (0.0013)	0.3334*** (0.0017)	0.6009	2837280
	OP	0.4956*** (0.0028)	0.3940*** (0.0009)	0.8896	1609406
	LP	0.2811*** (0.0021)	0.1854*** (0.0005)	0.4665	2837280
*MMICE*1 插补	*OLS*	0.3304*** (0.0005)	0.4609*** (0.0008)	0.7913	3113790
	FE	0.2603*** (0.0012)	0.3328*** (0.0016)	0.5931	3113790
	OP	0.4764*** (0.0053)	0.3967*** (0.0021)	0.8731	1729273
	LP	0.3008*** (0.0002)	0.1792*** (0.0012)	0.4800	3113790

注：*、**、*** 分别表示 10%、5%和 1%水平上显著。

可以看出，采用 *OLS* 与 *FE* 方法估算出来的劳动产出弹性系数要高于资本产出弹性系数，而采用 *OP* 与 *LP* 则与之相反。其主要原因可能在于 *OLS* 与 *FE* 方法并不能很好地解决估计过程中的同时性偏差和样本选择性偏误问题，致使劳动产出弹性系数被高估。比较 *OP* 方法和 *LP* 方法估计结果，可以看出 *OP* 方法估算出来的资本和劳动产出弹性均要显著高于 *LP* 方法估算出来的结果。而从四种估计方法结果来看，*OP* 方法估计的资本产出系数基本都远大于其他几种方法的估计结果，*LP* 方法估计的劳动产出的系数远低于其他估计方法。这与张天华和张少华（2016）的结论相一致。

值得注意的是，在利用工业企业数据库进行企业 *TFP* 测度的过程中，多数文献反映出采用 *LP* 方法比 *OP* 方法测度出来的 *TFP* 值要大（鲁晓东和连玉君，2012；杨汝岱，2015），原因大都归结为采用 *LP* 方法估计出来的资本产出弹性小于 *OP* 方法的估计值，从而扩大了全要素生产率的绝对值（鲁晓东和连玉君，2012）。笔者认为，这与工业企业数据库本身的特征不无关系，企业因某些年份营业收入没有达到统计标准而消失在数据库中，加之 2011 年后数据库对于规模以上统计口径变动也会造成许多原来进入数据库的企业可能因统计口径变化未再纳入，或者因异常值的处理等因素使得企业提前消失在数据库中。事实上这三种情况造成的企业消失均有别于企业的实际倒闭退出，但在处理的过程中通常都只能将其视为"退出"，因而可能导致以退出机制来解决联立性和选择性偏误问题的 *OP* 方法估计出来的企业 *TFP* 被低估。

（三）企业全要素生产率分布

接下来我们使用以上四种方法对中国工业企业的 *TFP* 值的测度结果进行统计。为了反映这几种方法所得的估计值的特征，本章对测度出来的 *TFP* 进行描述性统计，并采用移动平滑法和混合插补 *MMICE*1 得出来的数据库，分别画出了各种估计方法的 *TFP* 值的核密度分布函数图，如图 1-1 所示。

从表 1-4 以及图 1-1 可以看出，不论在 *TFP* 估算的要素弹性系数估计上还是所计算出来的 *TFP* 数据结构特征上，两种插值方法呈现出来的差异都非常小，这也验证了我们在数据处理上的合理性。但是需要进一步强调的是，尽管移动平滑法和混合插补法 *MMICE*1 所估计的结果差异较小，说明两种方法可以比较准确地获取 *TFP* 的基本分布特征信息，但是由于混合插补法 *MMICE*1 在保证有效性的同时占有了更大的数据样本，因而相比于移动平滑法可以保留更多的关键信息，混合插补法 *MMICE*1 相对于移动平滑法更有效，而移动平滑法相对更经济。

表 1-4 基于五种企业 *TFP* 对数估算的描述性统计

数据库插补方法	*TFP* 测度方法	样本量	均值	标准差	最小值	最大值
移动平滑插补	*OLS*	2837280	0.00	0.94	-11.89	7.35
	FE	2837280	0.00	1.09	-11.09	7.39
	OP	2837280	-2.68	0.97	-15.07	5.28
	LP	2837280	1.00	1.12	-10.22	8.30
*MMICE*1	*OLS*	3113790	0.00	0.94	-11.86	7.30
	FE	3113790	0.00	1.24	-10.99	7.46
	OP	3113790	-2.42	0.97	-14.75	5.41
	LP	3113790	0.90	1.12	-10.44	8.14

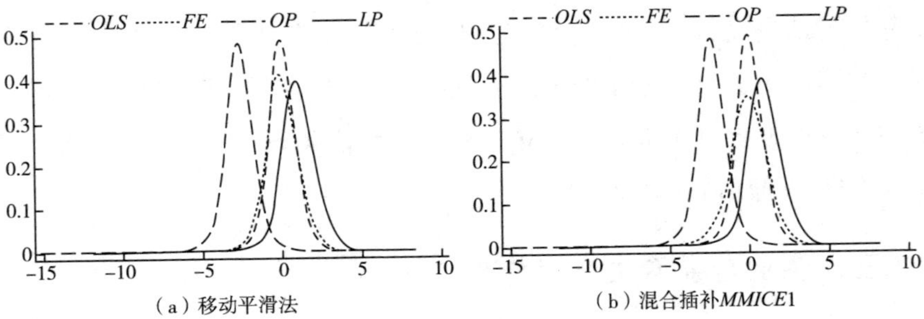

图 1-1 *TFP* 对数估计值的核密度函数图：多种方法的比较

四 中国制造业 *TFP* 演化和分类比较

（一）*TFP* 演化情况

在已有的文献中，有学者探讨了中国工业企业的 *TFP* 增长率，如表 1-1 所示，由于使用数据的局限，对于 2007 年后的增长率探讨尚显单薄。关于中国制造业企业整体 *TFP*，本书借鉴已有文献的处理办法，将计算出来的每个企业 1999~2013 年的 *TFP* 分别以其工业总产值和用工人数为权重加权得到整体制造业企业的年度 *TFP*，进而得到企业 *TFP* 的年增长率。最终计算结果见图 1-2。

从图 1-2（a）中 2008 年数据呈现的特征来判断，采用工业总产值为权重比以用工人数为权重更为准确。有文献也以工业增加值为权重，这里我们采用工业总产值主要考虑工业总产值在原始数据中的缺失率相对工业增加值要低得多，计算出来的结果更为客观。因此，后文主要以工业总产值为权重计算的 *TFP* 值作为基准来进行分析。

从整体来看，1999~2013 年中国制造业 *TFP* 从 1.75 增长到 3.10，增长了 77.1%，呈稳定增长状态，平均年度 *TFP* 水平为 2.51。*TFP* 年度增长速度变化较大，在-4.94%~12.15%之间波动，简单年平均增长率为 4.61%，随着时间的推移，呈现明显降低趋势。虽然从绝对数值上只具有参考价值不具有可比性，但从相应时间段的低点来看，本书的研究得出的 *TFP* 增长趋势与杨汝岱（2015）的研究相吻合。

从图 1-2（b）中可以看出，2004 年、2008 年、2012 年 *TFP* 年增长率都处于相对低点，表明 2004 年非典的发生，2008 年全球金融危机的爆发以及 2012 年世界经济周期性衰退对中国制造业有着显著的影响。特别是 2008 年中国制造业年增长率为负数（-4.94%），可能的原因在于：金融危机期间，中国制造业产品出口订单严重下滑，加上内需动能不足，使得企业产出锐减，劳动与资本等生产要素没有得到充分使用，造成制造业企业 *TFP* 增长率的严重下降；此外，政府为应对金融危机，采取投资刺激政策，注入投资约 4 万亿元，在一定程度上加剧了市场价格机制的失调和资源配置的扭曲，挤占了企业 *TFP* 的增长空间。如果同时去掉 2004 年、2008 年、2012 年的影响（即 2004 年、2008 年、2012 年的值不计算入内），样本期间企业 *TFP* 增长率年均值为 6.27%，说明非典和金融危机以及全球经济衰退的共同作用使得我国制造业企业 *TFP* 增长率在此期间降低了 1.66 个百分点。

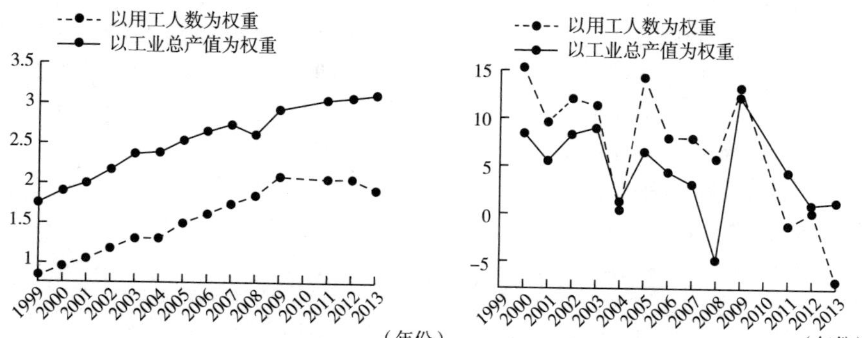

（a）年度*TFP*　　（b）*TFP*年增长率（%）

图 1-2　1999~2013 年中国制造业整体 *TFP* 增长状况

（二）不同行业比较

在对制造业企业的整体 *TFP* 进行测算后，本章进一步探讨行业层面上企业 *TFP* 的差异。同样的，以每个企业的工业总产值为权重，计算了 30 个行业的加权平均 *TFP* 值，进而计算出每个行业 *TFP* 的年增长率和年均增长率。表 1-5 列出了 30 个行业的 *TEP* 标准差、总体 *TFP* 水平值和年均增长率。

表 1-5　不同行业估计结果

行业	*TFP* 标准差	总体 *TFP* 水平值	年均增长率（%）
农副食品加工业（13）	1.18	1.89	3.89
食品制造业（14）	1.30	2.15	3.00
饮料制造业（15）	1.35	2.58	1.71
烟草制品业（16）	1.90	5.10	5.22
纺织业（17）	0.95	1.65	-1.49
纺织服装、鞋、帽制造业（18）	0.96	1.80	2.36
皮革、毛皮、羽毛（绒）及其制造业（19）	1.00	1.94	1.01
木材加工及木、竹、藤、棕、草制品业（20）	0.99	1.58	0.95
家具制造业（21）	1.04	1.68	2.73
造纸及纸制品业（22）	1.04	1.84	2.69
印刷业和记录媒介的复制（23）	1.24	1.59	1.74
文教体育用品制造业（24）	0.95	1.64	1.29
石油加工、炼焦及核燃料加工业（25）	1.26	2.91	3.71
化学原料及化学制品制造业（26）	1.11	2.18	0.97
医药制造业（27）	1.25	2.48	2.16
化学纤维制造业（28）	1.09	2.28	-0.37
橡胶制品业（29）	1.02	2.18	1.76
塑料制品业（30）	0.98	1.52	0.20
非金属矿物制品业（31）	1.07	1.61	2.97
黑色金属冶炼及压延加工业（32）	1.22	2.91	2.56
有色金属冶炼及压延加工业（33）	1.19	2.25	0.48
金属制品业（34）	1.01	1.78	1.27
通用设备制造业（35）	1.05	2.06	2.32
专用设备制造业（36）	1.16	2.18	2.26
交通运输设备制造业（37）	1.18	3.23	2.40
电气机械及器材制造业（39）	1.10	2.56	0.14

续表

行业	*TFP* 标准差	总体 *TFP* 水平值	年均增长率（%）
通信设备、计算机及其他电子设备制造业（40）	1.27	3.69	2.47
仪器仪表及文化、办公用机械制造业（41）	1.20	2.57	-0.14
工艺品及其他制造业（42）	1.00	1.77	0.34
废弃资源和废旧材料回收加工业（43）	1.16	2.19	2.30

注：由于本书所用数据时间跨度为 1999~2013 年，涉及 3 套国民经济行业分类标准。其中 1999~2002 年为 GB/T 4754—1994 标准，2003~2012 年为 GB/T 4754—2002 标准，2013 年为 GB/T 4754—2011 标准。借鉴已有文献统一调整到以 GB/T 4754—2002 为基准的二位数行业大类。同时，本书只针对制造业企业进行研究，按两位数大类代码保留了 30 个制造业行业数据（行业代码为 13-43，没有 38），对采掘业和电力、燃气及水的生产和供应行业样本进行删除处理。

从表 1-5 可以看出，有 13 个行业的 *TFP* 大于 1 小于 2，14 个行业的 *TFP* 大于 2 小于 3，只有 3 个行业（16、37、40）的 *TFP* 大于 3。说明我国大多数行业的 *TFP* 还处在较低水平，生产要素的产出效率还有很大的提升空间。

从 *TFP* 增长率来看，1999~2013 年增长较快的是烟草制品业（16），农副产品加工业（13），石油加工、炼焦及核燃料加工业（25）和食品制造业（14），*TFP* 年均增长率分别为 5.22%、3.89%、3.71%、3.00%，这四大行业均属于消费产业。这意味着消费产业是生产率提升最为迅速的产业，同时，除行业 25 外均为劳动密集型行业，说明我国劳动力投入在工业经济发展中具有重要意义。

（三）不同要素类型比较

上面我们分析了中国 30 个行业的企业 *TFP*，现在依据已有文献，笔者将企业按照产品所在行业不同要素类型分为技术密集型（26、27、28、35、36、37、38、39、40）、资本密集型（22、23、25、31、32、33、34）、劳动密集型（13、14、15、16、17、18、19、20、21、29、30、24、41、42）。同样的，以工业总产值为权重，我们从每个企业的 *TFP* 计算得到了不同要素类型行业的企业 *TFP* 状况，结果如图 1-3 所示。

整体来看，不管是哪一种要素类型行业，都与中国制造业整体 *TFP* 演变相吻合，呈稳定增长趋势。1999~2013 年中国制造业劳动密集型行业 *TFP* 从 1.47 增长到 2.47，增长了 68%，*TFP* 年度平均水平值为 2.01；资本密集型行业 *TFP* 从 1.71 增长到 2.73，增长了 59.6%，*TFP* 年度平均水平值为

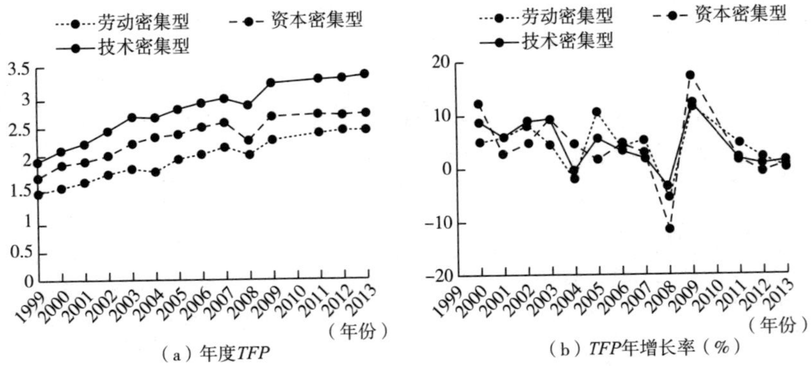

图 1-3 1999~2013 年要素差异与全要素生产率

2.35；技术密集型行业 *TFP* 从 1.97 增长到 3.34，增长了 69.5%，*TFP* 年度平均水平值为 2.78。可见技术密集型行业 *TFP* 增长的幅度最大。从绝对值上，平均年度 *TFP* 水平（2.78）已经超过了中国制造业整体水平（2.51），说明我国的产业扶持政策取得良好成效。事实上，技术密集型行业 *TFP* 的增长从主导产品结构变化中可见一斑，这些产品的附加值直接反映了生产要素的产出价值。20 世纪 80 年代，我国电子信息百强企业的主导产品是电视机、显像管、收音机、录音机等产品，90 年代中期逐步升级为以通信、计算机、新型元器件为主导并向新一代互联网、4G 手机、高清晰数字平板电视、超级计算机等附加值高的产品发展。当前，已开始向 5G 手机、高端芯片、通信、数字平板电脑、超级计算机等附加值高的产品领域跃进。

从 *TFP* 年度增长速度上来看，劳动密集型行业在-5.52%~11.41%之间波动，简单年平均增长率为 4.14%；资本密集型行业在-11.30%~17.17%之间波动，简单年平均增长率为 3.87%；技术密集型行业在-3.56%~12.25%之间波动，简单年平均增长率为 4.26%。可见，从 *TFP* 增长上来看，资本密集型行业的整体波动幅度最大，劳动密集型行业次之，技术密集型行业最小，分别为 28.47%、16.93%、15.81%。说明技术密集型行业 *TFP* 在外部风险对抗上更具有韧性，在图 1-4（b）中 2008 年全球金融危机状态下就充分说明了这一点。

（四）不同地区比较

我国地区经济发展不平衡，这种不平衡特征作为微观经济主体的企业来说在技术水平与技术发展上有何体现？我们将对制造业企业全要素生产率在区域差异上进行探讨。按照文献的一般划分方式，本章将中国除港澳台之外的 31 个省区市划分为东部（北京、天津、河北、辽宁、上海、江苏、浙江、福建、山东、广东、海南）、中部（山西、吉林、黑龙江、安徽、江西、河南、湖北和湖南）和西部（重庆、四川、贵州、云南、西藏、陕西、甘肃、青海、宁夏、新疆、内蒙古、广西）三大经济区域。与上文类似，我们计算了 31 个省区市的 *TFP* 平均值，再对其取简单算数平均数，得到每个地区的年平均增长率，进而得到 1999~2013 年三大经济区域的 *TFP* 平均值、年增长率和年均增长率。具体结果如图 1-4 所示。

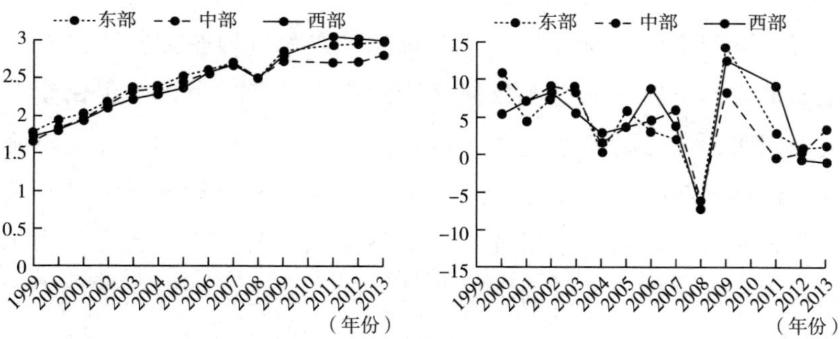

（a）年度*TFP*　（b）*TFP*年增长率（%）

图 1-4　1999~2013 年地区差异与全要素生产率

从图 1-4 可以看出，我国三大地区企业 *TFP* 都呈现与中国制造业整体 *TFP* 相似的稳步增长的发展态势。在具体数据上，1999~2013 年，东部地区制造业企业 *TFP* 从 1.78 增长到 2.99，增长了 68%，平均年度 *TFP* 水平为 2.48；中部地区制造业企业 *TFP* 从 1.65 增长到 2.81，增长了 70.3%，平均年度 *TFP* 水平为 2.39；西部地区制造业企业 *TFP* 从 1.72 增长到 3.00，增长了 74.4%，平均年度 *TFP* 水平为 2.43。可见，从制造业企业平均年度 *TFP* 水平上来看，东部地区最高，但从 *TFP* 增长幅度来看，西部地区增长幅度最大。从图 1-4a 可以看出，在 2008 年以前，三大地区年度 *TFP* 从高到低的排序为东部、中部与西部，但 2008 年后，西部地区实现了对中部乃至东部地区的赶超。随着产业结构、区域布局和增长动力的新变化，产业迁移促进了生产要素流动，这有利于矫正扭曲的市场价格和效益分布状况，从而催生技术创新形成产业升级新动力。在这个过程中，西部地区承接东部、中部地区产业转移的效果明显，技术创新和转化应用能力得到了增强，企业全要素生产率正逐步提高。

从制造业企业 *TFP* 年度增长率上来看，东部地区在-6.21%~14.44%之间波动，简单年平均增长率为 4.20%；中部地区在-6.98%~10.93%之间波动，简单年平均增长率为 4.29%；西部地区在-7.08%~12.58%之间波动，简单年平均增长率为 4.49%。可见，东部地区制造业企业的整体波动幅度最大，西部地区次之，中部地区最小，分别为 20.65%、19.66%、17.91%。从简单年平均增长率来看，西部地区最大。

五 结论

随着经济理论模型分析对象的微观化，作为中国企业样本量最大、指标覆盖面最全的中国工业企业数据库受到广大学者的青睐，但由于数据指标缺失等问题，也让诸多学者在数据处理的过程中望而却步。本章将数据库的使用延展到 2013 年，内容涵盖了从数据库面板构建到使用数据库对中国制造业企业全要素生产率系统研究的整个流程与内容，旨在对中国工业企业数据库的使用提供有益的帮助，对中国工业企业全要素生产率有较为系统的研判，为基于工业企业全要素生产率的研究提供有益的参考。

本章研究发现：就对 1999~2013 年企业全要素生产率的估计来看，中国制造业 *TFP* 整体呈稳定增长状态，但波动明显，且随着时间的推移，*TFP* 的增长呈现明显降低趋势；大多数行业的 *TFP* 还处在较低水平，生产要素的产出效率还有很大的提升空间；其中技术密集型行业 *TFP* 增长幅度最大，增长速度整体波动最小，在风险对抗上更具有韧性。在地域上，生产率的差异一直存在。东部地区平均年度 *TFP* 水平最高，但从 *TFP* 增长幅度来看，西部地区增长幅度最大，已经呈现对中部乃至东部地区的赶超。

第二章　中国工业企业全要素生产率的稳健估计

一　引言

近年来，采用中国工业企业数据库估计企业层面的生产率已经成为国内外经济研究的一个重要领域。遗憾的是，现有研究在生产率估计方法的使用、生产函数模型选择、样本范围与数据处理等方面各不相同，进而导致估计结果差异较大（见表 2-1）。由此产生的问题是：在生产率估计中，实证因素和估计方法等对估计结果的影响程度究竟有多大？各种生产率估计方法的特点、优劣以及适用范围又是什么？综览现有文献，鲜有研究能回答这一基本性的重要问题。

企业层面的生产率估计是一项相对复杂的系统工程。在给定中国工业企业作为样本的前提下，研究者首先需要直接面对的就是如何对中国工业企业数据库中报告的投入产出变量进行加工处理。以企业实际资本存量的处理为例，现有大多数研究对企业实际资本存量的使用主要采取两种处理方式。一些文献直接使用固定资本原值或者固定资产净值代表企业的实际资本存量（Hsieh and Klenow，2009；李玉红等，2008；李春顶，2010）。另一些研究将 1998 年作为基期，只对 1998 年之后资本形成的价格因素进行调整，即通过固定资产投资价格指数对 1998 年之后的名义资本进行价格平减来估计实际资本存量（谢千里等，2008）。只有 Brandt et al.（2012）尝试对企业的实际资本存量进行了详细估计。其次，生产函数模型的选择上，表 2-1 表明现有研究主要采用产出模型和增加值模型。再次，现有研究采用的价格因子也各不相同，表 2-1 清楚表明有的采用行业价格平减指数，有的采用省际价格平减指数，有的则不加说明。最后，现有研究中生产率估计方法的使用可能是差异最大的，各种方法“轮番上演”，在使用生产率估计方法上，现有研究更多的是强调方法的先进性，而忽略估计方法对模型选择、样本范围以及价格因子的敏感性。正是因为在生产率估计中存在上述各种因素，导致现有研究结论的差异较大，表 2-1 表明，根据各种方法估计出来的各个参数、生产率均值、方差以及增长率等指标差异较大。

事实上，采用各种生产率估计方法，考虑实证因素中的各种差异（生产函数模型选择、样本范围以及数据处理等），对企业生产率进行系统估计处理与比对分析，不仅是一项基础性研究工作，而且有着重要的实践意义。其意义在于：首先，不同估计方法所蕴含的理论假定不同，其差异反映了特定的数据特性和企业性质，将其进行对比，能使我们更深刻地理解样本特性；其次，不同实证处理方式对估计结果影响不同，通过对比可以观测由实证因素引起的估计结果差异，分离出估计结果的实证因素部分，以更好地理解所得结果；最后，将不同估计结果进行对比可以建立一个参照系，便于文献之间的横向比较，便于根据不同情景选择适宜的生产率估计方法，避免因生产率方法的误用导致的研究结果差异。

为此，本章首先整理出估计微观企业生产率的七种方法，对这些方法的估计原理以及优缺点进行简要介绍。其次，有效、科学的数据处理是企业生产率估计的前提条件，笔者参考 Brandt et al.（2012）、聂辉华等（2012）的处理方法与经验总结，“去粗存精”，对中国工业企业数据库再次进行了详尽处理。再次，将实证操作因素划分为生产函数模型选择、样本范围与名义变量处理三类要素，为了观测这些实证因素对估计结果的影响，本章以 2×2×2 的对照结构对各种估计方法进行估计并对比，分解模型、样本和数据三种因素对估计结果的具体效应。最后，在基准的实证处理方式下，本书对照了各种估计方法的估计结果，并分析异质性企业对不同估计方法的敏感度，总结不同估计方法的应用条件与适用范围。

我们研究发现：（1）生产函数模型的设定对估计结果的影响最大，在各种估计方法中，系统广义矩估计对生产函数模型的选择最为敏感，数据包络分析和 *LP* 方法对该因素相对稳健。（2）以不同的样本范围进行估计，结果也存在着较大差异。其中，*OP* 方法和系统广义矩估计在不同样本范围下的估计结果相差较大。总体上看，全样本估计下，企业的平均对数生产率较高，并且估计结果方差更小。（3）价格因子对估计结果的影响相对较小，使用地区价格因子对名义变量进行价格平减，所得到的资本系数和劳动

表 2-1　现有企业生产率估计结果一览

估计方法	作者（年份）	样本情况	所有估计方法	模型/价格	资本/价格	折旧	$\beta_k/\beta_l/\beta_m$	*TFP* 均值	*TFP* 方差	*TFP* 增长率（%）
SF	涂正革（2005）	1995~2002 年	*SF*	*VA/IND*	*NET*/未说明	未说明	—	—		6.8
	刘小玄（1998）	1985~1994 年	*SF/OLS*	*VA/IND*	*NET/IND*	当期折旧	-0.04/0.04	0.49	1.28	—
LP	周黎安等（2007）	1998~2004 年平衡面板	*LP/POL/FE*	*Y*/未说明	未说明/未说明	未说明	—	0.015（对数）	1.112	—
	鲁晓东等（2012）	1999~2007 年平衡面板	*LP/OP/OLS/FE*	*VA/PRO*	*ORI*/未说明	当期折旧	0.26~0.35/0.12~0.51	3.56~4.68	—	2~5
	简泽（2011）	1998~2007 年四个行业	*LP*	*VA/PRO*	*NET/PRO*	当期折旧	—	105~2463	104~6903	—
	Ma et al.（2014）	1998~2007 年	*LP*	*VA*/未说明	*NET*/未说明	未说明	—	0.034~0.044	—	—
OP	李玉红等（2008）	2000~2005 年	*OP*	*Y*/未说明	*NET*	未说明	—	1.307~1.479	—	2.50
	聂辉华等（2011）	1999~2007 年	*OP*	*Y/PRO*	*NET/PRO*	15%	0.05/0.06/0.9	1.61~1.91	0.44~0.58	2
	余淼杰（2011）	2000~2006 年出口企业	*OP*	*Y/IND*	*NET/IND*	未说明	0.052/0.117/0.82	1.259	—	—
	鲁晓东等（2012）	1999~2007 年平衡面板	*LP/OP/OLS/FE*	*VA/PRO*	*ORI*/未说明	当期折旧	0.26~0.35/0.12~0.51	3.56~4.68	—	2~5
FE	余淼杰（2010）	1998~2002 年	*OP/OLS*	*Y/IND*	*NET/IND*	15%~14%	0.15/0.44/0.31	—	—	—
	Jefferson et al.（1996）	1980~1992 年	*OLS*	*IND*	*NET/IND*	当期折旧	1.38/0.33/2.69	2.5	—	—

续表

估计方法	作者（年份）	样本情况	所有估计方法	模型/价格	资本/价格	折旧	$\beta_k/\beta_l/\beta_m$	*TFP* 均值	*TFP* 方差	*TFP* 增长率（%）
OLS	刘小玄（1998）	1985~1994 年	*SF/OLS*	*VA/IND*	*NET/IND*	当期折旧	-0.04/0.04	—	—	—
	Jefferson et al.（2008）	1995/2004 年	*OLS*	*VA*/未说明	*NET*/未说明	当期折旧	0.381/0.619	1.29~2.72	—	4.9~15.6
	Dougherty et al.（2007）	1998~2003 年	*OLS/RE*	*VA&Y/IND*	*NET*/未说明	当期折旧	0.632/0.229	—	—	0.6~5.7
	谢千里等（2008）	1998/2005 年	*OlS/POL/POK*	*Y/IND*	*NET*/未说明	无	0.316/0.684	2.13~2.58	—	6.14
核算法	Hsieh et al.（2009）	1998/2001/2005 年	核算法	—	*NET*	未说明	要素份额	—	0.74~0.63	—
	Brandt et al.（2012）	1998~2007 年	核算法	*VA/IND*	Perkins（2008）①	12%	要素份额	—	—	9.41
	涂正革等（2006）	1996~2002 年	*DEA*	*VA/IND*	*NET*/未说明	未说明	—	—	—	15.9
	李春顶（2010）	1998~2007 年	核算法	*VA*/未平减	未平减	—	0.33/0.67（设定）	2.16~3.32	—	—

①Perkins-Rawski 价格指数是一种基于机器设备和厂房等价格指数的链状价格指数，其权重是中国国家统计局公布的这些物质在固定投资中所占份额。

注：估计方法中的 *SF*、*LP*、*OP*、*POL*、*POK* 和 *FE* 分别表示随机前沿、*LP* 估计法、*OP* 估计法、劳动生产率、资本生产率和固定效应估计；因变量中的 *Y* 和 *Va* 分别表示产出模型和增加值模型，*IND* 表示行业价格平减指数，*PRO* 表示省际价格平减指数。固定资产中的 *NET* 表示固定资产净值，*ORI* 表示固定资产原值。

系数相对较低，同时中间投入品的系数相对较高。在各种参数估计方法中，*LP* 方法对价格因子比较敏感，但最为敏感的是非参数估计中的数据包络分析（*DEA*），在不同的价格因子下估计结果相差较大。(4) 参数与非参数两类估计方法估计结果显著不同，特别是非参数估计中的指数法，其估计结果与其他估计方法的相关性非常低，表明生产率估计中仍然存在大量干扰因素。(5) 在各种估计方法中，除非数据存在严重的测量误差，指数法是生产率增长的一致精确估计，即使当企业生产技术存在异质性，该方法对生产率水平的估计也非常稳健。*DEA* 估计法在生产技术具有异质性以及规模报酬非常数的情况下比较稳健。因此，当笔者将不同行业、不同年龄或者不同国家的企业进行混合估计时，应该考虑这种方法。由于要素投入与未观测的企业生产率之间存在着广为人知的内生性问题，笔者不推荐利用 *OLS* 对生产函数进行估计，*OLS* 会对生产率水平值估计产生严重偏误。考虑这种内生性问题，应该使用控制了内生性问题的 *OP* 和 *LP* 两种半参数估计方法对企业生产率进行估计。当生产率差异比较稳定、产出衡量比较精确以及企业间生产函数不存在异质性的情况下，随机前沿分析会得到生产率的精确估计结果。在严重的测量误差和技术异质性的情况下，系统广义矩估计对生产率水平值和增长率的估计最为稳健。

据笔者所知，本章可能是国内首先详细分析不同的实证处理方式对生产率估计结果影响的文献。比利时鲁汶大学 Van Biesebroeck 教授 2007 年发表于《产业经济学期刊》（*Journal of Industrial Economics*）上的论文《生产率的稳健估计》（“Robustness of Productivity Estimates”）与本章内容较为相关，该文针对大多数研究在估计企业生产率时，常常忽略多数高度相关的异质性，研究了五种常用生产率估计方法（指数法、数据包络分析、随机前沿法、工具变量法和半参数方法）对要素价格异质性、测量误差以及生产技术差异等三种随机因素的稳健性。但是该文的稳健性分析是采用蒙特卡洛方法，即通过数据生成过程引入随机因素的方式分析这些方法的敏感性，仍然属于理论层面的探讨。而本章通过采用文献中广泛使用的 7 种生产率估计方法，既保证了理论分析的先进性，同时又直接采用目前国内外广泛使用的中国工业经济数据库进行检验与分析，实现了研究的现实性，是对现有该类研究文献的重要拓展，推进了企业生产率的稳健估计在实际操作层面的发展。

需要进一步指出的是，本章内容与 Van Biesebroeck（2007）研究的差异主要体现在以下三个方面。一是影响因素。Van Biesebroeck（2007）分析了不同估计方法对要素价格异质性、测量误差和生产技术扰动等几种随机干扰因素的稳健性；而本章基于现有研究实践，总结了使用中国工业企业数据库估计生产率中存在的生产函数模型选择、样本范围与数据处理等三个方面的差异。二是研究思路与手段。Van Biesebroeck（2007）使用模拟的企业投入产出数据，通过在数据生成过程中引入随机因素，采用蒙特卡洛模拟方法进行模拟分析生产率估计方法的敏感性；而笔者就是直接用中国工业企业数据库进行实际估算与比较，分析实际数据下各估计方法对于不同处理方式的敏感性，并在同一处理方式下，对比各种不同估计方法的结果。三是研究结论。Van Biesebroeck（2007）总结认为，除非数据中存在大量测量误差，否则指数法可以得到一致且精确的生产率估计量，当技术在企业间差异较大并且规模报酬可变时，*DEA* 方法更有效，考虑到联立性问题，使用 *OLS* 来估计生产函数通常来说是不可取的；而本章的研究结论更丰富，更有针对性与指导意义。

本章余下部分结构安排如下：第二部分对当前企业生产率的研究文献进行回顾，梳理常用的企业生产率估计方法，并简单介绍这些估计方法原理；第三部分结合现有文献研究经验与处理方法，对样本进行标准处理；第四部分分析三种实证因素对估计结果的影响；第五部分对比基准处理方式下各估计方法的估计结果；最后一部分是结论与启示。

二　估计方法

Del Gatto et al.（2011）对生产率估计方法做了总结与分类（见表 2-2），他将生产率估计方法按宏观、微观，前沿、非前沿和参数、非参数，及确定性方法和参数估计方法等维度进行划分，具体包括数据包络分析（*DEA*）、自由处置包（*FDH*）、随机前沿分析、增长核算法、指数法、增长率回归法和代理变量法等。其中，估计企业生产率可以用到的方法有数据包络分析、自由处置包、指数法、随机前沿分析以及代理变量法等。

而文献中对中国工业企业生产率估计所使用的方法主要有四种：传统的指数核算法；普通最小二乘法；Olley and Pakes（1996）方法（简称 *OP* 方法）；Levinsohn and Petrin（2003）方法（简称 *LP* 方法）。其中，因为对估计偏误进行了处理，*OP* 方法和 *LP* 方法的应用频率较高。

表 2-2　全要素生产率估计方法分类

	确定性方法	计量方法	
		参数法	半参数法
前沿分析	数据包络分析（*DEA*） 自由处置包（*FDH*）	随机前沿分析 （宏观—微观）	
非前沿分析	增长核算法（宏观）	增长率回归法 （宏观）	代理变量法 （微观）

资料来源：Del Gatto et al.（2011）、鲁晓东等（2012）。

上述估计方法中，指数法以要素份额替代要素弹性，以核算方式得到生产率，无须进行参数估计，其余估计方法首先估计投入要素系数值，进而通过计算估计式的余值得到生产率。实际上，对企业生产率的估计由此可以分为参数估计法和非参数估计法，在本章以下所要观察的几种估计方法中，指数法和数据包络分析属于非参数估计方法；随机前沿分析、普通最小二乘法、*OP* 方法、*LP* 方法和工具变量法（系统广义矩估计）属于参数估计方法。两种方法各有优缺点，适用于具有不同特性的样本，本章将在以下部分进行详细说明。

（一）指数法

该估计方法首先需要设定生产函数：

$$Y_{it}=A_{it}F_{it}(X_{it}) \tag{2.1}$$

其中，Y_{it}表示产出，A_{it}表示生产率，X_{it}表示投入要素。由于企业生产率本质上是相对概念，因此（2.1）式更一般的形式为：

$$\ln(A_{it}/A_{j\tau})_k=\ln(Y_{it}/Y_{j\tau})-\ln[F_k(X_{it})/F_k(X_{j\tau})] \tag{2.2}$$

其中，t 和 τ 表示时期，i 和 j 表示企业。将企业下标固定（$i=j$）可以得到企业生产率的增长率，将时期固定（$t=\tau$）可以得到企业生产率的水平差异，可近似为企业的生产率。产出方程（2.1）允许企业生产技术不同，但等式（2.2）是对不同企业的生产率进行对比，需要假定企业使用同一生产技术，要素替代弹性即为要素份额。

利用等式（2.2）中各项比率乘以要素份额为权重的加权平均值，可估计全要素生产率的增长率，整个测算过程不需要任何参数估计①：

$$TFPG_{it}^{IN}=y_{it}-y_{it-1}-\overline{S_{it}}(l_{it}-l_{it-1})-(1-\overline{S_{it}})(k_{it}-k_{it-1}) \tag{2.3}$$

其中，$\overline{S_{it}}=(S_{it}+S_{it-1})/2$ 是 t 期和 $t-1$ 期工资份额的平均值。y_{it}、l_{it}和k_{it}分别表示工业增加值，劳动和资本的对数。为了比较同一行业中不同企业的生产率水平，Caves et al.（1982b）提出以下估计全要素生产率水平值的方法：

$$TFP_{it}^{IN}=y_{it}-\overline{y_t}-\overline{S_{it}}(l_{it}-\overline{l_t})-(1-\overline{S_{it}})(k_{it}-\overline{k_t}) \tag{2.4}$$

企业生产率是与行业平均值进行比较的相对值，劳动投入差异的权重是$\overline{S_{it}}=(S_{it}+\overline{S_t})/2$，资本投入差异的权重是$1-\overline{S_{it}}$。不同的企业与同一基准企业进行对比，以此得到生产率的相对值。

上述估计原理表明，指数法可以直接计算企业生产率，不需任何参数估计，并且可对多要素投入产出企业生产率进行估计。还允许企业生产技术存在异质性，技术演化也可以设定为要素偏向。该方法的主要缺陷在于模型的确定性性质（即不允许随机因素的存在），以及对市场结构和企业行为的假定过于严格。并且，由于没有引入随机因素，该估计方法对测量误差或者异常值的稳健性较低。

（二）数据包络分析（*DEA*）

数据包络分析也被称为非参数前沿分析，最早可以追溯至 Farrell（1957）的研究。Charnes et al.（1978）将该估计方法可操作化后，大量研究开始采用该方法测量决策单元的效率水平（Seiford and Thrall，1990）。数据包络分析并不需要设定生产函数，效率被定义为产出的线性组合与投入的线性组合之比，线性组合中产出权重v_q与投入权重（v_l，v_k）通过最大化所考察企业的效率确定。该估计方法对每个观测值求解一个线性规划问题，假定观测值为 1，则其面临的问题为：

① 参数估计方法假设同一行业中的所有企业采用同样的生产技术，该假设对所选择的技术模型比较敏感，所以一般需要将参数估计方法和非参数估计方法估计的结果进行对比。

$$\max_{v_q,u_l,u_k} \theta_1 = \frac{v_q Y_1 + v^*}{u_l L_1 + u_k K_1}$$
$$\text{s.t} \frac{v_q Y_i + v^*}{u_l L_i + u_k K_i} \leqslant 1 \quad i = 1, \cdots, N \tag{2.5}$$
$$v_q, u_l + u_k > 0, u_l, u_k \geqslant 0$$
$$v^* \geqslant 0$$

除了投入权重不能为负，上述最大化问题面临的唯一约束是所有企业效率都不能超过100%。为了便于解出该线性规划问题，在求解之前都会对上述线性规划问题进行标准化处理：由于投入产出权重同比例变化将不影响求解过程，在求解过程中通常令$u_l L_1 + u_k K_1 = 1$。v^*是可变规模报酬的互补松弛条件，在固定规模报酬设定下($v^* = 0$）生产前沿是穿过原点的射线，在规模报酬可变的设定下生产前沿是所有观测值的包络线。

数据包络分析在估计过程中无须对生产函数和企业的行为方式进行设定，并且对企业生产技术没有任何限制，企业之间使用的生产技术也可以不同。每个企业被视为一个独立的个体，其他企业加权组成的虚拟混合企业可以复制该企业的生产过程，求解过程则以最大化被观测企业效率的目标，解出规定范围内各对照企业的权数。该方法缺陷在于，任何产出投入比最高的企业效率都为100%，如果将模型设定为可变规模报酬，那么最低投入水平或者最高产出水平的企业效率都为100%。并且，该方法常用的模型设定不是随机的，所以对异常值比较敏感。由于在估计过程中被估计企业要与其他所有企业进行比较，所以某个企业的测量误差将影响所有企业的生产率估计（Van Biesebroeck，2007)。

（三）普通最小二乘法

*OLS*是一种典型的参数估计方法，企业生产函数中的投入要素弹性系数根据样本估计得出，从而无须完全竞争市场的假设。规模报酬由所估计出来的要素弹性确定，也无须固定规模报酬的假定。

假设生产函数取*C-D*形式，即$Y_{it} = \Omega_{it} L_{it}^{\beta_l} M_{it}^{\beta_m} K_{it}^{\beta_l}$，其中$Y$表示产出，$\Omega$表示全要素生产率，$L$表示劳动，$M$表示中间投入，$K$表示资本。对生产函数取对数得到：

$$Y_{it}=\beta_k K_{it}+\beta_l L_{it}+\beta_m M_{it}+\omega_{it}+u_{it} \tag{2.6}$$

其中，Y_{it}、β_k、β_l和β_m分别表示取对数之后的企业产出、资本、劳动力和中间投入；ω_{it}表示不可观测且随时间变化的企业异质性生产率；u_{it}表示生产率偏离预期水平的冲击以及被解释变量中的测量误差。二者的区别在于，ω_{it}和u_{it}对于研究者来说都是无法观测的，但企业可以获知自身的生产率ω_{it}。此外，ω_{it}是状态变量，企业在获知自身本期生产率ω_{it}后决定投入要素L_{it}的投入数量，因此ω_{it}会影响企业的投入决策，但企业无法获知u_{it}的大小，因此u_{it}与投入要素不相关。

生产率冲击ω_{it}与要素投入相关导致普通最小二乘法的估计结果出现偏误，早期一些研究采用固定效应模型消除ω_{it}，以排除其对估计结果的影响。但固定效应模型假定企业不可观测的生产率冲击ω_{it}固定不变，与现实中企业生产率不断变化的事实不符，因此无法将ω_{it}完全消除，所以固定效应不能完全解决生产函数估计中的内生性问题。

（四）*OP* 方法

由于投入变量与生产率相关，如果不控制生产率冲击对要素投入决策的影响，则被影响的投入要素系数估计值将产生向上偏差。另外，同一生产率水平下具有更高资本存量的企业预期利润更高，生产率水平相同的大企业比小企业生存概率更大，造成企业的退出与企业规模相关，产生样本选择性问题，其结果是预期生产率与资本存量负相关，资本系数估计值产生向下偏差。

为解决这个问题，Olley and Pakes（1996）利用投资方程控制生产率冲击与中间投入的相关性。具体原理为：由于正的生产率冲击将提高企业的生产率预期进而提高投资，因此投资是生产率的单调增函数，从而可由投资方程的反函数将观测不到的生产率表示为投资、资本存量和企业年龄等变量的显性方程，该方程可用来控制内生性问题。

在实际估计过程中，*OP* 方法采取两步估计的形式。第一步，利用上述生产率显性方程控制生产率内生性后，估计出劳动投入和中间投入品系数的一致估计量；第二步，以企业生存概率方程控制样本选择性偏差，从而可以将资本投入等对投入决策的影响从其对产出的影响中分离，进而确定出资本投入等变量系数的一致性估计量。

因为上述估计涉及多个步骤，所以无法得到系数估计量的标准差。在实际估计中，一般将企业在不同年份观测值作为一组，利用自体抽样法（Bootstrap）估计系数估计量标准差，这要求精确匹配同一企业在不同年份的观测值。*OP* 方法可以将生产函数模型设定为产出模型或增加值模型，二者采用同样估计方法进行估计。

OP 方法的主要优点在于对生产率的设定约束较小，只须满足马尔科夫过程假定。其缺陷在于估计过程中对生产率冲击的非参数近似处理，即以投资函数的反函数将投资等状态变量表示为生产率冲击的函数，这种单调关系可能并不满足。另外，很多企业根据永续盘存法估算出来的投资为负，此类观测值无法进行估计。

（五）*LP* 方法

在实际应用中，对投资的估算是一个棘手问题，并且投资与生产率之间可能并不满足单调性条件，导致 *OP* 估计量不满足一致性条件。Levinsohn and Petrin（2003）发现，在一定条件下，中间投入品也能解决内生性问题，使用中间投入品作为生产率冲击的代理变量还有以下优点：首先，相对于投资，中间投入品使用量基本都为正数；其次，企业对中间投入品的使用比较容易调整，因此中间投入品对生产率冲击的反应比投资更灵敏；最后，因为不是状态变量，所以中间投入品易于将生产率估计方法与经济理论联系起来。

有鉴于此，*LP* 方法假定中间投入品的投入数量取决于资本投入和生产率冲击，中间投入品是企业生产率冲击的增函数，因此可以以中间投入品需求的反函数将生产率冲击表示为资本投入和中间投入品的显性函数。

LP 方法同样利用两步法进行估计。第一步，利用中间投入品反函数控制生产率冲击，得到劳动投入量的一致估计量。第二步，根据生产率冲击的马尔科夫过程假定，以及设定一个资本投入系数初始值，可以利用第一步的估计结果进一步估计出生产率冲击的一致近似值；利用该近似值和劳动投入系数以及设定的任意初始的资本投入系数，得到生产函数的残差项，通过不断循环估计得到最小化该残差的资本投入系数估计值。由此得到生产函数的全部系数的估计值，从而可计算出企业全要素生产率。该估计方

法在产出模型和增加值模型两种设定情况下有些差别，利用产出模型进行估计时，需要将资本投入系数从中间投入系数中识别出来，此时 *LP* 方法利用了中间投入与本期残差无关的矩条件。

OP 方法和 *LP* 方法以面板数据结构估计生产率，对同一企业的各年观测值进行自助抽样估算系数的标准差，这就需要尽可能将同一企业不同年份的观测值精确匹配。另外，*OP* 方法在估计生产率过程中以退出变量估计企业的生存概率可纠正样本选择偏差，也要求对样本进行精确匹配。

（六）随机前沿分析

对于对生产函数估计造成严重干扰的生产率冲击，随机前沿分析直接假定该变量服从某一分布，从而将其从随机扰动项中分离。这种估计思想最早源于 Aigner et al.（1977）和 Meeusen and Van den Broeck（1977）。因为设定了生产率具体分布，所以该方法利用最大似然估计法对生产函数进行估计。式（2.6）中生产函数的残差项ω_{it}若为负，为企业 i 在 t 期与生产前沿的效率差距。该方法初始用来估计截面企业样本，后来逐渐发展至面板数据样本。Battese and Coelli（1992）假定面板数据观测值的生产率函数为：

$$\Omega_{it} = -e^{-\eta(t-T)}\Omega_i \qquad \Omega_i \sim N^{+}(\gamma,\sigma^2) \tag{2.7}$$

每个企业的相对生产率Ω_i为服从非负断尾正态分布且不随时间发生变化的变量。当 η 为正（负）时，所有企业非效率确定性部分以同样的速率递增（递减）。截面数据下，设定比较严格的假定是将随机扰动项中的生产率部分分离出来的唯一方法；面板数据包含了更多信息，在相对弱假定下也可以识别出生产率。

随机前沿分析优点在于，生产函数中确定性前沿产出可以进行更符合现实的设定，例如引入要素偏向的技术演进或采用更灵活的函数形式，不同设定基本都是在生产函数的灵活性和估计结果的精确性之间进行平衡。在式（2.7）的假设下，企业相对位置固定，因此只需要估计三个系数，但估计结果精确性随着样本期变长而下降。另外，该估计方法仅由严格的生产率分布假定对生产率进行估计，这种估计原理受到很多学者质疑（Van Biesebroeck，2007）。

（七）工具变量法（系统广义矩估计）

对于要素投入内生性问题，另一种解决方法是工具变量法。Blundell and Bonds（1998）提出了估计特定形式误差项的系统广义矩估计法（*SYS-GMM*），他们首先将这一估计方法应用于生产函数的估计（Blundell and Bond，2000）。在系统广义矩估计的估计模型中，生产率被设定为具有一阶自回归性质的企业固定效应（$\Omega_{it}=\Omega_{it-1}+\eta_{it}$），变量$\eta_{it}$用以捕捉测量误差和短期生产率冲击。对生产函数进行差分可以得到下述估计方程。

$$y_{it}=\rho\, y_{it-1}+\alpha_l(l_{it}-\rho\, l_{it-1})+\alpha_k(k_{it}-\rho\, k_{it-1})+\omega'_i+(\eta_{it}+\varepsilon_{it}-\rho\,\varepsilon_{it-1}) \tag{2.8}$$

因为投入变量与各年生产率信息η_{it}、当年生产率短期冲击ε_{it}和上一期的生产率冲击ε_{it-1}都具有相关性，估计上述差分方程仍然需要另外一些矩条件。式（2.8）的一阶差分形式剔除了企业生产率冲击固定效应，在初始条件的标准外生假设下，三期以上的投入与产出滞后与$\Delta\varepsilon_{it}$不相关。因为一阶差分方程中包含ε_{it-2}，该误差项与二阶滞后的产出相关（企业会基于该冲击做出投入选择决策），因此必须使用三阶滞后作为工具变量，更多滞后变量则可用来提高估计的精确性。

由滞后变量组成的工具变量可能是弱工具变量（Blundell and Bonds，1998），如果假定投入变化与企业固定效应无关，并且初始产出变化也与企业固定效应无关，那么变量的一阶差分的二阶滞后是其有效工具变量。如之前一样，式（2.8）中的滞后残差ε_{it-1}必须使用工具变量的更多滞后期，在这种情况下，包含更长的滞后期并不能提供更多的信息。生产函数通过由一阶差分方程和原方程组成的方程系统进行估计，二者都具有合适的工具变量集。

系统广义矩估计可以获得较多的工具变量，在估计一阶差分方程时，因为有很多工具变量可以使用，所以可以检验工具变量过度识别约束。系统广义矩估计的优点在于，除了固定效应和异质性因素，该估计方法允许生产率中存在某些表现为自相关形式的因素。相对于简单的固定效应估计量，系统广义矩估计除了利用变量差分中的信息，还利用了变量水平值中包含的信息，这些信息可能有利于克服测量误差（Griliches and Mairesse，1995）。系统广义矩估计的主要缺陷在于，由于使用滞后变量作为工具变量，因此必须使用比较长的面板数据，如果引入短期生产率冲击，至少需要 4 期观测值。并且，在弱工具变量的情况下，该方法和固定效应估计法一样将低估投入变量的系数。

在对 7 种全要素生产率方法进行简要介绍的基础上，笔者在表 2-3 中进一步概括了各种方法的优缺点以及代表性文献，以指明各种方法的异同和适用性。

表 2-3　全要素生产率估计方法对比一览

估计方法	优点	缺点	代表性文献
OLS	无须完全竞争市场和固定报酬的假定	估计结果受到投入要素内生性与样本选择性的影响	张杰等（2009） 谢千里等（2008） 余淼杰（2010） 鲁晓东等（2012）
OP	减轻了内生性和样本选择性的问题	稳健性取决于投资与生产率的关系，很多发展中国家的企业投资为负	李玉红等（2008） 张杰等（2009） 余淼杰等（2010） 聂辉华等（2011） 余淼杰（2011） 鲁晓东（2012） 杨汝岱（2015） Feenstra et al.（2014） 毛其淋和盛斌（2013）
LP	在 *OP* 方法的基础上，减轻了投资变量数值为负以及可能与生产率关系不敏感的问题	要求能够获得中间投入品数据，需要中间投入与残差项无关的假定	周黎安等（2007） 简泽（2011） 李萍等（2012） 邵敏等（2012） 鲁晓东等（2012） 简泽（2013） 王杰等（2014） 杨汝岱（2015）
SFA	可以进行更符合现实的假定，需要估计的系数较少	估计结果精确性随着样本期变长而下降，严重依赖于对生产率的分布的假定	涂正革（2005） 涂正革等（2006）

续表

估计方法	优点	缺点	代表性文献
SYS-GMM	允许固定效应、异质性因素、生产率自相关的存在，对测量误差比较稳健	需要使用时间较长的面板数据，容易受到弱工具变量的影响	鲁晓东等（2012）
INDEX	无须参数估计，可对多要素投入产出企业生产率进行估计，允许企业生产技术存在异质性	不允许随机因素存在，对企业行为的假定过于严格，对测量误差较为敏感	Hsieh（2009） 李春顶（2010） Brandt et al.（2012）
DEA	无须设定生产函数形式，对企业生产技术没有限制	非随机模型对异常值比较敏感，单个企业的测算误差影响到所有企业的估计	涂正革等（2006）

三 数据处理①

生产率估计方法的估计原理表明，测量误差是影响估计结果的主要原因之一。因此，在进行企业生产率稳健估计之前，需要尽可能地由原始数据获得变量的真实信息。对中国工业企业数据库原始数据的处理主要涉及样本匹配、名义变量的价格平减以及样本筛选等步骤。该部分主要参照 Brandt et al.(2012)、聂辉华等（2012）的处理方法与经验总结，对原始数据再次进行详尽处理，其中对中国工业企业实际资本存量的处理更为细致、科学。

（一）样本匹配

企业代码是合并不同年份企业样本的主要依据，但由于企业的误报、改制或重组，可能出现企业代码和企业名称变动，识别出此类样本并进行匹配，是基于面板数据结构的估计方法得到稳健估计结果的基础。目前解决这一问题的主要方法有交叉匹配法和序贯识别法，交叉匹配法先将企业按企业名称进行分组，然后将同一名称组所有企业代码下的企业归为一组（对每一名称组都依此进行操作，不断重新归组，因此称为“交叉匹配”）；序贯识别法先根据相同的企业代码识别同一家企业，然后以企业名称匹配

① 一些文献使用了 2008 年和 2009 年中国工业企业数据，本章的分析并未纳入这两年的数据，主要原因在于这两个年份数据的一些重要变量如增加值缺失，无法进行后文的估算与分析。

企业代码无法识别的样本，最后利用法人代表、地区、电话号码的综合信息进一步匹配剩余样本。综合各种因素考虑，笔者选择序贯识别法对不同年份的观测值进行匹配①，匹配结果见表 2-4。

由表 2-4 可以看出，大部分观测值都可以通过企业代码在两年之间进行匹配。各年通过企业代码成功合并的观测值占总观测值的比例基本都在80%以上。在所有成功匹配的观测值中，通过企业代码匹配的观测值占 95%左右，通过其他方式匹配的观测值占成功匹配观测值总数的 5%。假定所有企业在各年的观测值都被成功识别，表 2-4 中的剩余观测值可看作当期新进入市场的企业。

表 2-4　1998~2007 年中国工业企业数据库样本匹配结果

年　份	初始样本（个）	第一关键字匹配样本数目（个）	第二关键字匹配样本数目（个）	第三关键字匹配样本数目（个）	第四关键字匹配样本数目（个）	第五关键字匹配样本数目（个）	剩余观测值数目（个）
1998	165118	—	—	—	—	—	24834
1998~1999	162033	133504	4125	2169	332	154	21749
1999~2000	162883	133640	2699	829	247	48	25420
2000~2001	171256	121858	6855	432	342	10	41759
2001~2002	181557	145309	2308	2001	587	79	31273
2002~2003	196220	150031	4270	2812	455	0	38652
2003~2004	276474	143915	5803	7886	2155	0	116715
2004~2005	271835	230016	1913	2218	750	66	36872
2005~2006	301960	245000	1373	1954	761	80	52792
2006~2007	336768	273146	1111	1752	618	84	60057

注：第一关键字为企业代码，第二关键字为企业名称，第三关键字为企业法人+企业所处地区，第四关键字为企业所处地区+企业所处行业+企业电话，第五关键字为企业成立年份+企业所处行业+企业所在乡镇+企业主要产品。

资料来源：笔者根据中国工业企业数据库数据计算。

① 交叉匹配的问题在于，企业经历改制重组后，名称和代码可能同时发生变化，此类企业无法被归为一组。并且，对误配样本的识别依赖于年份冲突，如果不出现年份冲突，则无法识别出误配样本。另外，由于样本量比较大，人工识别的可行性也是一个问题。交叉匹配法本质上类似于先使用企业代码进行匹配，再使用企业名称进行匹配的两步匹配法。对于序贯匹配法，杨汝岱（2015）认为第五关键字匹配条件过宽，可能导致不属于同一企业的观测值匹配在一起，从本章的匹配结果可以看出，第五关键字匹配的数目较少，对结果的影响不会太大。

（二）实际资本存量估算

资本存量是估计企业生产率的关键变量。数据库中企业上报的固定资本存量都是由以原始购买价格计价的各年投资剩余累计而成的原始资本存量。Brandt et al.（2012）尝试调整企业整个存续期内所有年份的价格因素。本章遵循同样的思路，以分行业、省份的资本增长率近似企业的资本存量增长率，进而估计出中国工业企业数据库（1998~2007）中的企业实际资本存量，在此过程中，笔者通过区分固定资产净值和固定资产原值两类不同的名义资本，改进企业名义资本增长率估算方法以及纳入历次工业企业普查的信息，将企业名义资本存量向真实资本存量方向调整。估计结果表明，未经任何处理的名义资本存量与实际资本存量增长率差异较大；名义资本存量年均增长率远远超过所估计出来的实际资本存量增长率，具体的估计方法如下。

1. 固定资产原值

首先，估计企业成立年份（即基期）的实际资本存量：

$$K_{real,it_0}=\frac{K_{nom,it_d}}{p_{t_0}\prod_{t=t_0}^{t_d}(1+g_{it-1})} \tag{2.9}$$

其中，t_0是企业 i 的成立年份，K_{real,it_0}是企业 i 成立年份的实际资本存量，t_d是企业 i 第一次出现在数据库的年份，K_{nom,it_d}是企业 i 第一年出现在数据库时的固定资产原值，g_{it-1}是企业 i 固定资产原值的增长率，p_{t_0}是t_0期的投资价格指数。

在得到企业初期的实际资本存量的基础上，对企业各期名义资本变化量进行价格平减，然后根据永续盘存法可估算出企业各期的实际资本存量：

$$K_{real,it}=\begin{cases}\dfrac{K_{nom,it_d}}{p_t\prod_{s=t}^{t_d}(1+g_{is-1})}\times g_{it}+(1-\delta)\times K_{real,it-1} & t\leqslant t_d\\[2ex] \dfrac{K_{nom,it}-K_{nom,it-1}}{p_t}+(1-\delta)\times K_{real,it-1} & t\geqslant t_d\end{cases} \tag{2.10}$$

其中，$K_{real,it}$表示企业 i 在时期 t 的实际资本存量，$K_{nom,it}$表示企业 i 在时期 t 名义资本存量，g_{it}表示企业 i 在时期 t 的拟合名义资本增长率，p_t表示企业在时期 t 的投资价格指数，δ 表示折旧率。

式（2.10）中企业出现在中国工业企业数据库年份前后的实际资本存量估计有所不同。企业出现在中国工业企业数据库之前，因为缺乏相关的信息，需要以企业资本存量增长率估计企业每年的固定资产投资。企业出现在数据库之后，可以获得其各年固定资本存量，无须以增长率拟合的方式估计企业每年的资本形成额，只须以企业每年名义资本存量变化量计算固定资产投资流量，所得结果更为准确。

2. 固定资产净值

同样，首先以企业固定资产净值估计企业成立年份（即基期）的实际资本存量：

$$K_{real,it_0} = \frac{K_{nom,it_d}}{p_{t_0}\prod_{t=t_0}^{t_d}(1+g_{it-1})} \tag{2.11}$$

其中，t_0是企业 i 的成立年份，K_{real,it_0}是企业 i 成立年份的实际资本存量，t_d是企业 i 第一次出现在数据库的年份，K_{nom,it_d}是企业 i 第一年出现在数据库时的固定资产净值，g_{it}是企业 i 固定资产净值的增长率，p_{t_0}是t_0期的投资价格指数。如果能够获得固定资产原值和净值的真实增长率，以固定资产原值和净值推算的企业初期的实际资本存量在理论上应该是一致的。

在得到企业初期的实际资本存量的基础上，对企业各期固定资产净值变化量进行价格平减并累加即可估计出企业的实际资本存量。因为企业各期固定资产净值变化量中不包含折旧，因此可以直接对价格平减后的各年变量累加，而不再考虑折旧。

$$K_{real,it} = \begin{cases} \dfrac{K_{nom,it_d}}{p_t\prod_{s=t}^{t_d}(1+g_{is-1})} \times g_{it} + K_{real,it-1} & t \leqslant t_d \\ \dfrac{K_{nom,it} - K_{nom,it-1}}{p_t} + K_{real,it-1} & t \geqslant t_d \end{cases} \tag{2.12}$$

其中，$K_{real,it}$表示企业 i 在时期 t 的实际资本存量，$K_{nom,it}$表示企业 i 在时期 t 名义资本存量，g_{it}表示企业 i 在时期 t 的拟合名义资本增长率，p_t表示企业在时期 t 的投资价格指数。

同样，式（2.12）中企业出现在中国工业企业数据库年份前后的实际资本存量估计有所不同。企业出现在中国工业企业数据库之前，因为缺乏相关的信息，需要以企业固定资产净值增长率估计企业每年的净固定资产投资。企业出现在数据库之后，可以获得其各年净固定资本存量，无须以增长率拟合的方式估计企业每年的资本形成额，只须以企业每年固定资产净值变化量精确计算出每年的资本形成额。不同的是，这里的各年固定资本形成额已经不包含折旧，因此可以直接累加得出企业实际资本存量。

企业资本存量增长率的拟合是估计企业实际资本存量的重要步骤，我们将根据历史上的几次工业普查数据和已公布的中国工业企业数据库（1998~2007）估计 1978~2007 年的企业名义资本增长率。中国在 1986 年第一季度进行了第二次工业普查，共调查了 35.8 万个乡以上独立核算工业企业，取得了比较系统和详尽的工业信息。从中可以获得 1980 年、1984 年和 1985 年分行业/地区名义资本存量和企业数量；1995 年进行了第三次全国工业普查，普查对象是全部工业企业，其中也有分行业/地区的名义资本存量和企业数量；国家统计局公布的 1998~2007 年工业企业数据库是迄今学术研究使用最多的中国微观企业样本，其中包含该期间全部国有工业企业和规模以上非国有工业企业的详细信息。在上述数据基础上，我们分别估算出 1980~1984 年、1984~1985 年和 1985~1995 年分行业地区的企业平均名义资本存量复合增长率，拟合该期间的工业企业资本增长率。

折旧率是以固定资产原值估算实际资本存量的重要变量，因此，折旧率的选取对估计结果至关重要。我国企业计提固定资产的折旧一般采用直线折旧法，在 1951 年进行全国性的清产核资时确定的固定资产分项折旧率一直沿用，这些年中除了个别行业折旧率有较大幅度提高外，多数行业的综合折旧率只有轻微变化，通过计算得出全国工业企业综合折旧率（含机器设备和房屋建筑物）的情况是 1953 年为 3.7%，1970 年为 4%，1977 年为 4.1%，1980 年为 4.2%（其中，机器设备为 5.55%）（柳标和田椿生，1980），单豪杰（2008）利用《中国统计年鉴》的数据计算发现，在 20 世纪 80 年代折旧率基本处于 4%~5.5%，90 年代有所上升，在 7%~9%。可以看出，目前的研究中，对折旧率的选取大都在 5%～9%，为了明确折旧率对估计结果的影响，我们分别在这两个折旧率下估计出资本存量，并对估计结果进行对照分析。

估计结果显示，以固定资产原值估计出来的实际资本存量处于 5%和 9%的折旧率所估计出来的结果之间。5%和 9%折旧率估计结果的均值与以资本存量净值估计得到的结果极其相近，这意味着，企业的平均折旧率应该在 5%～9%。实际上，折旧率的选取历来是实际资本估算中的难题，特别是在对企业的实际资本估计中，由于处于不同行业的企业资产组合不同，而不同类型的资产的折旧年限长短不一，比如房屋的折旧年限较长，而机器设备的折旧年限较短，并且不同行业的设备折旧年限也有差异。因此，以统一的折旧率估计企业实际资本存量可能会出现偏误。企业固定资产净值是企业按照税法的规定对各种不同的资本按照不同的使用年限进行的折旧处理后的资产价值，包含了企业资产折旧的微观信息，因此可以认为较为准确地反映了企业资产折旧状况。因为企业折旧率在行业维度和时间维度上都存在着变化，无法获得统一的宏观层面折旧率，因此，我们认为以企业资本存量净值对企业实际资本进行估计，所得到的结果相对更准确。

（三）劳动者报酬估算

指数法需要以劳动所得占增加值的比重估算劳动份额，中国工业企业数据库中包含劳动报酬的变量有工资、雇员补贴以及失业保险等，一般将这些变量之和作为劳动所得指标。然而，由此估算的劳动所得与宏观统计数据有较大冲突，由中国工业企业数据库统计得到的劳动所得占增加值的份额只有 34.2%，而国民收入核算中工业行业的劳动所得份额大概为 55%，企业报告的劳动报酬可能低估了支付给劳动的份额。Hsieh and Klenow（2009）在对生产率估计时，将所有企业的劳动工资份额等量调整至与国民收入核算中的份额一致，以纠正该偏差。本章以指数法估计企业生产率时，同样遵循该方式对数据进行纠正。

（四）行业代码统一

数据库中每个企业都有对应的 4 位数工业行业代码，标示企业所属行业，但国民经济行业分类体系在 2003 年经历了更改，行业代码内容和范围都有较大变更，因此，若要进行行业层面研究，需要将 2003 年前后的行业代码进行统一。

行业代码统一还涉及名义变量价格平减，对名义变量进行价格平减的价格因子分为两类，一种是地区层面价格因子，一种是行业层面价格因子。采用行业价格因子对名义变量进行价格平减的问题在于，2003 年以前并没有可用的行业价格指数（陈诗一，2011）。为了解决这一问题，笔者借鉴 Brandt et al.（2012）利用行业分类统一后的名义产出与实际产出之比估算的分行业价格指数，该估算过程将在下一章进行详细介绍。

本章将两种不同层面价格指数对比后发现，同一年内，各省份之间价格波动幅度不大，而不同行业之间价格波动幅度较大（见表 2-5）。说明行业间价格差异远大于地区间价格差异，行业价格指数更能反映名义价值的波动。在时间维度上，行业分类下投入价格指数在各年之间的波动也要大于省际分类下价格指数，因此笔者认为使用行业价格指数更为适宜。

表 2-5　价格指数对照

年份	投入价格指数		产出价格指数	
	Ind	Pro	Ind	Pro
1998	0.000	0.000	0.000	0.000
1999	1.841	2.507	2.561	2.428
2000	5.909	6.038	6.256	6.923
2001	4.470	2.671	4.840	2.969
2002	4.722	2.645	5.102	1.800
2003	7.491	4.364	6.387	3.908
2004	11.937	5.274	9.340	4.298
2005	18.752	4.068	12.756	4.263
2006	24.973	4.031	17.996	3.861
2007	26.901	3.022	22.225	2.710
MeanSd	10.531	5.260	6.325	5.269

注：Ind/Pro 分别表示四位数行业分类下价格指数/省际价格指数*，MeanSd 表示不同分类的价格指数在时间维度上的方差均值。本表由以 1998 年为基期的价格指数计算得出。

*由于两位数产出价格指数和 14 部门价格指数均根据投入价格指数与源于投入产出表的同样口径的权重换算，因此二者结果是一致的。

表 2-5 是不同分类水平价格指数分布对比。其中 Ind 是行业水平分类下的价格指数，Pro 是省际价格指数。从行业价格指数分布来看，价格指数在不同行业间发散程度逐年增大，到 2007 年行业价格指数的方差达到 26.901。相比之下，省际价格指数在各年之间差异非常小，最高年份方差不超过 7。这说明企业所面临的环境在行业之间的差异大于在地区之间的差异，行业价格指数更能反映企业所面临的价格。MeanSd 表示不同分类价格指数在时间维度上的方差均值，用以刻画价格指数在时间上的变化。从中可以看出，投入价格指数中，行业价格指数在各年之间波动比较大，方差为 10 左右，省际价格指数方差为 5.26，只有行业价格指数的一半。

（五）总产出估算与价格平减

总产出也是估计企业生产率的重要变量，该指标衡量方式有工业总产值和销售收入两个变量。由于存货的存在，与销售收入相比，工业总产值对总产出的衡量更为精确。但工业总产值是以当年价格衡量的企业产出，需要消除价格因素才能在不同年份之间进行对比。采用行业价格因子对名义变量进行价格平减的问题在于，1998~2003 年并没有可供使用的产出价格平减因子，因此，需要利用数据库所隐含的信息进行估计。由于企业报告了企业的名义产出和实际产出，使用名义产出与实际产出之比可估计出当年的价格指数。为保证估计的稳健性，Brandt et al.（2012）在构建行业价格指数时，舍弃了与均值的差异超过方差一半的观测值（这些观测值占总观测值的 15%~25%），然后以企业的工业总产出现值为权重，重新构建了行业产出价格指数。《中国统计年鉴》提供了 2004~2007 年两位数行业分类下出厂价格指数，笔者直接使用该指数对这期间的观测值进行价格平减。

（六）中间投入品价格平减

产出、中间投入品和增加值存在着会计上的均衡关系，可以结合投入产出表和产出价格指数估计投入价格指数。各行业投入价格指数是产出价格指数的加权，权数从 2002 年投入产出表推算得出。由于投入价格指数中原材料和能源的权重较高，2003 年以后原材料和能源价格大幅上升，导致投入品价格指数从 1998 年到 2007 年上升了 24.9%，是产出价格指数上升幅度的两倍。

由于产出与中间投入的价格波动方向并不一致，对增加值直接进行价格平减，即不变价核算中的单缩法（许宪春，2002），隐含着二者价格指数相同的假设，可能存在一些误差。最好对产出和中间投入分别进行价格平减后，利用二者之间的会计关系估算出实际增加值，即不变价核算中的双缩法（许宪春，2002）。

（七）样本筛选

样本中的极端值往往会使估计结果出现不可预料的偏误，笔者参照已有筛选过程对异常值进行处理①，以确保估计结果的稳健性。在借鉴已有研究成果基础上，将剔除标准设计如下。第一步，剔除估计生产率所需关键指标（工业总产值、工业增加值、职工人数、固定资产净值/原值、中间投入品）缺失或小于零的观测值。第二步，剔除职工人数少于 8 人的观测值。第三步，剔除 Cai and Liu（2009）所定义的不符合一般会计准则的观测值。第四步，根据所使用的样本范围剔除所使用的关键指标（工业总产值、工业增加值、职工人数、固定资产净值/原值、中间投入品）的前后 1%。② 各年异常值分布如表 2-6 所示。

① Cai and Liu（2009）使用了比较全面的剔除方式，因此被较多的研究者所借鉴。他们的筛选程序如下：第一步，剔除关键指标（例如，总资产、职工人数、工业总产值、固定资产净值和销售额）缺失的观测值。第二步，剔除不满足“规模以上”标准的观测值，即固定资产净值低于 1000 万元，或者销售额低于 1000 万元，或者职工人数少于 30 人的观测值。第三步，剔除一些明显不符合会计原则的观测值，包括总资产小于流动资产，总资产小于固定资产净值，或者累计折旧小于当期折旧的观测值。第四步，剔除关键指标的极端值（前后各 0.5%）。余淼杰（2011）借鉴了 Cai and Liu（2009）筛选方式，剔除了违背一般公认会计准则的观测值，另外还剔除了没有识别编号和成立时间无效的企业（例如成立时间在 12 月之后或在 1 月之前），但雇员人数的剔除标准是 10 人以下的企业样本。

② 当本章使用总体样本时，笔者将剔除总体样本各关键指标的前后 0.5%，当分行业进行估计时，将剔除各行业样本关键指标的前后 1%。因为在估计中没有涉及企业成立时间变量，所以并未以此为标准进行剔除；工业企业数据库的统计标准之一是雇用人数达到 8 人以上，因此将剔除标准定为 8 人。

表 2-6 各年异常值分布

年份	Ⅰ	Ⅱ	Ⅲ	Ⅳ	Ⅴ	Ⅵ	Ⅶ
	Non.	Non-	Emp<8	Output<500 万	Non acc	Extrime	Survival
1998	148026	27837	1685	31932	576	8888	95535
1999	126961	15380	1989	29945	505	8983	89895
2000	127645	19733	3962	27107	481	8180	88436
2001	134226	12454	1536	24649	487	9201	102036
2002	163197	19922	1638	23072	259	9928	121404
2003	178284	15697	1276	18411	284	10501	141583
2004	253289	15863	3079	12314	573	15613	214817
2005	248210	13140	1726	11322	148	15557	213060
2006	275373	12454	1618	9486	93	17501	240694
2007	308718	12031	1609	5297	87	20703	273730

注：Ⅰ表示关键观测值非空的数量；Ⅱ表示关键观测值非正的数量；Ⅲ表示雇用人数小于 8 的观测值数目；Ⅳ表示工业总产值小于 500 万元的观测值数目；Ⅴ表示不符合一般会计标准的观测值数目；Ⅵ表示处于关键观测值首尾 1%的企业数目；Ⅶ表示剩余观测值。由于Ⅱ~Ⅵ都在基准样本上同时统计，彼此可能有重合，因此Ⅶ不完全等于Ⅰ与Ⅱ~Ⅵ之差。

根据 *OP* 方法估算企业生产率需要获得企业的投资数据，按永续盘存法进行估算，相当一部分企业所估计出来的投资为负，因此 *OP* 方法可用样本小于其他估计方法的可用样本。工具变量法因为需要使用变量的 3 期滞后作为工具变量，只能使用有连续 4 期以上观测值的企业样本，因此可用观测值的数目可能更少。

四 实证因素对估计结果影响分析

本部分将分别观测模型设定、样本范围和变量处理三种实证因素对估计结果的影响。在这三种实证因素中，生产函数模型的设定影响所有的参数估计方法以及非参数估计方法中的数据包络分析，样本选择将影响参数估计方法的估计结果，变量处理则波及所有的估计方法。

（一）估计影响框架设计

生产率估计的重要差异首先体现在不同的生产函数模型选择。生产函数模型以是否包含中间投入品可分为产出生产函数和增加值生产函数。陈永伟和胡伟民（2011）认为，中国制造业生产对原材料依赖程度较高，增加值模型忽略了中间投入品的作用，可能导致估计结果偏误。然而何种生产函数模型更为适用，目前并没有定论。为了观测模型设定对估计结果的影响，笔者在其他实证因素相同的情况下，将增加值模型和产出模型的估计结果进行对比，评估生产函数模型对各种估计方法的影响方向和程度。

样本范围对非参数估计方法与参数估计方法的影响不同。（1）非参数估计并不受样本范围设定的影响：指数法以要素份额替代要素弹性，对企业生产技术的异质性是稳健的；数据包络分析（*DEA*）以线性规划问题求解企业效率，也不涉及生产函数。相比之下，参数估计将得到样本共同的参数，隐含着样本观测值要素替代弹性相同的假定。（2）在现实中，不同行业的企业要素弹性差别较大，分行业估计结果可能更为精确。一个佐证是，参数估计理论的研究者在进行实证分析时，也都采用行业样本进行估计。以 *OP* 方法和 *LP* 方法为例，Olley and Pakes（1996）将该估计法的应用限于具有同类企业的通信行业内部；Levinsohn and Petrin（2003）同样对不同行业的企业分别进行估计。为观测不同样本范围对估计结果的影响，笔者在其他处理方式相同的情况下，分别以全样本和分行业样本对企业生产率进行估计①，通过对比观察不同样本范围所得估计结果差异。

价格因子的选择是另外一个影响企业生产率估计的实证因素。为保持其他两种实证因素一致，对比使用不同价格因子（行业层面价格因子和地区层面价格因子）的估计结果，以观测使用不同的价格因子估计结果的差异度。

为了分解模型选择、样本范围以及价格因子三种因素对估计结果的影响，将实证分析设计为两种模型设定-两种样本范围-两种价格因子的 2×2×2 结构（见表 2-7）。在观测特定实证因素时，以其余两种实证因素不变，观测目标因素对实证结果的影响。

---

① 分样本情况下，本章将在四位数分类下的行业内进行估计。四位数分类是最为详细的行业分类，在该分类标准下，中国工业制造业被分为 425 个行业。在如此细分的行业下，企业的生产技术差异比较低，可以近似为同质性企业。

表 2-7 计量结构

模型	增加值				产出				估计结果
样本	全样本		分行业		全样本		分行业		
价格	P_{ind}	P_{reg}	P_{ind}	P_{reg}	P_{ind}	P_{reg}	P_{ind}	P_{reg}	
代码	Ⅰ	Ⅱ	Ⅲ	Ⅳ	Ⅴ	Ⅵ	Ⅶ	Ⅷ	
INDEX	√	√	×	×	×	×	×	×	附表 1
DEA	√	√	×	×	√	√	×	×	附表 2
OLS	√	√	√	√	√	√	√	√	附表 3
FRONT	√	√	√	√	√	√	√	√	附表 4
SYS	√	√	√	√	√	√	√	√	附表 5
OP	√	√	√	√	√	√	√	√	附表 6
LP	√	√	√	√	√	√	√	√	附表 7

注：非参数估计方法对企业生产技术的异质性稳健，样本范围的选择不会影响估计结果，因此指数法（*IND*）和数据包络分析法（*DEA*）无须分行业估计。指数法以要素所得份额替代要素弹性，因为无法获得中间产品所得份额，不能以产出模型对其进行估计。

以生产函数模型的选择为例，增加值模型和产出模型分别有样本范围与价格因子组合的四组对应的估计结果Ⅰ、Ⅱ、Ⅲ、Ⅳ和Ⅴ、Ⅵ、Ⅶ、Ⅷ。其中，Ⅰ为全样本行业价格指数下以增加值模型估计，对应的Ⅴ为同样的全样本行业价格指数下按产出模型进行估计的结果，其余以此类推，Ⅱ对应Ⅵ、Ⅲ对应Ⅶ、Ⅳ对应Ⅷ。由此可以得到四组对应结果，取这四组对应结果的均值，即得到观测生产函数模型对估计结果影响指标，计算过程见式（2.10）~（2.12）。

因为异质性企业对不同实证处理方式响应程度不同，其生产率差异提供了比较好的观测实证因素影响估计结果的角度，可以作为观测实证因素影响的重要指标。本章观测的异质性企业有国有企业、出口企业、年轻企业、进入企业与退出企业五类。对于各类异质性企业，以对数生产率平均值差异观测其生产率差异度，该指标的计算公式为：

$$D_h = \frac{\overline{TFP}_{hi} - \overline{TFP}_{si}}{|\overline{TFP}_{hi}|} \tag{2.13}$$

其中，$\overline{TFP}_{hi}$为异质性企业平均对数生产率，$\overline{TFP}_{si}$为对照企业平均对数生产率，异质性因素 h 包含国有企业 *soe*、出口企业 *exp*、年轻企业 *you*、进入企业 *ent* 和退出企业 *exi* 等五种企业，对照企业 s 则分别为非国有企业、非出口企业、成熟企业以及在位企业。

为了精炼各种估计方法在不同模型设定、样本范围和价格因子下的详细估计结果。本章在这里对这些估计结果进行二次统计处理，以此就实证因素对各估计方法的影响进行总结性分析。在以下分析中，主要以统计量 $\overline{X_f/X_g}$ 观测各因素对估计结果的影响，在不同实证因素下，该指标的计算方法如下。

生产函数：

$$\overline{X_y/X_{va}}=\left(\frac{X_{\mathrm{I}}}{X_{\mathrm{V}}}+\frac{X_{\mathrm{II}}}{X_{\mathrm{VI}}}+\frac{X_{\mathrm{III}}}{X_{\mathrm{VII}}}+\frac{X_{\mathrm{IV}}}{X_{\mathrm{VIII}}}\right)/4 \tag{2.14}$$

样本范围：

$$\overline{X_{all}/X_{sub}}=\left(\frac{X_{\mathrm{I}}}{X_{\mathrm{III}}}+\frac{X_{\mathrm{II}}}{X_{\mathrm{IV}}}+\frac{X_{\mathrm{V}}}{X_{\mathrm{VII}}}+\frac{X_{\mathrm{VI}}}{X_{\mathrm{VIII}}}\right)/4 \tag{2.15}$$

价格因子：

$$\overline{X_{reg}/X_{ind}}=\left(\frac{X_{\mathrm{II}}}{X_{\mathrm{I}}}+\frac{X_{\mathrm{IV}}}{X_{\mathrm{III}}}+\frac{X_{\mathrm{VI}}}{X_{\mathrm{V}}}+\frac{X_{\mathrm{VIII}}}{X_{\mathrm{VII}}}\right)/4 \tag{2.16}$$

式（2.14）~（2.16）中，X 表示所观测的变量，包括资本系数 K、劳动系数 L、中间投入品系数 M、各行业资本系数方差 *Ksd*、各行业劳动系数方差 *Lsd*、各行业中间投入品系数方差 *Msd*、异质性企业生产率差异 D_h、对数生产率均值 *mean* 和对数生产率方差 *var*。Ⅰ~Ⅷ为不同实证因素组合代码，实证因素分别包括：生产函数选择中的增加值模型 *va* 和产出模型 y，样本范围中的全样本 *all* 和分行业样本 *sub* 以及价格因子中的地区价格指数 *reg* 和行业价格指数 *ind*。

在分析结果中，$\overline{X_f/X_g}$ 大于 1，表明处理方式 f 所得结果大于处理方式 g，反之则 f 小于 g；$\overline{X_f/X_g}$ 越接近于 1，说明该实证因素对估计结果影响越小；若 $\overline{X_f/X_g}$ 符号为负，则说明对实证因素采用不同的处理方式所得估计结果完全背离。分析结果越接近 1，说明本章所观察的处理方式对实证结果的影响越小，也就是说，实证结果对该处理方式越不敏感，结果越稳健。为排除异常值的影响，所有结果均在去除对数生产率首尾 1%后计算得出，下面是对三种实证因素影响的分析。

（二）模型选择对估计结果的影响

表 2-8 描述了各种估计方法在不同生产函数模型下的估计结果差异。表 2-8 表明，在所观测的投入要素系数估计量、估计结果的相关性和异质性企业生产率差异等指标中，不同生产函数模型设定对估计结果有以下影响。

1. 投入要素系数估计量

估计结果表明，两种生产函数模型下的估计结果差异非常大。大多数估计方法产出模型所估计出来的资本和劳动投入系数都只有增加值模型估计结果的 30%左右，但 *LP* 方法所估计出来的系数比较接近。系统广义矩估计对数据连续性的要求比较高，而样本未能满足这个条件。从资本与劳动投入系数之比来看，增加值生产函数下的资本-劳动弹性之比$\overline{K_{va}/L_{va}}$基本都高于产出生产函数下的资本-劳动弹性之比$\overline{K_y/L_y}$。

2. 估计结果的相关性

产出模型与增加值模型估计结果相关性在各种估计方法下普遍不高。参数估计法处于 0.5~0.6，非参数估计法甚至更低，只有 0.2 左右。其中，相关性最高的是普通最小二乘法，相关系数为 0.6214；最低的是数据包络（*DEA*）分析，技术效率和规模效率的相关系数分别为 0.1831 和 0.1924。参数估计方法中，系统广义矩估计在两种模型估计结果的相关性最低，平均相关系数只有 0.4735，显示了其对模型选择的敏感性。

表 2-8　不同生产函数模型设定的估计结果差异

	DEA		*SFA*	*OLS*	*OP*	*LP*	*SYS-GMM*
	TE	*SE*					
$\overline{K_{va}/L_{va}}$	—	—	0.7820	0.5145	0.9686	1.5985	0.8630
$\overline{K_y/L_y}$	—	—	0.7485	0.4829	0.8043	0.8331	-0.6123
$\overline{K_y/K_{va}}$	—	—	0.3135	0.2802	0.2965	0.5118	0.3124

续表

	DEA		SFA	OLS	OP	LP	SYS-GMM
	TE	SE					
$\overline{L_y/L_{va}}$	—	—	0.3259	0.2978	0.3542	0.9884	0.0902
$\overline{Ksd_y/Ksd_{va}}$	—	—	0.6736	0.7103	0.5434	1.6363	0.7972
$\overline{Lsd_y/Lsd_{va}}$	—	—	0.6058	0.7324	0.6639	1.0154	0.8109
$\overline{Cov(TFP_y, TFP_{va})}$	0.1831	0.1924	0.6114	0.6214	0.6051	0.5792	0.4735
$\overline{D_{soe,y}/D_{soe,va}}$	0.1080	-0.0787	1.7408	2.7814	3.3115	2.4060	-0.2151
$\overline{D_{exp,y}/D_{exp,va}}$	0.3252	0.4453	-3.3174	-631.5584	244.2394	0.4548	-171.6955
$\overline{D_{you,y}/D_{you,va}}$	0.3783	0.2247	24.5106	3.0345	56.6260	1.7917	1.2970
$\overline{D_{ent,y}/D_{ent,va}}$	0.8099	0.7003	6.5286	7.4196	—	1.1255	—
$\overline{D_{exi,y}/D_{exi,va}}$	-0.0259	0.2631	8.7837	8.3522	27.8728	3.4388	0.5950
$\overline{mean_y/mean_{va}}$	2.0474	2.6661	0.0572	0.0486	-0.0140	0.7991	2.9355
$\overline{var_y/var_{va}}$	1.2205	1.2303	0.6822	0.6729	0.6594	2.0213	0.6134

注：TE 和 SE 分别表示数据包络分析下的技术效率和规模效率。K、L 分别表示资本和劳动的估计系数。Ksd 和 Lsd 表示行业资本投入系数和劳动估计系数方差。y 和 va 分别表示产出和增加值模型。TFP 表示所估计出来的全要素生产率，D 表示异质性企业平均生产率差异，mean 和 var 分别表示所估计出来的生产率均值与方差，变量上方横线表示四种不同处理方式（样本范围与价格因子不同处理方式的组合）所得结果的均值。OP 法和系统广义矩估计都涉及滞后变量，无法得到企业进入样本第一期的估计量，故进入企业估计量无法得到。该表根据附表中各估计方法估计结果整理得出。

3. 异质性企业生产率差异

数据包络分析（DEA）在不同模型下估计出来的异质性企业技术效率和规模效率差异方向基本一致，但产出模型下异质性企业效率差异都要低于增加值模型。参数估计方法中，OLS 估计法在不同的模型下对异质性企业的生产率差异估计结果方向也比较一致，只对出口企业生产率差异方向估计出现分歧，但产出模型估计出来的异质性企业生产率差异度普遍高于增加值模型。LP 方法下两种模型所得到异质性企业在差异度上比较接近。其余的三种估计方法都存在两类异质性企业的生产率差异方向不一致，差异程度的差别比较大的情况。

以上对比分析可以看出，生产函数模型的设定对各种估计方法都有比较大的影响，对异质性企业生产率差异程度的估计基本没有完全一致的情况。其中，系统广义矩估计在两种模型设定下估计结果差异最大，LP 方法在两种模型设定下估计结果差异最小。这是因为 *LP* 的算法在设计之初便考虑了不同模型下的估计方法，决定了其估计结果对不同生产函数模型设定比较稳健。从对异质性企业生产率差异的估计看，产出模型在参数估计法下所估计的异质性企业生产率差异基本都高于增加值模型，非参数估计则恰恰相反，增加值模型下的异质性企业生产率差异基本都高于产出模型。

（三）样本范围对估计结果的影响

参数估计方法假定样本企业具有同质性，因此使用不同的样本范围将影响估计结果。本章控制了生产函数模型和价格因子，观测不同的样本范围对估计结果的影响，结果见表 2-9。从所观测的投入要素系数估计量、估计结果的相关性、异质性企业生产率差异和对数生产率均值与方差等指标可看出，样本范围对估计结果的影响如表 2-9 所示。

表 2-9　不同样本选择的估计结果差异

	SFA	*OLS*	*OP*	*LP*	*SYS-GMM*
$\overline{K_{all}}/\overline{K_{sub}}$	1.0488	1.0599	1.3463	0.9358	5.4816
$\overline{L_{all}}/\overline{L_{sub}}$	0.9780	0.9671	0.9821	1.1479	0.3837
$\overline{M_{all}}/\overline{M_{sub}}$	0.9870	1.0091	0.9670	0.2259	2.0512
$\overline{Ksd_{sub}}/\overline{K_{sub}}$	0.3607	0.5397	0.7790	1.0695	2.5219
$\overline{Lsd_{sub}}/\overline{L_{sub}}$	0.5093	0.3861	0.3943	0.8667	1.0633
$\overline{Msd_{sub}}/\overline{M_{sub}}$	0.1213	0.1282	0.1174	0.8218	0.4579
$\overline{Cov（TFP_{all}，TFP_{sub}）}$	0.8422	0.8557	0.6812	0.5557	0.2330
$\overline{D_{soe,all}/D_{soe,sub}}$	24.0815	1.1054	-6.7516	-3.4676	3.2848
$\overline{D_{exp,all}/D_{exp,sub}}$	2.0217	-24.3841	-0.5866	0.7917	147.7614
$\overline{D_{you,all}/D_{you,sub}}$	-1.8114	0.3133	0.7585	0.5226	-6.8139
$\overline{D_{ent,all}/D_{ent,sub}}$	0.8941	1.1212	—	0.9215	—
$\overline{D_{exi,all}/D_{exit,sub}}$	0.8040	0.7801	0.6567	0.6487	0.9792
$\overline{mean_{all}/mean_{sub}}$	1.2937	1.1141	-0.3814	1.2577	49.4689
$\overline{var_{all}/var_{sub}}$	0.9022	0.9037	0.7296	0.6158	0.6333

注：上述各变量中 *K*、*L* 和 *M* 分别表示资本、劳动和中间投入品的估计系数，*Ksd*、*Lsd* 和 *Msd* 分别表示行业资本、劳动和中间投入估计系数的方差。其余变量含义同表 2-8。

1. 投入要素系数估计量

除了 LP 方法，各估计方法在全样本下得到的资本投入系数较高，中间投入品系数较低。系统广义矩估计的两种结果相差极大，显示出该估计方法在样本连续性较差的情况下对样本范围也比较敏感。分样本的估计系数的方差均值之比$\overline{Ksd_{sub}}/\overline{K_{sub}}$、$\overline{Lsd_{sub}}/\overline{L_{sub}}$和$\overline{Msd_{sub}}/\overline{M_{sub}}$是分行业估计所得系数的方差与均值之比，反映了行业企业生产技术的差异程度，从该比值可以看出，各样本的劳动和资本替代弹性在样本均值的 30%～100%之间波动，表明不同行业之间的要素弹性差异较大。在各种估计方法中，LP 方法和系统广义矩估计的要素投入系数的差异最大，随机前沿分析估计的要素投入系数差异最小。

2. 估计结果的相关性

OLS 在两种样本选择下估计结果的相关性最高，相关系数为 0.8557，其次是随机前沿分析，相关系数为 0.8442；相关性最小的是系统广义矩估计，相关系数只有 0.233。由此可见，系统广义矩估计对样本范围比较敏感。

3. 异质性企业生产率差异

LP 方法对样本范围最为稳健，在五种异质性企业中只有国有企业在不同样本范围下生产率差异方向不一致。常用的 OP 方法，在四种异质性企业中，有三种生产率差异方向不一致，并且国有企业生产率差异程度的估计也明显不同。可以看出，以不同的样本范围进行估计将使 OP 方法的结果出现严重混乱。

4. 对数生产率均值与方差

全样本下估计出来的对数生产率均值基本都要大于分样本估计结果，其中，OP 方法和系统广义矩估计在不同的样本选择下差异比较大。进一步探究其原因发现，产出模型和行业价格因子下不同样本范围所得结果差异较大，是造成 OP 方法估计差异较大的主要原因。另外，全样本下估计结果更为集中，即对数生产率方差更小。

（四）价格因子对估计结果的影响

使用正确的价格因子是去除名义变量中价格因素的关键，因为涉及投入产出变量的实际值估计，价格因子将影响到所有的估计方法，表 2-10 中显示了使用不同价格因子的差异。行业价格因子与产出价格因子随着时间差别扩大，行业价格指数在样本后期波动越来越剧烈，不同行业之间的价格差异越来越大，地区价格指数则比较平缓。从所观测的各种指标中可以看出，价格指数对估计结果的影响如表 2-10 所示。

表 2-10 不同的价格因子估计结果差异

	INDEX	*DEA*		*SFA*	*OLS*	*OP*	*LP*	*SYS-GMM*
		TE	*SE*					
$\overline{K_{reg}/K_{ind}}$	—	—	—	0.9527	0.9934	0.9710	1.0225	0.9119
$\overline{L_{reg}/L_{ind}}$	—	—	—	0.9139	0.9916	0.9604	0.9686	1.0747
$\overline{M_{reg}/M_{ind}}$	—	—	—	1.0339	1.0054	1.0351	2.3724	1.0223
$\overline{Ksd_{reg}/Ksd_{ind}}$	—	—	—	1.0047	1.0057	0.9948	1.0350	1.0253
$\overline{Lsd_{reg}/Lsd_{ind}}$	—	—	—	0.9750	1.0123	0.9945	0.9700	1.0097
$\overline{Msd_{reg}/Msd_{ind}}$	—	—	—	0.9933	1.0064	1.0012	0.9323	1.0153
$\overline{Cov(TFP_{reg},TFP_{ind})}$	0.975	0.6277	0.6005	0.9787	0.9836	0.9730	0.9193	0.9294
$\overline{D_{soe,reg}/D_{soe,ind}}$	1.2323	0.1080	-0.0799	0.9451	1.1751	0.7200	1.0047	0.5195
$\overline{D_{exp,reg}/D_{exp,ind}}$	0.9649	0.3252	0.4452	0.0152	-2.9989	0.5908	0.5013	1.9198
$\overline{D_{you,reg}/D_{you,ind}}$	-0.8000	0.3784	0.2246	-12.593	1.9971	0.6510	0.8546	0.8353
$\overline{D_{ent,reg}/D_{ent,ind}}$	1.0571	0.8099	0.7001	1.2951	1.0174	—	0.9860	—
$\overline{D_{exi,reg}/D_{exit,ind}}$	1.5286	-0.0253	0.2746	1.2377	1.0932	1.1670	-2.7290	0.9100
$\overline{mean_{reg}/mean_{ind}}$	0.9780	2.0474	2.6656	0.7808	0.8959	1.3685	0.9340	-27.001
$\overline{var_{reg}/var_{ind}}$	0.9897	1.2205	1.2303	0.9896	0.9947	0.9880	0.9445	1.0210

注：变量含义同表 2-8 和表 2-9。

1. 投入要素系数估计量

省际价格指数下资本投入系数和劳动投入系数相对较低，但中间投入品的系数比较高。其原因在于，地区价格指数在水平值上高于行业价格指数，经过该价格指数平减得到的变量实际产出较低，因此所估计出来的劳动投入和资本系数相对较小。从 Ksd_{reg}/Ksd_{ind}、Lsd_{reg}/Lsd_{ind} 和 Msd_{reg}/Msd_{ind} 三项指标可以看出，在分行业估计的结果中，地区价格指数所估计的资本和中间投入品系数相对分散，而劳动投入系数在各行业间相对集中，但趋势并不是很明显，且具体影响程度因估计方法不同而异。

2. 估计结果的相关性

相比其他实证因素，不同价格因子所估计的结果相关性相对较高，除了数据包络分析以外，基本在 0.9 以上。相关性最高的是普通最小二乘法，相关系数达到 0.9836，参数估计中相关性最低的是 *LP* 方法，相关系数只有 0.9193。在产出模型分行业估计下，使用地区价格因子和行业价格因子两种估计结果的相关系数只有 0.7 左右，说明 *LP* 方法的产出模型分行业估计对价格指数比较敏感。但对价格指数最为敏感的还是非参数估计中数据包络分析（*DEA*），不同价格因子下估计结果相关系数只有 0.6 左右，这印证了 *DEA* 估计方法对数据的测量误差比较敏感的估计特性，而价格指数恰恰是变量衡量准确性的关键一环，*DEA* 对此反应剧烈，并不令人意外。

3. 异质性企业生产率差异

地区价格因子下，随机前沿分析的年龄异质性企业的生产率差异方向不同，大部分估计方法在地区价格因子下年龄异质性企业生产率差异度都比较小。通过对不同年龄企业分布进行分析，发现数据库前期老企业较多，后期新企业较多，地区价格指数在时间维度上与行业价格指数差异较大，导致对两种企业生产率差异估计出现偏差。地区价格指数低估了出口企业的生产率差异程度；普通最小二乘法则错估出口企业的生产率差异方向，并且对其他异质性企业的生产率差异都有轻微的高估；*OP* 方法和 *LP* 方法则倾向低估异质性企业的生产率差异程度。非参数估计方法中，指数法下年龄异质性企业的生产率差异方向不同，对其余种类的异质性企业生产率差异程度相对较高；对于数据包络分析，地区价格指数则倾向于低估了异质性企业技术效率和规模效率的差异程度。

相比生产函数模型和样本范围，价格因子对估计结果影响相对较小。但从数据分析的价格指数介绍可以看出，两种价格因子的估计差异随着时间渐渐增大。换言之，如果在时间维度上受观测价格因子的影响，采用不同价格因子的估计结果差异会随着时间逐渐变大。

五 不同估计方法估计结果对比

在上一部分，笔者分析了各种生产率估计方法对不同操作方法的敏感性，代表了操作层面上的稳健性分析。进一步通过对比不同估计方法之间的差异，也在一定程度上可以获得该估计方法是否稳健的重要信息。原因在于，整个投入产出数据集有且只有一种企业生产效率的排序，不同的生产率估计方法都是为了最终获得这一精确的生产率排序值，不同的估计方法所得到结果的差异在一定程度上反映了这种估计方法的适用性。如果某种估计方法估计结果与其他估计方法差异过大，那就需要特别注意这种估计方法的使用，需要利用其他的估计方法对结论进行稳健性检验。

（一）不同估计方法估计结果对比

为此，本节进一步将不同估计方法在同一处理方式下所得结果进行对比，以观测不同估计方法的差异。此处采用实证处理方式为：首先，由于生产函数模型的选择是中性的，所以在对比过程中将同时保留产出与增加值两种模型的估计结果。对增加值采用双缩法进行价格平减，先将产出与中间投入品利用相应的价格指数分别估算出实际值，再对二者相减求出实际的增加值。[①] 其次，对于资本存量，此处对所有年份价格因素都进行调整。最后，名义变量的价格因素以行业价格因子进行平减，参数估计方法以分行业样本进行估计。不同估计方法在这种实证处理方式下的估计结果见表 2-11。

在所观测的投入变量系数估计值、估计结果相关性和异质性企业生产率差异等指标中，不同的估计方法表现出以下差异。

1. 投入要素系数估计量

普通最小二乘法和随机前沿分析在两种模型下的估计结果比较类似。相比之下，系统广义矩估计得到的资本投入系数和中间投入品系数较低，劳动投入系数较高。*OP* 方法估计结果具有比较突出的特点，其资本投入系数和

① 以单缩法或双缩法平减增加值对估计结果影响较大，笔者对比了 *LP* 和 *OP* 两种缩减法估计结果核密度图，发现二者有较大差异。

表 2-11　不同估计方法估计结果对比

模型	INDEX	DEA				OLS		SFA		SYS-GMM		OP		LP	
		va		y		va	y	va	y	va	y	va	y	va	y
		TE	SE	TE	SE										
$\overline{K}$	—	—	—	—	—	0. 2681	0. 0241	0. 2745	0. 0286	0. 2044	0. 0224	0. 4009	0. 0361	0. 2017	0. 0712
$\overline{L}$	—	—	—	—	—	0. 3468	0. 0198	0. 3394	0. 0236	0. 3997	0. 0582	0. 3973	0. 0360	0. 0576	0. 0185
$\overline{M}$	—	—	—	—	—	—	0. 9312	—	0. 9197	—	0. 8279	—	0. 9176	—	0. 6617
K-sd	—	—	—	—	—	0. 0832	0. 0208	0. 0806	0. 0204	0. 3936	0. 0532	0. 1951	0. 0345	0. 1318	0. 0883
L-sd	—	—	—	—	—	0. 1497	0. 0369	0. 1609	0. 0386	0. 3399	0. 0767	0. 1101	0. 0243	0. 1222	0. 0371
M-sd	—	—	—	—	—	—	0. 0337	—	0. 0401	—	0. 0951	—	0. 0298	—	0. 2829
D_{soe}	-0. 2420	-0. 7525	0. 1606	-0. 0787	-0. 0712	-0. 0762	-0. 0391	-0. 0492	-0. 0119	-0. 0595	-0. 0158	-0. 1755	-0. 0602	0. 0051	0. 1182
D_{exp}	0. 1100	-0. 4831	0. 2395	-0. 1522	0. 1002	-0. 0086	-0. 0025	-0. 0225	-0. 0162	-0. 0123	0. 0670	0. 0418	0. 0507	0. 0048	-0. 0143
D_{you}	0. 0310	0. 2365	-0. 1692	0. 0971	-0. 0312	0. 0141	0. 0276	0. 0074	0. 0185	0. 0175	-0. 0063	0. 0587	0. 0417	-0. 0174	-0. 0564
D_{ent}	-0. 0994	0. 2359	-0. 4354	0. 2012	-0. 2387	-0. 0688	-0. 0339	-0. 0702	-0. 0360	—	—	—	—	-0. 0724	-0. 0536
D_{exi}	0. 1188	0. 1678	-0. 1792	-0. 0637	-0. 3567	0. 0371	0. 0660	0. 0322	0. 0619	0. 0398	0. 0447	0. 0769	0. 0875	0. 0079	-0. 0071
mean	2. 0773	0. 1706	0. 2493	0. 3466	0. 5758	4. 5575	0. 6885	4. 5682	0. 7280	4. 4459	1. 3147	3. 1212	0. 6296	6. 7345	3. 1526
variance	0. 8948	0. 1462	0. 2383	0. 1757	0. 2774	0. 9863	0. 2313	0. 9806	0. 2237	1. 8969	0. 5953	1. 2241	0. 2695	1. 0539	2. 3191

注：上述估计结果的指数估计法遵循 Hsieh and Klenow（2009）的方法，将增加值与劳动所得同时增加直到达到与投入产出表中相同劳动份额 50%。$\overline{K}$、$\overline{L}$和$\overline{M}$分别为分样本估计出来的资本、劳动和中间投入品系数均值，*K-sd*、*L-sd* 和 *M-sd* 分别表示分行业估计得到的资本、劳动和中间投入品系数的方差。va 表示利用增加值模型估计所得到的结果，y 表示利用产出模型估计所得到的结果。

劳动投入系数基本都大于其他几种方法的估计结果，特别是资本投入系数远高于其他估计方法，达到了其“纠正资本投入内生性”的初衷。与之相比，*LP* 方法增加值模型下资本和劳动系数远低于其他估计方法，产出模型估计结果也与其他模型有较大差异，表现在资本系数高于其他估计方法，劳动系数和中间投入品系数低于其他估计方法，从纠正资本投入内生性这一点来说，*LP* 方法的产出模型有很好的体现，但增加值模型并未体现出这一点。

2. 异质性企业生产率估计差异

各估计方法对比结果如下。(1) 国有企业方面，除了数据包络分析增加值模型下的规模效率和 *LP* 方法，所有估计方法都显示，国有企业平均生产率低于非国有企业平均生产率，其中，*OP* 方法下二者的差异最大。(2) 出口企业方面，大部分估计方法显示，出口企业平均生产率低于非出口企业平均生产率，支持了“生产率悖论”的存在。与发现“生产率悖论”的李春顶（2010）同样采用核算方式估计的指数法不支持“生产率悖论”存在，原因可能在于这里调整了要素所得份额，因此得出了与其不一致的结果。(3) 年龄异质性企业方面，大部分估计方法显示，年轻企业平均生产率高于年老企业，并且 *DEA* 估计出来的规模效率为负，证明年轻企业距离其最优规模相对较远。但 *LP* 方法在两种模型下都显示，年轻企业平均对数生产率低于年老企业。(4) 进入退出企业方面，各种估计方法的估计结果非常一致：进入企业平均对数生产率低于在位企业，退出企业平均对数生产率高于在位企业。意味着中国工业制造业中，进入企业存在着逆向选择，退出企业存在着逆向淘汰，即生产率较低的企业进入市场，而生产率较高的企业退出市场。该悖论的出现可能有两种原因：一是这里的进入退出企业并非企业真正的进入退出，而只是企业出现与退出统计样本，不能体现进入退出企业的特性；二是基于混合样本的统计结果未考虑时间维度，有可能进入退出企业生产率差异在时间分布上不一致，导致了上述异常的结果。

3. 对数生产率均值与方差

增加值模型所得结果基本高于产出模型。生产率的方差反映了企业生产率分散程度，具有重要参考价值。从估计结果中可以看出，*LP* 方法在产出模型下所估计出来的生产率最为分散，其次是 *OP* 方法在增加值模型下的估计结果，分布比较集中的是 *OLS* 在产出模型下的估计结果。生产率的分散程度反映了各种不同估计方法对要素投入的产出弹性不同的处理方式所产生的差异。*LP* 方法和 *OP* 方法在估计资本产出弹性和劳动产出弹性的过程中，分别利用了企业投资和企业的中间投入品，纠正企业投入的内生性以及选择性问题。由于笔者以四位数行业分类为单位进行参数估计，这一结果表明，要素投入内生性的存在使得要素投入弹性在产业间的差异更大。因此，忽略了要素投入的内生性问题，可能会低估企业生产率的差异性。笔者的估计结果表明，*LP* 方法的要素投入弹性在行业间的差异又大于 *OP* 方法的要素投入弹性，说明 *LP* 方法可能对要素产出弹性系数估计的纠正幅度更大。非参数估计方法估计结果与参数估计方法估计结果绝对量的量纲不同，因此不具可比性。

（二）不同估计方法估计结果的时间分布差异

异质性企业的生产率差异在时间分布上可能有所不同，因此需要考虑时间维度。我们将异质性企业在各年内的生产率差异进行统计，观测不同估计方法下异质性企业的生产率差异在各个年份的分布。限于篇幅，以一个简单回归方程测定异质性企业生产率差异是否具有时间趋势：

$$D_{ht}=\alpha+\beta_h t+\varepsilon_t$$

其中，D_{ht}为 t 期 h 类企业生产率差异，α 为常数项，β 为时间变量 t 的估计系数，ε_t为误差项。重点关注系数β_h，β_h绝对值越大，意味着异质性企业 h 的生产率差异随时间变化越快。可将回归方程中β_h的估计值与 t 值整理在表 2-12 中。

表 2-12 表明，在大多数估计方法下，异质性企业生产率差异都显现出一定的时间趋势，表现为其时间系数都显著不为零。其中，国有企业在各种估计方法下都有与非国有企业生产率差异收窄，甚至超过非国有企业的趋势。同样的趋势表现在出口企业中，出口企业生产率随着时间逐渐趋近于非出口企业，在几种估计方法的估计结果中，甚至在最后的几年中超过了非出口企业，说明“生产率悖论”逐渐消失。年轻企业相对于年老企业的优势也随着时间逐渐缩小。进入企业的生产率差异在时间维度上进行观测，仍然存在着“逆向选择”的问题。大部分估计结果都显示，进入企业相对于在位企业的生产率具有劣势，这与李玉红等（2008）的发现一致，

表 2-12　不同估计方法异质性企业生产率差异时间趋势

	INDEX	OLS		SFA		SYS-GMM		OP		LP	
D_{soe}	0.0043	0.0059***	0.0041	0.0036***	0.0044***	0.0036***	0.0121***	0.0080***	0.0066***	-0.0001	0.0109***
	(1.3712)	(10.0574)	(6.6998)	(7.4861)	(7.9527)	(7.4252)	(12.2674)	(5.1816)	(5.1718)	(-0.2341)	(12.7714)
D_{exp}	-0.0106***	-0.0013***	0.0044	0.0003	0.0049***	0.0031***	-0.0024***	-0.0039***	-0.0010	0.0018***	0.0053***
	(-8.5067)	(-2.0806)	(4.6506)	(0.4593)	(5.4312)	(2.2913)	(-3.1512)	(-4.5492)	(-1.5752)	(3.1710)	(3.1215)
D_{you}	-0.0096***	-0.0034***	-0.0014	-0.0030***	-0.0016***	-0.0043***	-0.0034***	-0.1060***	-0.0001	-0.0017***	0.0002
	(-9.6919)	(-4.6615)	(-2.5833)	(-3.9669)	(-2.4295)	(-2.8348)	(-2.9214)	(-4.1200)	(-0.1167)	(-2.5398)	(0.2604)
D_{ent}	-0.0099***	-0.0040***	0.0013	-0.0049***	0.0007	-0.0043***	-0.0034***	-0.0060***	-0.0001	-0.0044***	-0.0020
	(-2.6959)	(-4.3271)	(1.1401)	(-4.7872)	(0.6075)	(-2.8348)	(-2.9214)	(-6.1298)	(-0.1167)	(-4.5165)	(-0.6744)
D_{exi}	0.0048	-0.0003	0.0025	0.0000	0.0031***	-0.0027	-0.0003	0.0003	0.0045***	0.0007	0.0014
	(1.0255)	(-0.1721)	(1.8095)	(0.0009)	(2.8343)	(-0.7154)	(-0.1367)	(0.0782)	(2.2623)	(0.3974)	(0.4769)

注：*** 表示在 1%、5%、10%的置信水平下显著。

并且该劣势逐年扩大。唯一的例外是退出企业，从表 2-12 最后一列可以看出，退出异质性企业的显著性大多都不高，无法拒绝β_h为零的原假设，反映了退出异质性企业生产率差异在各年之间比较稳定。

（三）不同估计方法估计结果的相关性

相关性是评价不同估计方法差异的重要指标，从表 2-13 可以看出，不同估计方法和模型设定下的估计结果相关性具有以下特点。

首先，非参数估计与参数估计结果之间相关性较低。从第一列可以看出，与指数法相关性最高的增加值模型下的 *OP* 方法，其相关系数也只有 0.23 左右，其余估计方法所得结果相关系数基本只有 0.1 左右。因为参数估计与非参数估计的差异主要在于对企业异质性设定，二者估计结果差异在一定程度上反映了企业生产技术差异度。如果以非参数估计法估计结果为基准，那么，即使分样本进行的参数估计，行业同质性假设对估计结果仍然具有较大影响。

其次，同一种方法下两种模型估计结果的相关系数一般在 0.5~0.6。例如，普通最小二乘法下两种模型的估计结果的相关系数为 0.5537、随机前沿分析为 0.5229、系统广义矩估计为 0.4801、*OP* 方法为 0.5380、*LP* 方法为 0.4076、*DEA* 中的技术效率（*te*）为 0.6777、规模效率（*se*）为 0.5093。二者的相关性并不高，意味着不同模型下的估计结果相差较大，进一步研究这种差异的含义具有一定的意义。

再次，同一种生产函数模型设定下不同估计方法才可能有比较高的相关性。增加值模型下各估计方法平均相关系数为 0.63752，产出模型下各估计方法平均相关系数 0.47448，而各估计方法产出增加值模型交叉相关性的平均相关系数只有 0.3867。具体来看，相关性最高的几组估计结果分别为增加值模型下的 *OLS* 与随机前沿分析，产出模型下 *OLS* 与随机前沿分析，增加值模型下 *OLS* 与 *LP* 方法，增加值模型下 *LP* 方法与随机前沿分析。在两种生产函数模型之间，增加值模型下不同估计方法的相关性比产出模型下不同估计方法相关性更高。

最后，不同估计方法相关性较高的是 *OLS* 与随机前沿分析法，在同种生产函数模型之间具有非常高的相关性，其次是 *OLS* 与 *LP* 之间，以此来看，可能 *OLS*、随机前沿分析法以及 *LP* 方法之间的差异并不是很大。

表 2-13　不同估计方法估计结果相关系数

	TFP_{in}	$TFP_{ols,va}$	$TFP_{ols,y}$	$TFP_{fro,va}$	$TFP_{fro,y}$	$TFP_{sys,va}$	$TFP_{sys,y}$	$TFP_{op,va}$	$TFP_{op,y}$	$TFP_{lp,va}$	$TFP_{lp,y}$	$se_{dea,va}$	$te_{dea,va}$	$se_{dea,y}$	$te_{dea,y}$
TFP_{in}	1.0000														
$TFP_{ols,va}$	0.1606	1.0000													
$TFP_{ols,y}$	0.1193	0.5537	1.0000												
$TFP_{fro,va}$	0.1432	0.9549	0.5275	1.0000											
$TFP_{fro,y}$	0.1164	0.4784	0.9320	0.5229	1.0000										
$TFP_{sys,va}$	0.0788	0.4966	0.2867	0.4957	0.2448	1.0000									
$TFP_{sys,y}$	0.1357	0.2901	0.3496	0.2590	0.3493	0.4801	1.0000								
$TFP_{op,va}$	0.2298	0.6942	0.4741	0.6695	0.4273	0.4190	0.2613	1.0000							
$TFP_{op,y}$	0.1898	0.4890	0.7856	0.4359	0.7081	0.2945	0.4094	0.5380	1.0000						
$TFP_{lp,va}$	0.0783	0.8195	0.4606	0.8067	0.3987	0.4427	0.2528	0.5764	0.4133	1.0000					
$TFP_{lp,y}$	0.0327	0.3518	0.3876	0.2616	0.2225	0.2803	0.2223	0.2786	0.3784	0.4076	1.0000				
$se_{dea,va}$	-0.0091	0.4480	0.2672	0.4872	0.3051	0.1943	0.1529	0.2735	0.1974	0.6179	0.1007	1.0000			
$te_{dea,va}$	0.0059	0.0690	0.0038	0.0700	0.0203	0.0621	-0.0026	0.1206	0.0138	-0.1720	-0.1004	-0.3090	1.0000		
$se_{dea,y}$	-0.0226	0.3333	0.0419	0.3596	0.0729	0.1280	0.0543	0.2050	0.0166	0.4257	0.0372	0.5093	-0.2588	1.0000	
$te_{dea,y}$	-0.0641	0.0708	0.1498	0.0672	0.1468	0.0689	0.0392	0.1051	0.1130	-0.0821	0.0064	-0.0834	0.6777	-0.3840	1.0000

一个有意思的发现是，非参数估计中数据包络分析中的规模效率与参数估计中的 *LP* 方法和 *OLS* 估计结果相关性较高，但技术效率与大部分的参数估计结果相关性都非常低。数据包络分析中的规模效率是可变规模报酬下的技术效率与固定规模报酬下的技术效率之比，代表企业与其最佳规模的距离。规模效率与这两种估计方法相关性较高意味着这两种估计方法下生产效率较高的企业，其规模也比较接近企业最佳规模。

六　结论与启示

TFP 的准确估计在诸多研究领域是至关重要的基础性工作，因此如何准确估计 *TFP* 就是研究的起点和基础。然而，在采用中国工业企业数据库进行企业层面的生产率研究中，实证因素造成了估计结果出现比较大的差异，即使在同一种处理方式下，不同估计方法之间的结果仍然不具有一致性，这意味着本章仍然面临分离生产率估计中干扰因素的难题。本章的价值，就是要厘定估计 *TFP* 过程中各种要素的影响大小与影响性质，从而为今后的研究依据各自的样本特征等，采用合适的估计方法提供指导。为此，本章将生产率研究实践中各实证因素进行分解，分离出实证因素对估计结果的影响，并进一步对比了基准处理下各种估计方法的估计结果，在此过程中本书得出如下结论。

（1）在生产函数模型、样本选择和变量处理三种实证因素中，生产函数模型对生产率估计结果影响最大。但对模型的选择是一个中性问题，目前并未出现有说服力的文献对二者进行区分。在各种估计方法中，系统广义矩估计对生产函数模型的选择最为敏感，数据包络分析和 *LP* 方法对该因素相对稳健。基准处理方式下，各种估计方法在两种模型下估计结果相关性都不高，在 0.5 左右。

（2）样本范围对估计结果的影响仅次于生产函数模型，在所观察的几种估计方法中，*OP* 方法和系统广义矩估计在不同样本范围下估计结果差异最大。总体上看，全样本高估了企业的对数生产率，并且估计结果分布更为集中。

（3）名义变量价格平减经常被忽略，却是影响估计结果的重要因素。地区价格因子将低估资本系数和劳动系数，同时高估中间投入品的系数。在所有估计方法中，*LP* 方法对价格因子比较敏感，但最为敏感的还是非参数估计中的数据包络分析（*DEA*），不同价格因子估计结果相关系数最低，只有 0.6 左右，使用不同的价格因子在这两种估计方法中引起的估计结果差异将比较大。两类估计方法中，参数估计方法对不同的价格平减指数相对稳健，相比之下，非参数估计方法放大了价格因子带来的差异。

（4）参数估计方法估计结果与非参数估计结果显著不同，特别是指数法，所得结果与其他结果的相关性非常小。Van Biesebroeck（2007）通过数据模拟证实，非参数估计方法的优点在于对企业异质性比较稳健，而参数估计方法因为考虑了随机因素，故而对变量测量误差相对稳健。笔者对两类估计方法进行对比发现，两类估计方法的估计结果差异极大。如果以参数估计方法的估计结果为基准，意味着样本存在比较严重的测量误差，如果以非参数估计方法的估计结果为基准，意味着样本中企业在分行业估计下仍然存在严重的异质性问题。

（5）现有研究表明，除非数据存在严重的测量误差，指数法是生产率增长的一致精确估计，即使当企业生产技术存在异质性，该方法对生产率水平的估计也非常稳健。*DEA* 估计法在生产技术具有异质性以及规模报酬非常数的情况下比较稳健。因此，当研究者将不同行业、不同年龄或者不同国家的企业进行混合估计时，应该考虑这种方法。由于要素投入与未观测的企业生产率之间存在着广为人知的内生性问题，笔者不推荐利用 *OLS* 对生产函数进行估计，*OLS* 会对生产率水平值估计产生严重偏误。考虑这种内生性问题，我们应该使用控制了该内生性问题的 *OP* 和 *LP* 两种半参数估计方法对企业生产率进行估计。当确信生产率差异比较稳定，产出衡量比较精确以及企业间生产函数不存在异质性的情况下，随机前沿分析会得到生产率的精确估计结果。在严重的测量误差和技术异质性的情况下，系统广义矩估计对生产率水平值和增长率的估计最为稳健。

本章的结论在一定程度上为排除实证因素对估计结果的干扰提供了借鉴。然而，在控制了实证因素偏差的基准处理方式下，不同估计方法的估计结果仍然存在巨大差异的现实，显示出企业生产率估计过程中仍然有大量干扰因素有待消除。进一步分离这些目前显现为中性的干扰因素，精确估计不同企业的生产效率，仍然任重道远。

第三章　中国工业企业的增长动能与配置效率

一　导言

改革开放40年来，中国经济保持了令人惊讶的增长速度，取得了举世瞩目的发展成就。这一成就的取得是建立在中国工业企业快速成长基础上的。那么，中国工业企业快速成长的动能是什么？全要素生产率的增长差异是解释跨国收入差异的主要因素，而大量研究证实资源配置效率是阻碍发展中国家经济增长的主要因素。那么，中国工业企业的资源配置效率又如何？最近几十年来，劳动收入份额的不断下降已经成为中国乃至全球的一个重要问题，那么，中国工业企业在快速成长的过程中，其要素投入的经济利润又如何？这不仅关系到经济增长的要素收入分配问题，而且关系到中国经济增长的潜力问题。

国家之间的贫富差距为什么如此普遍？起初，Klenow and Rodriguez-Clare（1997），Prescott（1998）和 Hall and Jones（1999）等的开创性工作认为国家之间人均收入的差距关键在全要素生产率（*TFP*）水平。那么，*TFP* 的差异又是如何形成的？资源配置效应，这可以说是近十几年来经济增长理论方面较为一致的发现与结论。尤其是随着异质性企业理论兴起和微观企业数据的大量出现，经济学家们开始从更为微观的视角来审视 *TFP* 的来源，关于资源错配对 *TFP* 影响的研究也从行业层面深入微观企业层面，从微观企业资源配置状况分析宏观经济效率的研究范式更是趋于成熟，为理解资源错配影响宏观经济效率的机制提供了很好的分析框架。该研究范式最早源于 Hopenhayn（1992），经 Melitz（2003）在理论上的完善以及 Restuccia and Rogerson（2008）对实证的发展，到 Hsieh and Klenow（2009）的应用已经非常成熟，为许多后续研究所借鉴。Restuccia and Rogerson

（2008）认为，生产要素在企业之间的错配，可能是影响总体 *TFP* 高低的重要因素。Hsieh and Klenow（2009）发现，如果中国资源配置效率提高到美国的水平，则中国的宏观经济产出将提高 30%~50%。Brandt et al.（2012）认为如果资源从低效率的国有企业向高效率的民营企业流动，这种资源再配置将提高中国总体经济的生产效率。国内学者也逐渐在总量生产率增长分解框架下研究资源配置效率问题。李玉红等（2008）利用 *BHC* 方法分析技术进步和资源再配置在工业生产率变动中的作用，分别分析了存活企业、进入企业和退出企业在经济增长中的作用。聂辉华和贾瑞雪（2011）发现全要素生产率的增长主要源于企业效率的提升，企业间的资源配置效果为负，行业净进入效应接近于零。毛其淋和盛斌（2013）研究发现，企业更替对工业企业生产率具有重要的直接影响，企业更替还通过市场竞争效应对在位企业生产率的提高产生显著的间接促进作用。

这些国内外研究可以说是从微观企业层面对全要素生产率的增长源泉进行了有益探索，但是无法看到各种要素层面的资源配置情况。张少华和蒋伟杰（2014）采用一种新的分解技术，虽然可以识别要素层面的配置效率，但是分解过程停留在宏观层面。更需要强调的是，现有研究由于在分解过程中忽略价格因素，导致无法识别和分解经济利润，尤其是资本利润和劳动利润对 *TFP* 的贡献。

为此，本章借助 1998~2007 年中国工业企业数据库的数据，采用一个新的增长分解框架将产出增长分解为要素投入增长和全要素生产率增长，进一步从要素层面将全要素生产率增长分解为企业自身技术进步、资本在行业内企业间和行业间的重新配置、劳动在行业内企业间和行业间的重新配置、资本的经济利润和劳动的经济利润等七个方面，从而对全要素生产率增长的动力源泉进行更加深入的分析。

主要贡献在以下几个方面：首先，鉴于已有中国工业生产率分解的相关研究忽略了资本和劳动利润对全要素生产率增长的贡献，笔者借鉴 Basu and Fernald（2002）、Bollard et al.（2013）等提出的测算框架对中国工业增长的源泉进行分解。在该分解框架下，不仅可以分析技术进步和资源配置效率对全要素生产率的贡献，还可以更全面地考察资本和劳动利润对全要素生产率的影响，这对理解经济增长带来的经济福利至关重要。其次，以往的大多数分析都认为资源配置效率改善有利于中国工业生产率提升，但无法进一步考察究竟是哪种投入要素配置效率的改善带来了生产率的增进，该分解框架可以进一步区分资本和劳动的资源配置效率对中国工业生产率的影响。最后，基于大量稳健性检验和异质性分析，探讨中国工业企业增长动能和经济利润在区域、所有制、行业等方面的差异，异质性分析可以有效评价、识别和比较不同情形的增长动能差异，从而为进一步的政策制定提供参考。

研究发现如下结果。(1) 中国工业企业的生产率增长是其产出增长的主要推动力量，这个结论在不同所有制、不同产业以及不同地区均适用。中国工业企业正逐渐由劳动密集型向资本密集型和技术密集型转移。(2) 企业自身技术进步对全要素生产量增长的增进效应贡献最大，而且国有企业和民营企业的技术进步增长率明显高于外资企业。企业之间的资源配置效率显著抑制了全要素生产率的提升，而且其抑制作用抵消了企业技术进步的绝大部分。具体到资源配置效率程度大小来看，行业内部企业之间的资本配置效率年均恶化程度至少是劳动配置效率的两倍，而行业之间的资源配置效率对全要素生产率的影响微弱。(3) 就要素获取的经济利润份额来看，资本利润是劳动利润的至少 4 倍，劳动利润的上升极为有限。民营企业、技术密集型企业以及中东部地区企业获取了更大的资本利润，而外资获得了更多的劳动利润，体现了外资进入中国的战略取向。

本章其余部分结构如下。第二部分介绍了一个全要素生产率增长分解框架。第三部分报告了全要素生产率增长及其分解测算结果，并对不同所有制、不同行业、不同地区进行了测算以及稳健性进行了讨论。第四部分是结论与启示。

二　基于要素层面的增长分解框架

总体全要素生产率增长等于总量增加值的增长减去总量投入的增长。借鉴 Basu and Fernald（2002），Bollard et al.（2013）等的做法，将总体全要素生产率增长分解为企业自身技术进步、生产要素在行业内企业间和行业间的重新配置以及要素的经济利润。这种方法的优势在于，可以借助微观企业数据，分解出企业的技术进步水平、要素层面的资源配置效率和经济利润。具体的分解方法如下。

假设一个经济体中有 N 个企业，企业 i 通过雇用 L_i 单位的劳动，使用 K_i 单位的资本进行生产，劳动的价格为 W_i，资本的价格为 R_i，具体来看，代表性企业的生产函数是标准的柯布道格拉斯形式：

$$Y_{it}=A_{it}K_{it}^{\alpha}L_{it}^{\beta} \tag{3.1}$$

其中，Y_{it}表示企业 i 在时间 t 的增加值，A_{it}表示企业 i 在时间 t 的全要素生产率，K_{it}表示企业 i 在时间 t 使用的资本存量，L_{it}表示企业 i 在时间 t 使用的劳动存量，α 表示资本弹性，β 表示劳动弹性，且 $0<\alpha<1$，$0<\beta<1$。企业前一期的生产函数为：$Y_{it-1}=A_{it-1}K_{it-1}^{\alpha}L_{it-1}^{\beta}$，将两期的生产函数取对数后相减可得：

$$\ln Y_{it}-\ln Y_{it-1}=\ln A_{it}-\ln A_{it-1}+\alpha(\ln K_{it}-\ln K_{it-1})+\beta(\ln L_{it}-\ln L_{it-1}) \tag{3.2}$$

由 $\ln X_{it}-\ln X_{it-1}=\mathrm{d}X$ 可知式（3.2）可以转化为：

$$\mathrm{d}A_i=\mathrm{d}Y_i-\alpha\mathrm{d}K_i-\beta\mathrm{d}L_i \tag{3.3}$$

式（3.3）的含义是全要素生产率的增长率可以用产出的增长率减去要素投入的增长率，在不引起歧义的情况下，如无必要，余下部分将不带时间 t 的下标。

经济体中的资本和劳动的总量分别为 $K\equiv\sum_{i=1}^{N}K_i$，$L\equiv\sum_{i=1}^{N}L_i$，为了简单起见，笔者假设所有企业使用的资本和劳动都是同质的，在同质性假定下，可以把所有企业使用的资本和劳动进行加总。原则上不同的企业对同质性的资本和劳动支付不同的使用价格，对任何一种要素 j，P_{ij}表示企业 i 支付的要素 j 的使用价格，将资本和劳动的总的使用价格用总的要素支付除以总的要素使用量，可以得到资本和劳动的使用价格为 $P_K=\sum_{i=1}^{N}(P_{iK}K_i/K)$，$P_L=\sum_{i=1}^{N}(P_{iL}L_i/L)$，同时每个企业产品的价格也是有差异的，用 P_{iY}表示企业 i 生产的产品价格，将总的产品用总的名义产出除以总产出，可以将产出价格表示为 $P_Y=\sum_{i=1}^{N}(P_{iY}Y_i/Y)$。

用 $\mathrm{d}Y$ 表示总产出（即总量增加值）的增长率，将总产出的增长率用各个企业 i 产出增长率的加权平均表示，权重是企业名义产出占总名义产出的比重：

$$\mathrm{d}Y = \sum_{i=1}^{N} \frac{P_Y Y_i}{P_Y Y}\mathrm{d}Y_i \tag{3.4}$$

用类似的方法可以定义总的全要素生产率和要素投入增长率。其中，总的全要素生产率的增长率可以表示为：

$$\mathrm{d}A = \sum_{i=1}^{N} \frac{P_Y Y_i}{P_Y Y}\mathrm{d}A_i \tag{3.5}$$

每个企业每种要素的弹性定义为每种要素的使用成本占增加值的比重，因此总要素投入的增长率 $\mathrm{d}X$ 可以用企业 i 的要素增长率乘以要素弹性的加权平均表示，权重是企业名义产出占总名义产出的比重：

$$\mathrm{d}X = \sum_{i=1}^{N} \frac{P_Y Y_i}{P_Y Y}\frac{P_K K_i}{P_Y Y_i}\mathrm{d}K_i + \sum_{i=1}^{N} \frac{P_Y Y_i}{P_Y Y}\frac{P_L L_i}{P_Y Y_i}\mathrm{d}L_i \tag{3.6}$$

在上述定义下，基于企业层面的总量全要素生产率的增长率可以表示如下：

$$\mathrm{d}A = \mathrm{d}Y - \mathrm{d}X = \sum_{i=1}^{N} \frac{P_Y Y_i}{P_Y Y}\mathrm{d}Y_i - \left(\sum_{i=1}^{N} \frac{P_Y Y_i}{P_Y Y}\frac{P_K K_i}{P_Y Y_i}\mathrm{d}K_i + \sum_{i=1}^{N} \frac{P_Y Y_i}{P_Y Y}\frac{P_L L_i}{P_Y Y_i}\mathrm{d}L_i\right) \tag{3.7}$$

其中，$\mathrm{d}Y_i = \Delta Y_i / Y_i$，$\mathrm{d}K_i = \Delta K_i / K_i$，$\mathrm{d}L_i = \Delta L_i / L_i$。式（3.7）经过简单的变化可以分离出企业水平的技术效率加权增长率：

$$\begin{aligned}\mathrm{d}A = &\sum_{i=1}^{N} \frac{P_Y Y_i}{P_Y Y}(\mathrm{d}Y_i - \alpha \mathrm{d}K_i - \beta \mathrm{d}L_i)\\ &+ \sum_{i=1}^{N}\left(\frac{P_Y Y_i}{P_Y Y}\mathrm{d}K_i + \frac{P_Y Y_i}{P_Y Y}\mathrm{d}L_i - \frac{P_K K_i}{P_Y Y}\mathrm{d}K_i - \frac{P_L L_i}{P_Y Y}\mathrm{d}L_i\right)\end{aligned} \tag{3.8}$$

式（3.8）第一项是企业效率水平增长率的加权平均，即企业技术效率项，权重是企业增加值占总增加值的比重，第二项是技术效率余项。第一项可以说明企业自身技术进步。我们可以把第二项分别分解为与利润相关的增长率和资源再配置的增长率，即将式（3.8）加上和减去（$P_K K_i / P_K K$）

$\mathrm{d}K_i$ 和（P_LL_i/P_LL）$\mathrm{d}L_i$：

$$\mathrm{d}A = \sum_{i=1}^{N}\frac{P_YY_i}{P_YY}(\mathrm{d}Y_i - \alpha\mathrm{d}K_i - \beta\mathrm{d}L_i) + \left(1-\frac{P_KK}{P_YY}\right)\mathrm{d}K + \left(1-\frac{P_LL}{P_YY}\right)\mathrm{d}L + \sum_{i=1}^{N}\left(\frac{P_YY_i}{P_YY}-\frac{P_KK_i}{P_KK}\right)\mathrm{d}K_i + \sum_{i=1}^{N}\left(\frac{P_YY_i}{P_YY}-\frac{P_LL_i}{P_LL}\right)\mathrm{d}L_i \tag{3.9}$$

其中，$\mathrm{d}K=\frac{\Delta K}{K}=\sum_{i=1}^{N}\frac{K_i}{K}\mathrm{d}K_i=\sum_{i=1}^{N}\frac{\Delta K_i}{K_i}$，$\mathrm{d}L=\frac{\Delta L}{L}=\sum_{i=1}^{N}\frac{L_i}{L}\mathrm{d}L_i=\sum_{i=1}^{N}\frac{\Delta L_i}{L_i}$，式（3.9）的第二项和第三项反映的是存在经济利润的情况下，资本和劳动所带来的利润增长率，根据 Basu and Fernald（2002）的描述，企业 ii 的经济利润率等于 1-（γ_i/μ_i），其中，γ_i 是规模收益的程度，μ_i 是边际成本基础上的价格加成，正的经济利润反映的是利润比规模收益更大。

式（3.9）中的第四项和第五项反映的是要素投入被重新配置给产出份额 Y_i/Y 比要素投入份额 X_i/X（X 表示 K 或者 L）更大的从而也是更具生产效率的企业，即资本和劳动重新配置，分别表示资本和劳动的配置效率。另外一种表示资本重新配置收益的方法是生产率差距。设企业 i 的资本和劳动的平均产品值分别为$VAP_{Ki}=P_YY_i/K_i$ 和 $VAP_{Li}=P_YY_i/L_i$，整个经济体资本和劳动的平均产品分别是$VAP_K=P_YY_i/K$ 和$VAP_L=P_YY_i/L$。接下来，资本重新配置项可以重新表示为：$\sum_{i=1}^{N}\left(\frac{P_YY_i}{P_YY}-\frac{P_KK_i}{P_KK}\right)dK_i=\sum_{i=1}^{N}(VAP_{Ki}-VAP_K)\Delta K_i/P_YY$，劳动重新配置项可以重新表示为：$\sum_{i=1}^{N}\left(\frac{P_YY_i}{P_YY}-\frac{P_LL_i}{P_LL}\right)dL_i=\sum_{i=1}^{N}(VAP_{Li}-VAP_L)\Delta L_i/P_YY$，此两式反映的是如果把更多的资本或者劳动投入资本或者劳动边际产出更高的企业生产中，则总的 TFP 也会增长。

进一步把资本和劳动重新配置项，即式（3.9）中的第四项和第五项分别分解为行业内企业间资本投入的重新配置、行业间资本投入的重新配置以及行业内企业间劳动投入的重新配置、行业间劳动投入的重新配置四项。设$VAP_{Ks}=P_YY_s/K_s$ 表示行业 s 内的资本投入 K 的平均产品，$VAP_{Ls}=P_YY_s/L_s$ 表示行业 s 内的劳动投入 L 的平均产品。分别在资本和劳动重新配置项中加入（P_YY_s/K_s）（K_i/P_YY）和(P_YY_s/L_s)（L_l/P_YY），可以得到：

$$\sum_{i=1}^{N}\left(\frac{P_Y Y_i}{P_Y Y}-\frac{P_K K_i}{P_K K}\right)\mathrm{d}K_i = \sum_{S}\sum_{i\in S}\left(\frac{P_Y Y_i}{K_i}-\frac{P_Y Y_S}{K_S}\right)\frac{\Delta K_i}{P_Y Y_i}+\sum_{S}\sum_{i\in S}\left(\frac{P_Y Y_S}{K_S}-\frac{P_Y Y}{K}\right)\frac{\Delta K_i}{P_Y Y_i}$$
$$= \sum_{S=1}^{S}\frac{P_Y Y_S}{P_Y Y}\sum_{i\in S}\left(\frac{P_Y Y_i}{K_i}-\frac{P_Y Y_S}{K_S}\right)\frac{\Delta K_i}{P_Y Y_S}+\sum_{S=1}^{S}\left(\left(\frac{P_Y Y_S}{K_S}-\frac{P_Y Y}{K}\right)\frac{\Delta K_S}{P_Y Y}\right) \tag{3.10}$$

$$\sum_{i=1}^{N}\left(\frac{P_Y Y_i}{P_Y Y}-\frac{P_L L_i}{P_L L}\right)\mathrm{d}L_i = \sum_{S}\sum_{i\in S}\left(\frac{P_Y Y_i}{L_i}-\frac{P_Y Y_S}{L_S}\right)\frac{\Delta L_i}{P_Y Y_i}+\sum_{S}\sum_{i\in S}\left(\frac{P_Y Y_S}{L_S}-\frac{P_Y Y}{L}\right)\frac{\Delta L_i}{P_Y Y_i}$$
$$= \sum_{S=1}^{S}\frac{P_Y Y_S}{P_Y Y}\sum_{i\in S}\left(\frac{P_Y Y_i}{L_i}-\frac{P_Y Y_S}{L_S}\right)\frac{\Delta L_i}{P_Y Y_S}+\sum_{S=1}^{S}\left(\left(\frac{P_Y Y_S}{L_S}-\frac{P_Y Y}{L}\right)\frac{\Delta L_S}{P_Y Y}\right) \tag{3.11}$$

其中，$\Delta K_s = \sum_{i\in S}\Delta K_i$，$\Delta L_s = \sum_{i\in S}\Delta L_i$。式（3.10）中的第一项是行业内部企业间的资本投入重新配置，第二项是行业间资本投入重新配置；式（3.11）中的第一项是行业内部企业间的劳动投入的重新配置，第二项是行业间劳动投入的重新配置。需要说明的是：为了避免总产出和总量 TFP 增长估计的重复计算，本章用的是增加值而不是总产出；此外，Brandt et al.（2012）认为中国工业企业真实资本成本介于10%到15%之间，本章按照 Bollard et al.（2013）的做法在实证部分将资本成本设定为15%，同时在后面的稳健性讨论部分，将资本使用成本设定为10%进行了分析（Hsieh and Klenow，2009），结果表明资本成本的设定并不会对研究结果产生较大影响。

三　分解结果与分析

（一）数据处理说明

企业层面数据源于中国工业企业数据库，该数据库涵盖了所有的国有工业企业和销售收入在500万元以上的非国有工业企业，全部样本数量200多万个，时间范围是从1998年到2007年。相比其他使用上市公司数据的研究，该样本包含了大量的非上市企业和中小企业，更有利于识别企业异质性信息。中国工业企业数据库样本企业的产值大概占中国工业总产值的85%左右，是目前可以获得的最大中国微观企业数据。然而，由于该数据库并不是由学术机构发布，因此存在样本匹配混乱、变量大小异常、测量误差明显和变量定义模糊等问题（聂辉华等，2012；邵宜航等，2013）。参照 Brandt et al.（2012）的处理方法对数据进行整理，他们的处理方法被广为借鉴，具体包括样本匹配、名义变量的价格平减以及样本筛选等关键环节。结合研究需要，具体对样本进行了如下处理：（1）删除了企业增加值、固定资产净值、从业人员、工资等缺失、等于或小于零的企业观测值，删除了企业识别代码、企业成立年份、四位数行业代码等为空的观测值；（2）剔除了一些明显不符合会计原则的观测值，包括总资产小于流动资产，总资产小于固定资产净值，或者从业人员数少于 8 人，或者累计折旧小于当期折旧的观测值；（3）删除了企业增加值、固定资产净值以及员工工资首尾两端 1%的极端值，以排除异常值对测算结果的干扰。

企业增加值、员工工资和从业人员变量均可直接或间接从数据库中获得，其中企业增加值使用企业所在行业的工业品出厂价格指数平减。理想情况下，估计企业资本存量的实际值需要获得企业的历史投资记录及资本处置情况，但企业在中国工业企业数据库之外年份的相关信息基本无法获得，只能对其进行大致的估计。由于企业历史信息缺失，大部分研究都以中国工业企业数据库的起始年份 1998 年为基期进行价格平减，忽略资本存量中 1998 年之前的价格因素。只有 Brandt et al.（2012）尝试通过拟合企业名义资本存量增长率消除企业资本存量中 1998 年之前的价格因素。笔者在 Brandt et al.（2012）估算思想的基础上，通过区分固定资产原值与固定资产净值、改进企业名义资本增长率估计方法和纳入更丰富的数据信息，尝试将企业名义资本存量向真实的资本存量方向调整，以期获得更为准确的企业实际资本存量。另外，数据库中包含劳动报酬的变量有从业人员数、工资、雇员补贴以及失业保险等。2003 年以后出现退休和健康保险等变量，2004 年出现住房补贴变量。根据连贯性的原则，一般使用工资、雇员补贴和失业保险作为整个样本期的工资指标。然而，数据库中劳动所得占增加值总额的份额与宏观统计数据有较大的冲突。根据计算，中国工业企业数据库中劳动所得占增加值的份额只有 34.2%，而国民收入核算中工业企业的劳动所得份额大概为 55%，工业企业报告的劳动报酬可能低估了支付给劳动的份额。因此，Hsieh and Klenow（2009）在估计生产率时，将所有企业的劳动工资份额等比例调整至与国民核算中的份额一致，以纠正该偏差。

经过上述处理后，得到了覆盖 28 个行业工业企业的有效观测值约 164.56 万个。

（二）增长动能分析

1. 总体分析

基于前述数据和分解方法，本部分计算了 1999~2007 年中国工业企业的整体全要素生产率增长情况，并分所有制、行业和地区角度进行讨论。

首先看中国工业企业整体的全要素生产率增长情况。表 3-1 汇总了全要素生产率增长的估计结果。从表 3-1 可以看出，产出增长率由 1999 年的 6%提升到 2007 年的 13.8%，整个样本期保持了年均 9.2%的增长率，说明在整个样本期间，产出增长出现了加速态势，最后一年的增长率是第一年的两倍以上，考虑到基数不断扩大，这无疑说明中国工业企业呈现加速发展的趋势。通过全要素生产率 6.8%的年均增长率可以看出，产出增长的 2/3 是由全要素生产率的增长所贡献，要素投入增长贡献部分较少（年均 2.4%的增长率），而在要素增长中，资本增长的贡献（5.5%）要远超过劳动（0.8%）。上述结果说明，样本期间中国工业企业取得了长足发展，以资本投入增长为主的要素投入驱动对产出增长的贡献要远小于全要素生产率增长，中国工业企业无论是数量还是质量都呈现高速增长的态势。

表 3-1 1999~2007 年中国工业企业全要素增长贡献分析

增长率	1999 年	2000 年	2001 年	2002 年	2003 年	2004 年	2005 年	2006 年	2007 年	均值
产出增长率	0.060	0.063	0.048	0.086	0.099	0.083	0.118	0.133	0.138	0.092
生产率增长率	0.040	0.051	0.036	0.066	0.072	0.061	0.075	0.103	0.108	0.068
投入增长率	0.021	0.012	0.013	0.020	0.027	0.022	0.043	0.030	0.030	0.024
资本增长率	0.038	0.029	0.027	0.041	0.053	0.051	0.097	0.077	0.080	0.055
劳动增长率	0.000	-0.020	-0.009	0.005	0.020	0.011	0.035	0.013	0.022	0.008

图 3-1 是产出、生产率和投入的累计增长率。可以看出，产出的累计增长率接近 85%，全要素生产率累计增长了 60%左右，而从资本和劳动投

入的增长情况来看，资本的累计增长率超过 50%，劳动投入的累计增长率不到 10%。总体来说，中国工业企业在 1999 年到 2007 年的九年间呈现出高速增长态势，增长的重要源头来自企业全要素生产率的提升，要素投入增长的贡献较小，并且相对于资本累计增长来说，劳动累计增长几乎处于停滞状态。

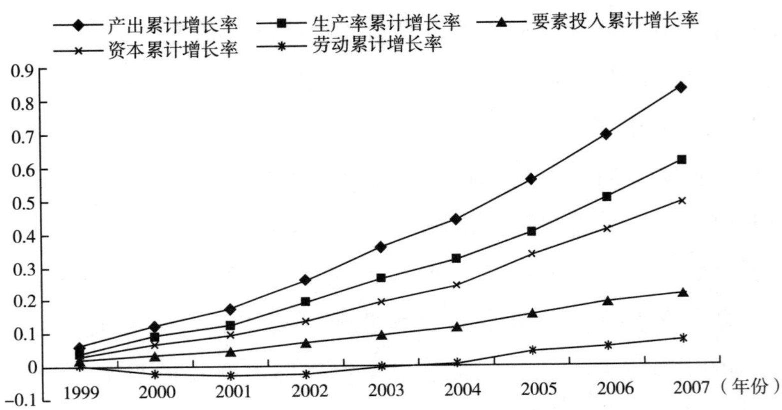

图 3-1　1999~2007 年工业企业的累计增长率水平

资料来源：中国工业企业数据库。

2. 不同所有制

接下来是不同所有制工业企业的全要素生产率增长情况（见表 3-2）。按照 Konings et al.（2005）对企业所有制类型的划分，笔者将国有资本占注册资本比重超过 50%的企业定位为国有企业，将港澳台资本和外商资本占注册资本比重超过 50%的企业定位为外资企业，剩下的所有企业定位为民营企业。从不同所有制类型来看，各类所有制企业的产出增长率都为正，并在 1999~2007 年呈现总体上升的态势，但不同所有制增长幅度呈现出明显差异，表现为民营企业的产出增长率高于外资企业，外资企业产出增长率高于国有企业（9%大于 8.4%大于 5.3%），这从微观层面证明了民营经济在中国经济发展中的重要地位。尽管全要素生产率的增长率在不同所有制之间也呈现民营企业大于外资企业，外资企业大于国有企业的特点，但是三者之间的差距并不像产出增长率那样大。从要素投入增长与全要素生

表 3-2　1999~2007 年不同所有制工业企业的全要素生产率增长情况分析

所有制	增长率	1999 年	2000 年	2001 年	2002 年	2003 年	2004 年	2005 年	2006 年	2007 年	均值
国有企业	产出增长率	0.047	0.056	0.034	0.055	0.061	0.070	0.017	0.057	0.082	0.053
	生产率增长率	0.033	0.045	0.040	0.058	0.053	0.075	0.005	0.055	0.077	0.049
	投入增长率	0.014	0.011	-0.006	-0.003	0.008	-0.004	0.012	0.002	0.005	0.004
	资本增长率	0.045	0.036	0.019	0.015	0.031	0.012	0.032	0.016	0.020	0.025
	劳动增长率	-0.048	-0.039	-0.082	-0.057	-0.036	-0.058	-0.007	-0.026	-0.016	-0.041
外资企业	产出增长率	0.073	0.087	0.046	0.077	0.100	0.100	0.082	0.105	0.089	0.084
	生产率增长率	0.043	0.073	0.028	0.058	0.077	0.076	0.041	0.074	0.063	0.059
	投入增长率	0.030	0.014	0.018	0.019	0.022	0.024	0.041	0.031	0.026	0.025
	资本增长率	0.043	0.025	0.027	0.032	0.036	0.043	0.079	0.067	0.053	0.045
	劳动增长率	0.040	0.004	0.035	0.018	0.045	0.048	0.054	0.027	0.034	0.034
民营企业	产出增长率	0.054	0.055	0.046	0.088	0.098	0.071	0.125	0.129	0.139	0.090
	生产率增长率	0.033	0.038	0.027	0.059	0.063	0.044	0.079	0.097	0.106	0.061
	投入增长率	0.021	0.017	0.019	0.029	0.034	0.027	0.046	0.032	0.034	0.029
	资本增长率	0.035	0.036	0.034	0.054	0.067	0.058	0.100	0.078	0.084	0.061
	劳动增长率	0.020	-0.011	0.007	0.019	0.025	0.014	0.032	0.013	0.022	0.016

产率增长对产出增长的贡献来看，国有企业全要素生产率的增长尽管绝对水平最低，但其对产出增长的贡献要大于外资和民营企业。此外，各类所有制的资本投入增长都要高于劳动投入增长，其中国有企业的劳动投入增长在样本期间一直为负，而外资企业的劳动投入增长是民营企业的两倍左右。

3. 不同产业

同时我们也测算了不同产业下的全要素生产率增长（见表 3-3）。从产出增长率来看，三大产业的产出增长率都呈现上升的趋势，但增长差异明显，技术密集型产业增速高于资本密集型产业，资本密集型产业增速高于劳动密集型产业，说明中国工业企业正逐渐由劳动密集型向资本和技术密集型转变，与中国工业企业转型的方向吻合。

全要素生产率增长的差异与产出增长差异相类似，技术密集型产业和资本密集型产业大于劳动密集型产业，考虑到技术密集型产业的全要素生产率绝对水平本身就高于其他两大产业，这意味着三大产业的生产率差距呈现不断加大的态势，不过从其对产出增长的贡献来看，资本密集型产业的全要素生产率增长对产出增长的贡献最高，劳动密集型次之，技术密集型最低；从投入增长来看，三大类产业的差异并不太大。值得注意的是在要素投入增长中，占据主要份额的是资本投入增长（技术密集型最高、资本密集型次之、劳动密集型最低），劳动投入增长占的比重较小，这与宏观层面居高不下的资本投入率也十分吻合。其中，资本密集型产业的劳动投入增长接近于零，劳动密集型和技术密集型产业的劳动投入增长年均为 1%左右。

4. 不同地区

不同区域的全要素生产率增长也呈现出差异，表 3-4 报告了不同区域的全要素生产率分解情况。

从产出的年均增长率来看，东中西部地区的差异并不明显；从变化趋势可以看出，东部地区的产出增长率在样本早期要高于中西部地区，但在样本后期，中西部地区的增长率要明显高于东部地区，说明三大区域的增长差距出现了收敛的态势，这可能与国家出台的“西部大开发”战略和“中部崛起”战略有关。从全要素生产率增长水平来看，中西部地区也要高于东部地区，同样的，中西部地区的全要素增长率在样本初期要低于东部地

表 3-3　1999~2007 年不同产业工业企业的产出增长贡献分析

不同产业	增长率	1999 年	2000 年	2001 年	2002 年	2003 年	2004 年	2005 年	2006 年	2007 年	均值
劳动密集型	产出增长率	0.054	0.056	0.039	0.076	0.077	0.058	0.122	0.123	0.113	0.080
	生产率增长率	0.037	0.045	0.024	0.055	0.053	0.037	0.081	0.095	0.086	0.057
	投入增长率	0.017	0.011	0.015	0.021	0.024	0.020	0.042	0.028	0.026	0.023
	资本增长率	0.028	0.024	0.028	0.040	0.046	0.043	0.091	0.072	0.069	0.049
	劳动增长率	0.010	-0.010	0.004	0.011	0.022	0.013	0.030	0.010	0.014	0.011
资本密集型	产出增长率	0.062	0.053	0.048	0.078	0.103	0.083	0.101	0.137	0.152	0.091
	生产率增长率	0.036	0.042	0.039	0.062	0.082	0.066	0.066	0.110	0.125	0.070
	投入增长率	0.026	0.011	0.009	0.016	0.021	0.018	0.035	0.027	0.027	0.021
	资本增长率	0.047	0.028	0.022	0.035	0.046	0.047	0.084	0.075	0.077	0.051
	劳动增长率	-0.001	-0.031	-0.016	-0.010	0.006	-0.008	0.029	0.008	0.021	0.000
技术密集型	产出增长率	0.061	0.078	0.051	0.096	0.107	0.101	0.116	0.138	0.141	0.099
	生产率增长率	0.043	0.064	0.037	0.075	0.075	0.074	0.062	0.100	0.101	0.070
	投入增长率	0.018	0.014	0.015	0.021	0.032	0.027	0.054	0.038	0.040	0.029
	资本增长率	0.034	0.033	0.033	0.040	0.061	0.055	0.109	0.086	0.091	0.060
	劳动增长率	-0.010	-0.025	-0.020	0.004	0.026	0.019	0.044	0.023	0.035	0.010

注：此处计算工业分类标准以《国民经济行业分类标准》1994 年版（GB/T 4754—1994）为基准。同时借鉴王志华和董存田（2012）工业企业结构分类的方法，将中国工业企业 28 个二位数行业划分为劳动密集型、资本密集型与技术密集型三大类。其中，劳动密集型产业包括：食品加工业；食品制造业；纺织业；服装及其他纤维制品制造业；皮革、毛皮、羽绒及其制品业；木材加工及竹、藤、棕、草制品业；家具制造业；印刷业及记录媒介的复制；文教体育用品制造业；橡胶和塑料制品业（橡胶制品业；塑料制品业两个行业合并）；非金属矿物制品业。资本密集型产业包括：饮料制造业；烟草加工业；造纸及纸制品业；石油加工及炼焦业；化学原料及化学制品制造业；化学纤维制造业；黑色金属冶炼和压延加工业；有色金属冶炼和压延加工业；金属制品业。技术密集型产业包括：医药制造业；专用设备制造业；交通运输设备制造业；电气机械及器材制造业；电子及通信设备制造业；普通机械制造业；仪器仪表及文化、办公用机械制造业。

表 3-4　1999~2007 年不同区域工业企业的产出增长贡献分析

区域	增长率	1999 年	2000 年	2001 年	2002 年	2003 年	2004 年	2005 年	2006 年	2007 年	均值
东部	产出增长率	0.064	0.065	0.055	0.094	0.106	0.079	0.115	0.127	0.127	0.092
	生产率增长率	0.045	0.053	0.039	0.070	0.074	0.055	0.070	0.095	0.095	0.066
	投入增长率	0.019	0.012	0.015	0.024	0.031	0.024	0.046	0.032	0.032	0.026
	资本增长率	0.031	0.028	0.029	0.046	0.061	0.052	0.100	0.077	0.078	0.056
	劳动增长率	0.016	-0.017	0.006	0.017	0.032	0.020	0.037	0.020	0.025	0.017
中部	产出增长率	0.049	0.059	0.031	0.053	0.083	0.093	0.143	0.155	0.175	0.093
	生产率增长率	0.027	0.044	0.026	0.045	0.069	0.075	0.101	0.128	0.144	0.073
	投入增长率	0.022	0.015	0.004	0.008	0.015	0.018	0.042	0.027	0.031	0.020
	资本增长率	0.044	0.034	0.018	0.023	0.035	0.050	0.099	0.083	0.098	0.054
	劳动增长率	-0.020	-0.025	-0.037	-0.020	-0.008	-0.017	0.043	-0.013	0.013	-0.009
西部	产出增长率	0.049	0.058	0.035	0.088	0.085	0.090	0.099	0.145	0.156	0.089
	生产率增长率	0.022	0.051	0.024	0.071	0.061	0.074	0.068	0.124	0.133	0.070
	投入增长率	0.027	0.007	0.011	0.018	0.023	0.016	0.031	0.022	0.023	0.020
	资本增长率	0.057	0.022	0.033	0.040	0.049	0.041	0.073	0.060	0.068	0.049
	劳动增长率	-0.040	-0.028	-0.044	-0.025	-0.008	-0.010	0.004	0.001	0.016	-0.015

注：东部地区包括：北京、天津、河北、辽宁、上海、江苏、浙江、福建、山东、广东和海南等 11 个省市，中部地区包括：山西、吉林、黑龙江、安徽、江西、河南、湖北、湖南等 8 个省，西部地区包括：四川、重庆、贵州、云南、西藏、陕西、甘肃、青海、宁夏、新疆、广西、内蒙古等 12 个省区市。

区，但在样本后期出现了加速增长的态势，增长率远高于东部地区，而且全要素生产率增长对中西部地区的产出增长贡献也要高于东部地区，上述结果表明产出增长率收敛的原因主要由于全要素生产率增长收敛。从要素投入增长来看，三大区域的差距较小，东部地区要略高于中西部地区，中西部地区相差无几。具体到劳动和资本投入增长情况，东部地区的资本投入和劳动投入增长均要高于中西部地区，而且中西部地区的劳动投入增长在整个样本期间的年均增长为负，体现了现实中存在的中西部地区民工向东部地区流出的影响。

（三）配置效率与经济利润分析

1. 总体分析

表 3-4 的测算结果表明产出增长的源泉主要来自全要素生产率的提升，那么，全要素生产率增长又由哪些因素导致？技术进步、资源配置效率以及经济利润增长在全要素生产率增长中扮演了何种角色？借助第一部分提供的测算框架，本部分将全要素生产率增长分解为：技术进步、资本利润、劳动利润、行业内部企业间资本配置效率、行业间资本配置效率、行业内部企业间劳动配置效率以及行业间劳动配置效率等七项，以探查各因素对全要素生产率增长的贡献。

表 3-5 报告了全样本下全要素生产率增长分解结果。从全要素生产率增长分解结果来看，技术进步增长贡献最大，且在样本期间较为稳定，年均增长率为 22.9%，而资源配置效率对全要素生产率增长的抑制作用在数值上略小于技术进步增长的贡献，其年均增长率为-20%，几近抵消技术进步增长，其中资本配置效率的抑制作用为年均-14.3%，劳动配置效率的抑制作用为年均-5.7%。行业内企业间资本配置效率增长对全要素生产率增长具有较强的负向影响，即抑制了全要素生产率增长。同样的，行业内企业间的劳动配置效率也抑制了全要素生产率增长，但其抑制作用小于资本配置效率，仅相当于资本配置效率的 40%左右（0.057/0.144）。

全要素生产率增长的另一个来源是资本利润和劳动利润的提升，其中，资本利润增长率为 3.2%，劳动利润增长率为 0.7%，表明经济利润的绝大部分越来越多地被资本所攫取，劳动报酬占据的份额增长缓慢，这与国内外学者研究发现中国劳动收入份额在最近十几年不断下降的事实相吻合。由于

表 3-5 1999~2007 年中国工业企业的全要素生产率增长分解

年份	1999	2000	2001	2002	2003	2004	2005	2006	2007	均值
技术进步增长率	0. 185	0. 370	0. 200	0. 218	0. 300	0. 198	0. 144	0. 209	0. 233	0. 229
资本利润增长率	0. 017	0. 014	0. 014	0. 021	0. 029	0. 030	0. 058	0. 048	0. 053	0. 032
劳动利润增长率	0. 000	-0. 017	-0. 008	0. 004	0. 017	0. 010	0. 030	0. 011	0. 019	0. 007
资源配置效率	-0. 162	-0. 317	-0. 171	-0. 177	-0. 274	-0. 178	-0. 158	-0. 167	-0. 198	-0. 200
资本配置效率	-0. 125	-0. 122	-0. 136	-0. 139	-0. 249	-0. 113	-0. 116	-0. 123	-0. 163	-0. 143
劳动配置效率	-0. 037	-0. 195	-0. 035	-0. 038	-0. 025	-0. 065	-0. 042	-0. 044	-0. 035	-0. 057
企业间资本配置效率	-0. 125	-0. 123	-0. 137	-0. 140	-0. 251	-0. 114	-0. 118	-0. 125	-0. 165	-0. 144
行业间资本配置效率	0. 000	0. 001	0. 001	0. 001	0. 002	0. 001	0. 002	0. 002	0. 002	0. 001
企业间劳动配置效率	-0. 038	-0. 195	-0. 032	-0. 036	-0. 024	-0. 063	-0. 043	-0. 044	-0. 038	-0. 057
行业间劳动配置效率	0. 001	0. 000	-0. 003	-0. 002	-0. 001	-0. 002	0. 001	0. 000	0. 003	0. 000

注：技术进步增长率根据式（3.9）的第一项计算，资本利润增长率根据式（3.9）的第二项计算，劳动利润增长率根据式（3.9）的第三项计算，行业内企业间资本配置效率增长率根据式（3.10）第一项计算，行业间资本配置效率增长率根据式（3.10）的第二项计算，行业内企业间劳动配置效率增长率根据式（3.11）的第一项计算，行业间劳动配置效率增长率根据式（3.11）的第二项计算。资源配置效率是资本配置效率与劳动配置效率之和，资本配置效率是企业间资本配置效率与行业间资本配置效率之和，劳动配置效率是企业间劳动配置效率与行业间劳动配置效率之和。

政府片面追求 GDP 指标、广泛存在干预政策以及要素价格扭曲，中国在技术选择方面呈现出资本偏向的逆资源禀赋趋势（周其仁，1997；林毅夫等，1999），使得政府投资集中在就业吸纳能力较弱的资本密集型行业（蔡昉等，2004），即“资本偏向型技术进步”。而资本偏向型技术进步策略是制造业部门劳动收入份额增长缓慢或者说长期在低位徘徊的主要原因（黄先海和徐圣，2009；陈宇峰等，2013）。此外，上述测算还发现行业间的资本和劳动配置效率对全要素生产率增长的影响较为有限，年均贡献保持在 0 左右，尽管这意味着可以进一步提升行业间资源配置效率，以改善其对全要素生产率的提升作用，但考虑到企业间资源配置效率相对于行业间呈现出的对全要素生产率增长更强的抑制作用，下一步经济增长的动能可能更多地会来自异质性企业间资源配置效率的改善。

总之，上述结果表明，全要素生产率增长主要来自企业自身技术进步，技术进步对全要素生产率的增进效应绝大部分被资源配置效率的恶化所抵消，即资源配置效率尤其是行业内的资源配置效率严重阻碍了全要素生产率的进一步提升。上述结果带来的启示是，为了促进中国工业全要素生产率增长，一方面，应该进一步提升企业自身的技术进步水平，但随着中国工业企业技术水平距离世界前沿越来越近，引进、学习、消化、吸收先进技术的难度会逐步加大，技术进步会越来越多地依赖于我国企业的自主研发，这也是中国提出工业企业转型发展战略的原因；另一方面，应该坚持市场配置资源为主的要素投入方式，打破影响资本和劳动合理流动的各种体制机制障碍，不断提升要素投入的配置效率，尤其是资本在企业间的配置效率。此外，应该努力提升劳动利润，使得经济发展成果更多地为国民所分享，在投资上通过产业升级来实现，短期内借助二次收入分配来调节。

2. 不同所有制

表 3-6 报告了不同所有制下全要素生产率增长的分解结果。从表 3-6 可以看到技术进步对全要素生产率增长的贡献在不同所有制中都是最高的，但也表现出一定的差异，国有企业和民营企业的技术进步增长率要明显高于外资企业，说明本土企业的技术创新能力已经超过外资企业。国有企业的资本利润为 1.3%，外资企业为 2.4%，民营企业为 3.4%。外资企业的劳动利润最高（3.0%），民营企业次之（1.4%），国有企业最低（-3.3%），说明外资企

业成长的成果越来越多地为劳动者所分享，这也说明了外资企业的职工工资更高，而国有企业劳动利润增长为负的一个原因可能在于国有企业职工享有更高的不包含在工资中的隐形福利。从行业内企业间的资本配置效率来看，三类企业的资本配置效率都出现了恶化的态势，其中，样本前期的外资企业和其他内资企业的资本配置效率恶化呈现缓解态势，但后期又重新恶化，总体来说，民营企业和外资企业的资本配置效率恶化程度要高于国有企业；从行业内企业间的劳动配置效率来看，包括国有企业在内的内资企业的劳动配置效率年度增长率为负，且要高于外资企业（-3.3%），可见，民营企业间资本配置效率和劳动配置效率都是最低的。此外，资本和劳动在行业之间的配置效率增长集中在0附近，对全要素生产率的增长影响较为微弱。

3. 不同产业

对不同产业类型全要素生产率增长分解对于理解中国工业转型具有重要的现实意义，表3-7是不同产业类型下全要素生产率增长的分解结果。

从表3-7可以看出，三大产业中对全要素生产率增长贡献最大的依然是技术进步提升，其中资本密集型产业的技术进步增长最高（27.6%），劳动密集型产业次之（22.6%），技术密集型产业最低（15.5%）。三大类产业的资本利润增长在整个样本期间呈现一个上升的态势，不同产业之间尽管呈现一定的增长差异，但差异较小，劳动密集型小于资本密集型（2.8%<3.0%），资本密集型小于技术密集型（3.0%<3.3%）。相对于资本利润较高的增长率，劳动利润在整个样本期间几乎处于停滞状态，这与总体测算中表现的国民财富增长中被劳动者所分享的份额一直没有发生较大改变相一致，尽管如此，劳动密集型产业和技术密集型产业的劳动利润仍然保持了较低的稳定增长势头，年均增长率达到了1%左右，这可能体现了低技能劳动者和高技能劳动者在这两个产业的配置情况。

从行业内部企业间的资本配置效率来看，资本密集型产业和劳动密集型产业的配置效率对全要素生产率提升的抑制作用在样本前期较强，在样本后期逐渐减弱，而技术密集型产业的资本配置效率则是在样本后期恶化，总体来看，资本密集型产业的企业间资本配置效率恶化趋势最为严重（-19.6%），劳动密集型产业次之（-13.1%），技术密集型产业最小（-8.6%），中国长

表 3-6　1999~2007 年不同所有制企业的全要素生产率增长分解

增长率	所有制	1999 年	2000 年	2001 年	2002 年	2003 年	2004 年	2005 年	2006 年	2007 年	均值
技术进步增长率	国有企业	0. 122	0. 299	0. 260	0. 256	0. 173	0. 202	0. 057	0. 165	0. 123	0. 184
	外资企业	0. 121	0. 266	0. 058	0. 083	0. 369	0. 058	0. 028	0. 079	0. 085	0. 127
	民营企业	0. 163	0. 299	0. 162	0. 158	0. 152	0. 169	0. 140	0. 200	0. 187	0. 181
资本利润增长率	国有企业	0. 019	0. 016	0. 009	0. 007	0. 016	0. 007	0. 018	0. 010	0. 013	0. 013
	外资企业	0. 018	0. 012	0. 013	0. 016	0. 019	0. 024	0. 045	0. 039	0. 032	0. 024
	民营企业	0. 017	0. 017	0. 017	0. 027	0. 036	0. 033	0. 057	0. 047	0. 053	0. 034
劳动利润增长率	国有企业	-0. 036	-0. 030	-0. 065	-0. 046	-0. 029	-0. 049	-0. 006	-0. 022	-0. 013	-0. 033
	外资企业	0. 035	0. 003	0. 031	0. 016	0. 040	0. 043	0. 048	0. 023	0. 030	0. 030
	民营企业	0. 017	-0. 010	0. 006	0. 017	0. 022	0. 012	0. 028	0. 011	0. 020	0. 014
企业间资本配置效率	国有企业	-0. 065	-0. 122	-0. 065	-0. 118	-0. 076	-0. 021	-0. 049	-0. 073	-0. 049	-0. 071
	外资企业	-0. 104	-0. 085	-0. 056	-0. 057	-0. 343	-0. 034	-0. 048	-0. 048	-0. 066	-0. 093
	民营企业	-0. 123	-0. 080	-0. 115	-0. 095	-0. 121	-0. 105	-0. 111	-0. 120	-0. 125	-0. 111
行业间资本配置效率	国有企业	0. 003	-0. 001	-0. 001	0. 000	-0. 001	0. 005	-0. 002	0. 003	0. 002	0. 001
	外资企业	-0. 001	0. 002	0. 003	0. 001	0. 003	0. 003	0. 002	0. 002	0. 002	0. 002
	民营企业	0. 000	0. 001	0. 000	0. 000	0. 001	0. 000	0. 002	0. 002	0. 002	0. 001
企业间劳动配置效率	国有企业	-0. 017	-0. 122	-0. 080	-0. 046	-0. 028	-0. 073	-0. 017	-0. 032	-0. 007	-0. 047
	外资企业	-0. 023	-0. 124	-0. 016	-0. 002	-0. 013	-0. 022	-0. 038	-0. 030	-0. 027	-0. 033
	民营企业	-0. 042	-0. 190	-0. 042	-0. 047	-0. 025	-0. 065	-0. 040	-0. 044	-0. 036	-0. 059
行业间劳动配置效率	国有企业	0. 006	0. 004	-0. 018	0. 005	-0. 001	0. 008	0. 002	-0. 001	0. 006	0. 001
	外资企业	-0. 002	-0. 001	-0. 005	0. 001	0. 000	0. 003	0. 002	0. 005	0. 008	0. 001
	民营企业	0. 000	0. 000	-0. 001	-0. 001	0. 000	-0. 001	0. 001	0. 000	0. 003	0. 000

注：技术进步增长率根据式（3.9）的第一项计算，资本利润增长率根据式（3.9）的第二项计算，劳动利润增长率根据式（3.9）的第三项计算，行业内企业间资本配置效率增长率根据式（3.10）第一项计算，行业间资本配置效率增长率根据式（3.10）的第二项计算，行业内企业间劳动配置效率增长率根据式（3.11）的第一项计算，行业间劳动配置效率增长率根据式（3.11）的第二项计算。资源配置效率是资本配置效率与劳动配置效率之和，资本配置效率是企业间资本配置效率与行业间资本配置效率之和，劳动配置效率是企业间劳动配置效率与行业间劳动配置效率之和。

表 3-7　不同产业工业企业的全要素生产率增长分解

增长率	产业类型	1999 年	2000 年	2001 年	2002 年	2003 年	2004 年	2005 年	2006 年	2007 年	均值
技术进步增长率	劳动密集型	0.223	0.454	0.200	0.224	0.180	0.162	0.172	0.208	0.211	0.226
	资本密集型	0.207	0.363	0.231	0.273	0.578	0.254	0.140	0.201	0.238	0.276
	技术密集型	0.117	0.247	0.138	0.163	0.154	0.154	0.084	0.180	0.159	0.155
资本利润增长率	劳动密集型	0.013	0.011	0.014	0.021	0.025	0.025	0.054	0.045	0.045	0.028
	资本密集型	0.021	0.013	0.010	0.018	0.026	0.029	0.052	0.049	0.052	0.030
	技术密集型	0.014	0.015	0.015	0.020	0.032	0.031	0.061	0.051	0.056	0.033
劳动利润增长率	劳动密集型	0.008	-0.008	0.003	0.009	0.019	0.011	0.025	0.008	0.012	0.010
	资本密集型	-0.001	-0.026	-0.014	-0.009	0.005	-0.007	0.026	0.008	0.019	0.000
	技术密集型	-0.009	-0.021	-0.017	0.003	0.022	0.017	0.038	0.020	0.030	0.009
企业间资本配置效率	劳动密集型	-0.161	-0.137	-0.131	-0.147	-0.137	-0.087	-0.132	-0.116	-0.136	-0.131
	资本密集型	-0.162	-0.176	-0.166	-0.190	-0.511	-0.152	-0.122	-0.121	-0.160	-0.196
	技术密集型	-0.048	-0.047	-0.094	-0.072	-0.116	-0.082	-0.083	-0.115	-0.117	-0.086
行业间资本配置效率	劳动密集型	-0.001	0.001	0.000	0.000	0.001	0.001	0.001	0.002	0.002	0.001
	资本密集型	0.001	0.000	0.000	0.000	0.003	0.001	0.003	0.002	0.003	0.002
	技术密集型	0.001	0.002	0.001	0.001	-0.001	-0.002	0.000	0.001	0.001	0.000
企业间劳动配置效率	劳动密集型	-0.045	-0.274	-0.058	-0.049	-0.032	-0.074	-0.043	-0.055	-0.055	-0.076
	资本密集型	-0.028	-0.133	-0.021	-0.029	-0.020	-0.058	-0.035	-0.032	-0.026	-0.042
	技术密集型	-0.039	-0.134	-0.009	-0.043	-0.020	-0.045	-0.038	-0.037	-0.027	-0.043
行业间劳动配置效率	劳动密集型	-0.001	-0.002	-0.004	-0.005	-0.003	-0.002	0.002	0.001	0.005	-0.001
	资本密集型	-0.002	0.001	-0.002	-0.001	0.001	-0.001	0.002	0.002	0.001	0.000
	技术密集型	0.005	0.004	0.003	0.003	0.002	0.000	0.000	-0.001	-0.001	0.002

注：技术进步增长率根据式（3.9）的第一项计算，资本利润增长率根据式（3.9）的第二项计算，劳动利润增长率根据式（3.9）的第三项计算，行业内企业间资本配置效率增长率根据式（3.10）第一项计算，行业间资本配置效率增长率根据式（3.10）的第二项计算，行业内企业间劳动配置效率增长率根据式（3.11）的第一项计算，行业间劳动配置效率增长率根据式（3.11）的第二项计算。资源配置效率是资本配置效率与劳动配置效率之和，资本配置效率是企业间资本配置效率与行业间资本配置效率之和，劳动配置效率是企业间劳动配置效率与行业间劳动配置效率之和。

期以来推行的重工业赶超战略可能是造成这一结果的重要原因。从行业内部企业间的劳动配置效率来看，三大类产业的劳动配置效率都对其全要素生产率增长具有较强的抑制作用，从劳动配置效率恶化的年度均值来看，劳动密集型产业的恶化最为严重（-7.6%），资本密集型和技术密集型产业的恶化作用相差不多，而且要明显小于劳动密集型产业，同样的劳动配置效率对全要素生产率增长的抑制作用要小于资本。值得注意的是，资本密集型产业的企业间资本配置效率最低，劳动密集型产业的企业间劳动配置效率最低。此外，行业间的资本和劳动配置效率的年均增长率接近于零，说明行业间的资本配置效率在整个样本期间基本没有发生变化，对全要素生产率的增进效应极为有限。

4. 不同地区

表 3-8 汇总了不同区域的全要素生产率分解结果。从技术进步增长率来看，中部地区的技术进步增长率最快，保持了年均 28.6%的增长率，东部地区和西部地区的技术进步增长均值相同，说明全要素生产率增长主要是由于技术进步增长所致。中东部地区获取的资本利润大于西部，而中西部地区的劳动利润增长在样本前期为负，到了样本后期有所改善，总体依然保持了较弱的负增长态势，东部地区的劳动利润增长一直较为稳定，年均增长率为 1.5%，一定程度上说明劳动力由中西部地区流向东部地区的重要原因可能在于东部地区的劳动者能够更多地分享地区经济增长的成果。中部地区行业内部企业间的资本配置效率一直呈现恶化态势，年均增长率为-18.7%，要低于东部地区的-13.6%和西部地区的-12.7%，由此可知，尽管中部地区的技术进步速度最高，但是其对区域全要素生产率的增进效应大部分被资本配置效率的低下所抵消。从劳动在企业之间的配置效率来看，东部地区的劳动配置效率对全要素生产率的抑制作用最为强烈，达到了年均-6.1%，中部地区次之，西部地区为-3.8%，可见尽管东部地区作为劳动力流动的重要目的地，但是劳动在不同企业之间的配置效率最低，显著抑制了该区域的全要素生产率增长。此外，与前文的分析相类似，资本和劳动在行业之间的配置效率增长一直维持在 0 附近，说明其对全要素生产率增长的贡献较为微弱，这一效应在不同区域之间也不存在明显差异。

表 3-8　不同地区工业企业的全要素生产率增长分解

增长率	地区	1999 年	2000 年	2001 年	2002 年	2003 年	2004 年	2005 年	2006 年	2007 年	均值
技术进步增长率	东部	0.183	0.374	0.191	0.191	0.282	0.174	0.131	0.193	0.214	0.215
	中部	0.252	0.321	0.225	0.328	0.420	0.277	0.175	0.268	0.305	0.286
	西部	0.098	0.477	0.191	0.197	0.188	0.166	0.166	0.209	0.247	0.215
资本利润增长率	东部	0.014	0.014	0.015	0.024	0.034	0.031	0.060	0.048	0.050	0.032
	中部	0.019	0.016	0.009	0.012	0.019	0.030	0.062	0.055	0.068	0.032
	西部	0.022	0.009	0.014	0.019	0.025	0.023	0.042	0.039	0.047	0.027
劳动利润增长率	东部	0.013	-0.014	0.005	0.015	0.028	0.017	0.032	0.017	0.021	0.015
	中部	-0.017	-0.021	-0.032	-0.017	-0.007	-0.015	0.038	-0.012	0.012	-0.008
	西部	-0.032	-0.023	-0.037	-0.021	-0.007	-0.008	0.004	0.001	0.014	-0.012
企业间资本配置效率	东部	-0.121	-0.094	-0.136	-0.120	-0.245	-0.109	-0.118	-0.124	-0.155	-0.136
	中部	-0.186	-0.162	-0.140	-0.228	-0.347	-0.137	-0.123	-0.140	-0.220	-0.187
	西部	-0.066	-0.290	-0.124	-0.114	-0.135	-0.060	-0.108	-0.099	-0.153	-0.127
行业间资本配置效率	东部	0.000	0.002	0.001	0.001	0.001	0.001	0.002	0.002	0.002	0.001
	中部	0.001	0.001	0.001	0.001	0.000	0.000	0.003	0.002	0.003	0.002
	西部	0.003	0.001	0.001	0.000	0.001	0.000	0.001	0.002	0.002	0.001
企业间劳动配置效率	东部	-0.044	-0.227	-0.032	-0.037	-0.025	-0.058	-0.040	-0.044	-0.041	-0.061
	中部	-0.044	-0.109	-0.038	-0.053	-0.016	-0.080	-0.056	-0.048	-0.029	-0.053
	西部	-0.010	-0.126	-0.022	-0.012	-0.016	-0.052	-0.043	-0.034	-0.030	-0.038
行业间劳动配置效率	东部	0.000	-0.001	-0.004	-0.003	-0.001	-0.003	0.002	0.001	0.003	-0.001
	中部	0.001	-0.002	0.000	0.002	0.000	0.000	0.003	0.001	0.005	0.001
	西部	0.005	0.002	-0.001	0.000	0.003	0.003	0.003	0.003	0.003	0.003

注：技术进步增长率根据式（3.9）的第一项计算，资本利润增长率根据式（3.9）的第二项计算，劳动利润增长率根据式（3.9）的第三项计算，行业内企业间资本配置效率增长率根据式（3.10）第一项计算，行业间资本配置效率增长率根据式（3.10）的第二项计算，行业内企业间劳动配置效率增长率根据式（3.11）的第一项计算，行业间劳动配置效率增长率根据式（3.11）的第二项计算。资源配置效率是资本配置效率与劳动配置效率之和，资本配置效率是企业间资本配置效率与行业间资本配置效率之和，劳动配置效率是企业间劳动配置效率与行业间劳动配置效率之和。

（四）稳健性检验

1. 存续期样本检验

中国工业企业数据库在2004年进行了统计标准的调整，有大量的企业在2004年进入数据库（见图3-2），通过整理后的数据库可以看出，企业数量由2003年的不足15万家，猛增到2004年的21万多家，如此大规模的样本数量变化可能会影响估计结果的稳健性，因此我们采用1998年到2007年期间持续存续的企业为样本，按照第二部分的测算方法重新测算全要素生产率增长，并对其进行了分解，分解结果汇总于表3-9。通过表3-1、表3-5与表3-9的比较可以看出，产出增长率都保持了年均9%左右，生产率增长率不到7%，说明即使考虑到2004年有大量新企业进入数据库的情形，增长测算结果也是稳健的。从对全要素生产率增长的贡献来看，存续样本的检验同样表明，技术进步效率对全要素生产率增长的贡献最大，行业内部企业间资本和劳动的配置效率对全要素生产率增长具有较强的抑制作用，使得技术进步对全要素生产率增长的贡献大部分被抵消。此外，与全样本测算相一致，行业内部企业间的资本配置效率恶化程度要高于劳动配置效率。总体来说，采用存续样本进行测算的结果表明，2004年出现的大量企业进入数据库的情况，并没有影响到全要素生产增长估计和分解测算的主要结论。

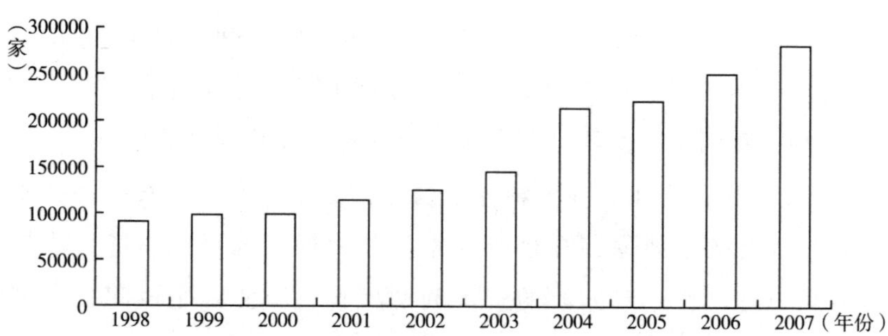

图3-2　1998~2007年中国工业企业数量

资料来源：中国工业企业数据库。

2. 资本使用成本的影响

在前文的测算中假定资本成本为0.15，考虑到资本成本可能会对研究结果产生影响，我们按照Hsieh and Klenow（2009）关于中国工业企业资本使用成本的设定，将资本成本设定为0.10，利用全样本数据和第二部分的测算方法进行了重新估计，估计结果汇总于表3-10。

从表3-10的估计结果可以发现，产出增长率和全要素生产率增长率与表3-1的测算结果并没有较大差异，将全要素生产率增长进一步分解表明，技术进步增长对全要素生产率增长贡献最大，企业间的资本和劳动配置效率起到了较大的抑制作用，几乎抵消了技术进步的全要素生产率增进效应，其中资本配置效率要高于劳动配置效率，行业间的资源配置效率对全要素生产率的影响较为微弱，这与前面的研究结论相一致，说明资本成本的设定并不会对全要素生产率的增长估计和分解测算产生较大影响，本章研究结论是稳健的。

3. 不同时间段的检验

根据中国宏观经济景气周期和数据状况，我们分1999~2003年和2004~2007年两个时间段进行了比较分析。

从前面的分析可以发现，样本后期的全要素生产率增长率要高于样本前期，这一结论不论是采用全样本测算还是使用九年存续样本测算都是成立的，为了防止企业数量变化对该结论可能产生的影响，我们进一步分别使用1999~2003年和2004~2007年两个样本区间分别存续的样本进行了重新测算，两个时间段的测算结果汇总于表3-11。其中，第三列和第四列分别是全样本测算的1999~2003年和2004~2007年两个样本区间的年均增长率，第五列和第六列分别是九年存续样本测算的1999~2003年和2004~2007年两个样本区间的年均增长率，第七列和第八列分别是1999~2003年和2004~2007年两个时间段分别存续企业测算的年均增长率。

从表3-11可以看出，在三种样本划分方法下，产出增长率在样本后期出现大幅度提升的主要原因在于全要素生产率增长的贡献。进一步对增长进行分解后发现，后一时间段的资本利润增长、行业内企业间资本配置效率和劳动配置效率的改善是全要素生产率出现较大提升的主要原因，而技术进步增长率出现了一定幅度的下滑，这也说明随着中国工业企业与世界先进技术前沿距离的不断趋近，靠引进发达国家的先进技术、提升中国的技术进步来驱动全要素生产率增长的难度日益加大，中国工业经济发展质量提升的下一步驱动力来自资源配置效率的改善。

表 3-9　1999~2007 年存续期样本下的检验

核算	增长率	1999 年	2000 年	2001 年	2002 年	2003 年	2004 年	2005 年	2006 年	2007 年	均值
增长估计	产出增长率	0.088	0.078	0.060	0.085	0.094	0.068	0.094	0.099	0.105	0.086
	生产率增长率	0.058	0.062	0.044	0.067	0.072	0.059	0.064	0.082	0.088	0.066
	投入增长率	0.030	0.016	0.016	0.017	0.022	0.009	0.030	0.017	0.017	0.019
	资本增长率	0.048	0.035	0.032	0.033	0.046	0.028	0.071	0.049	0.057	0.044
	劳动增长率	0.021	-0.014	0.002	0.007	0.004	-0.021	0.010	-0.009	-0.018	-0.002
增长分解	技术进步增长率	0.194	0.334	0.128	0.235	0.169	0.227	0.114	0.214	0.206	0.202
	资本利润增长率	0.022	0.017	0.016	0.017	0.025	0.016	0.042	0.030	0.037	0.025
	劳动利润增长率	0.018	-0.012	0.002	0.006	0.003	-0.018	0.008	-0.008	-0.015	-0.002
	企业间资本配置效率	-0.150	-0.134	-0.077	-0.162	-0.116	-0.104	-0.077	-0.135	-0.108	-0.118
	行业间资本配置效率	0.000	0.002	0.000	0.000	0.001	-0.001	0.003	0.002	0.002	0.001
	企业间劳动配置效率	-0.027	-0.142	-0.023	-0.029	-0.010	-0.062	-0.026	-0.025	-0.040	-0.043
	行业间劳动配置效率	0.001	-0.002	-0.003	0.000	-0.002	-0.001	-0.001	0.000	0.005	0.000

注：技术进步增长率根据式（3.9）的第一项计算，资本利润增长率根据式（3.9）的第二项计算，劳动利润增长率根据式（3.9）的第三项计算，行业内企业间资本配置效率增长率根据式（3.10）第一项计算，行业间资本配置效率增长率根据式（3.10）的第二项计算，行业内企业间劳动配置效率增长率根据式（3.11）的第一项计算，行业间劳动配置效率增长率根据式（3.11）的第二项计算。资源配置效率是资本配置效率与劳动配置效率之和，资本配置效率是企业间资本配置效率与行业间资本配置效率之和，劳动配置效率是企业间劳动配置效率与行业间劳动配置效率之和。

表 3-10　资本使用成本差异下的检验

核算	增长率	1999 年	2000 年	2001 年	2002 年	2003 年	2004 年	2005 年	2006 年	2007 年	均值
增长估计	产出增长率	0. 060	0. 060	0. 047	0. 084	0. 096	0. 080	0. 116	0. 130	0. 134	0. 090
	生产率增长率	0. 039	0. 048	0. 035	0. 064	0. 069	0. 058	0. 072	0. 100	0. 103	0. 065
	投入增长率	0. 021	0. 012	0. 013	0. 020	0. 027	0. 022	0. 043	0. 030	0. 031	0. 024
	资本增长率	0. 038	0. 029	0. 027	0. 041	0. 053	0. 051	0. 097	0. 076	0. 080	0. 055
	劳动增长率	0. 000	-0. 020	-0. 009	0. 005	0. 020	0. 011	0. 035	0. 013	0. 022	0. 008
增长分解	技术进步增长率	0. 177	0. 358	0. 190	0. 207	0. 282	0. 189	0. 135	0. 200	0. 223	0. 218
	资本利润增长率	0. 017	0. 014	0. 013	0. 021	0. 029	0. 030	0. 058	0. 048	0. 052	0. 031
	劳动利润增长率	0. 000	-0. 017	-0. 008	0. 004	0. 017	0. 010	0. 030	0. 011	0. 019	0. 007
	企业间资本配置效率	-0. 115	-0. 114	-0. 126	-0. 131	-0. 235	-0. 107	-0. 112	-0. 119	-0. 159	-0. 135
	行业间资本配置效率	0. 000	0. 001	0. 001	0. 001	0. 001	0. 001	0. 002	0. 002	0. 002	0. 001
	企业间劳动配置效率	-0. 040	-0. 195	-0. 034	-0. 038	-0. 026	-0. 064	-0. 043	-0. 044	-0. 039	-0. 058
	行业间劳动配置效率	0. 000	0. 000	-0. 003	-0. 002	-0. 001	-0. 002	0. 001	0. 000	0. 003	0. 000

注：技术进步增长率根据式（3.9）的第一项计算，资本利润增长率根据式（3.9）的第二项计算，劳动利润增长率根据式（3.9）的第三项计算，行业内企业间资本配置效率增长率根据式（3.10）第一项计算，行业间资本配置效率增长率根据式（3.10）的第二项计算，行业内企业间劳动配置效率增长率根据式（3.11）的第一项计算，行业间劳动配置效率增长率根据式（3.11）的第二项计算。资源配置效率是资本配置效率与劳动配置效率之和，资本配置效率是企业间资本配置效率与行业间资本配置效率之和，劳动配置效率是企业间劳动配置效率与行业间劳动配置效率之和。

表 3-11　不同时间段的检验

核算	增长率	全样本		九年存续样本		两个时间段分别存续样本	
		1999~2003 年	2004~2007 年	1999~2003 年	2004~2007 年	1999~2003 年	2004~2007 年
增长估计	产出增长率	0.071	0.130	0.081	0.099	0.078	0.138
	生产率增长率	0.053	0.095	0.061	0.078	0.060	0.101
	投入增长率	0.019	0.034	0.020	0.021	0.019	0.037
	资本增长率	0.038	0.085	0.039	0.059	0.038	0.092
	劳动增长率	-0.001	0.023	0.004	-0.006	-0.004	0.023
增长分解	技术进步增长率	0.255	0.195	0.212	0.178	0.292	0.191
	资本利润增长率	0.019	0.053	0.019	0.036	0.019	0.058
	劳动利润增长率	-0.001	0.020	0.003	-0.005	-0.003	0.020
	企业间资本配置效率	-0.155	-0.136	-0.128	-0.107	-0.196	-0.135
	行业间资本配置效率	0.001	0.002	0.001	0.002	0.001	0.003
	企业间劳动配置效率	-0.065	-0.042	-0.046	-0.030	-0.053	-0.039
	行业间劳动配置效率	-0.001	0.001	-0.001	0.001	-0.001	0.002

注：技术进步增长率根据式（3.9）的第一项计算，资本利润增长率根据式（3.9）的第二项计算，劳动利润增长率根据式（3.9）的第三项计算，行业内企业间资本配置效率增长率根据式（3.10）第一项计算，行业间资本配置效率增长率根据式（3.10）的第二项计算，行业内企业间劳动配置效率增长率根据式（3.11）的第一项计算，行业间劳动配置效率增长率根据式（3.11）的第二项计算。资源配置效率是资本配置效率与劳动配置效率之和，资本配置效率是企业间资本配置效率与行业间资本配置效率之和，劳动配置效率是企业间劳动配置效率与行业间劳动配置效率之和。

四　结论与启示

基于中国工业企业数据库，本章根据一个新的测算框架对中国工业企业的全要素生产率增长进行了估计与分解测算。该研究框架以企业异质性理论为基础，将工业整体全要素生产率增长分解为企业自身技术进步、资本利润、劳动利润、行业内部企业间的资本配置效率、行业间的资本配置效率、行业内部企业间的劳动配置效率以及行业之间的劳动配置效率等七项，一方面，弥补了大多数研究只能分解出资源配置效率，而无法分别识别资本和劳动资源配置效率的缺陷；另一方面，该框架可以进一步识别资本和劳动利润对全要素生产率的贡献，突破了以往忽视经济利润对全要素生产率增长的影响。

本章的主要发现有以下几个方面。

（1）中国工业经济总产出在1999年到2007年的整个样本期间呈现高速增长态势，增长的重要源头来自工业整体全要素生产率的提升，要素投入增长的贡献较小，并且相对于信贷投放推动的资本投入增长来说，受限于适龄劳动人口增长缓慢和人口老龄化问题，劳动投入增长在整个样本期间几乎处于停滞状态。所有制层面，民营企业的产出增长率高于外资企业，外资企业产出增长率高于国有企业，而产出增长的主要差异是由要素投入造成的，受到大规模的国有企业改制的影响，国有企业的劳动投入增长在样本期间一直为负，而外资企业的劳动投入增长是民营企业的两倍左右；区域层面，三大区域全要素生产率增长收敛带来了产出增长率的收敛，而要素投入增长差距较小，东部地区的资本投入和劳动投入增长均高于中西部地区，体现了中西部地区民工向东部地区流出以及资本向经济发达地区集聚的现象；产业层面，三大产业全要素生产率增长的差异体现了产出增长差异，技术密集型产业增速高于资本密集型产业，资本密集型产业增速高于劳动密集型产业，说明中国工业企业正逐渐由劳动密集型向资本和技术密集型转移，与中国工业企业转型的方向吻合。

（2）企业自身技术进步对全要素生产率增长的增进效应贡献最大，说明中国工业企业在样本期间主要通过引进、学习、消化、吸收国外的先进技术得到了长足发展，企业自身成长是中国工业企业高速发展的一个重要原因。企业之间的资源配置效率显著抑制了全要素生产率的提升，从抑制效应大小来看，其抑制作用抵消了企业技术进步的绝大部分，具体到资源配置效率来看，行业内部企业之间的资本配置效率年均恶化程度至少是劳动配置效率的两倍，而行业之间的资源配置效率对全要素生产率的影响微弱。资本利润至少是劳动利润的四倍，说明中国工业企业的发展程度较大部分被资本所攫取，劳动者所得份额的上升较为有限。所有制层面看，内资企业的技术进步率要高于外资企业，而其资源配置效率要低于外资企业；从三大产业来看，资本密集型产业的技术进步增长率最高，技术密集型产业最低，技术密集型资本利润最高，资本密集型产业的资源配置恶化趋势最强，劳动密集型行业和技术密集型行业的劳动利润保持了较低的稳定增长势头；分区域来看，中部地区的技术进步增长率最快，但同时其行业内部企业间的资本配置效率一直呈现恶化态势，此外，东部地区获取的资本利润最高，而中西部地区的劳动利润增长在样本前期为负，东部地区的劳动利润增长一直较为稳定。

（3）考虑样本期间企业大量进入数据库和资本使用成本不同的情况后，上述研究结论依然没有产生较大差异，值得注意的是不管使用九年存续期企业，还是两个时间段分别存续企业，或者是全部企业的样本，分时间段的分析都表明，后一时间段的资本利润增长、行业内企业间资本配置效率和劳动配置效率的改善是全要素生产率出现较大提升的主要原因，而技术进步增长速度出现了一定幅度的下滑，说明进一步经济增长的驱动力可能会更多地优化资源配置效率。

基于以上相关研究结论，笔者提出以下政策建议。

（1）为了促进中国工业企业全要素生产率增长，应该进一步提升企业自身的技术进步水平，随着中国工业企业技术水平距离世界前沿越来越近，引进、学习、消化、吸收先进技术的难度会逐步加大，技术进步会越来越多地依赖于我国企业的自主研发，这也是中国提出“中国制造 2025”发展战略的原因。

（2）应该坚持市场配置资源为主的要素投入方式，打破影响资本和劳动合理流动的各种体制机制障碍，不断提升要素投入的配置效率，尤其是资本在企业间的配置效率。如果说提高企业自身技术水平是一种长期战略的话，那么，坚持市场化改革提高资源配置效率，可以说是保持中国经济高质量增长的短期有效举措。

（3）应该努力提升劳动利润，使得经济发展成果更多地为国民所分享，在投资上通过产业升级来实现，短期内借助二次收入分配来调节。劳动利润的提升可以帮助中国居民消费升级，而消费升级会促进中国企业的产业升级和技术进步，这可以说是从需求侧和供给侧两端为新时代中国经济的高质量增长“保驾护航”。

第四章　中国工业企业动态演进效率研究：所有制视角

一　引言

现实经济处于一个企业不断进入、退出与增长的动态演进过程。企业动态演进是经济重构和资源流动的主要动力之一，企业动态演进效率对宏观经济的发展至关重要。但是，由于受意识形态以及当时具体历史情境的影响，中国企业的动态演进是以不同所有制形式进行的，即以不同所有制形式进入、退出市场以及在市场中展开竞争、壮大发展。新中国成立以来，中国所有制结构已经先后经历了从实行多种经济成分共同发展到建立单一公有制经济，再到确立和完善以公有制为主体、多种所有制经济共同发展的基本经济制度的历史进程（桑东华，2010）。目前已经形成 2007 年中共十七大报告提出的“各种所有制经济平等竞争、相互促进的新格局”。

在这个竞合过程中，随着思想的解放，所有制政策的改革与突破，以及外部经济环境的改善，不同所有制企业在大规模进入、退出市场，在竞争中壮大发展的同时，也大大提高了资源配置效率，优化了国民经济结构。那么，在不同所有制企业的动态演进过程中，哪种所有制企业的效率更高呢？不同所有制企业在动态演进的各个环节效率贡献有何差异？不同所有制企业在其生命周期的动态演进效率又有何差异？不同所有制企业在市场中竞合的未来方向又在哪里？中国经济的渐进式改革开放过程，所有制政策的逐步演变以及所有制结构的不断演进过程无疑为检验不同所有制企业的动态演进效率提供了一个天然的实验场所与机会。

企业进入退出、市场选择以及资源再配置过程是总量生产率能否增长和国家竞争力能否提高的关键因素。因此，近年来，越来越多的研究开始从微观企业的动态演进过程来寻找跨国收入差距的根源（Olley and Pakes,

1996；Bartelsman et al.，2004；Restuccia and Rogerson，2008；等等）。Hsieh and Klenow（2009）发现，如果中国资源配置效率提高到美国的水平，则中国的宏观经济产出将提高 30%～50%。Brandt et al.（2012）认为如果资源从低效率的国有企业向高效率的民营企业流动，这种资源再配置将提高中国总体经济的生产效率。国内学者也逐渐在总量生产率增长分解框架下研究资源配置效率问题。李玉红等（2008）利用 BHC 方法分析技术进步和资源再配置在工业生产率变动中的作用，分别分析了存活企业、进入企业和退出企业在经济增长中的作用。聂辉华和贾瑞雪（2011）发现全要素生产率的增长主要源于企业的效率提升，企业间的资源配置效果为负，行业净进入效应接近于零。毛其淋和盛斌（2013）研究发现，企业更替对制造业生产率具有重要的直接影响，企业更替还通过市场竞争效应对在位企业的生产率提高产生显著的间接促进作用。

必须承认，微观层面企业动态演进效率的研究，无论是理论上还是实证上都开启了探寻经济增长根源的新方向和新潮流，为学术界和政策界更好地理解与揭示一国经济增长的根源提供了新的武器与多把钥匙。但是具体到国别研究，就有必要根据每一个国家的具体国情，尤其是该国企业动态演进过程的真实情景展开分析与探讨。当今的中国经济直接脱胎于一个以公有制经济为主体的计划经济体制，而公有制经济的具体表现形式就是大量国有企业的存在以及国有企业在国民经济的方方面面处于主导与控制地位。改革开放以来，随着意识形态的逐渐解放与国门的打开，集体经济、港澳台经济、外资经济、民营经济等不同所有制经济逐渐登上中国这块舞台，并逐渐形成了多种所有制经济共同发展、平等竞争与相互促进的格局。这种特殊的企业演进背景决定了基于中国的经验研究，无论是统计分析层面抑或实证分析层面，必须落脚于不同所有制层面，若非如此，就不能深度揭示中国经济增长的动力之源。反过来，不同的所有制体现了不同的发展模式、经营方式与治理机制，因此，只有从所有制层面切入来研究中国企业的动态演进效率，才可能一窥中国改革开放以来微观企业参与的竞合运动，才可能为未来的所有制改革、企业改革、经济增长探源提供更真实详细的分析图谱与可信结论。

为此，本章借助中国工业企业数据库（1998～2007），在 Vainiomaki（1999）和 Diewert and Fox（2005）提出的总量生产率增长分解框架下（简称 VDF 分解方法)，测度了不同所有制企业在进入环节、退出环节、资源再配置环节以及内部效率提升环节对中国总量生产率增长的贡献。具体而言，首先，本章依托中国工业企业数据库（1998~2007）进行分析，这是因为1997 年党的十五大明确指出“公有制为主体、多种所有制经济共同发展，是我国社会主义初级阶段的一项基本经济制度”，即明确了“非公有制经济是我国社会主义市场经济的重要组成部分”，因此该数据库的起始时间非常契合不同所有制企业的并存状态，是检验不同所有制企业的动态效率的一个优良分析样本。其次，本章在 VDF 总量生产率增长分解框架下展开分析，是因为 VDF 总量生产率增长分解框架是对既有几种总量生产率增长分解框架的“扬弃”，而且该分解框架可以方便地拓展到企业的生命周期这个维度，便于分析不同所有制企业在不同生命周期的动态演进效率。最后，为了保证结果的可信性，笔者从进入企业的识别与企业定价能力两个方面进行了稳健性检验。

笔者研究发现以下几方面情况。(1）不同所有制企业的生产率水平差异导致了其在中国国民经济结构中的起伏消长。(2）各种所有制企业均促进了中国总量生产率的增长。对总量生产率增长贡献从大到小的所有制类型依次为国有企业、股份制企业、民营企业、集体企业、港澳台企业和外资企业，但在剥离了市场份额的影响后，对总量生产率的贡献大小次序则为民营、股份制、港澳台、外资、国有以及集体企业。(3）从直接贡献来看，不同演进环节对总量生产率贡献大小依次为内部效率提升环节、资源再配置环节和退出环节；从边际贡献来看，不同演进环节对总量生产率的贡献大小依次为退出环节、内部效率提升环节、资源再配置环节。进入环节无论在何种情况下，效率贡献均为负，说明中国依然是一个进入门槛较高的国家。(4）国有企业、集体企业与股份制企业对总量生产率增长的贡献主要源于成立 16 年以上的成熟企业，与此相反，港澳台、外资以及民营企业对总量生产率增长的贡献则主要源于成立 15 年以内的年轻企业。

本章从以下三个方面突破了既有文献。(1）研究视角上，笔者突破了既有文献中的加总分析，从不同所有制层面进一步分析了工业企业在进入、退出、资源再配置以及内部效率提升等各个环节的演进效率。(2）研究方法上，使用了 VDF 分解方法对中国工业总量生产率增长进行分解，该方法在总量生产率分解上有着明显的比较优势，其分解框架与企业推动宏观经济增长四种机制具有逻辑一致性，并且该方法是在 *BHC* 分解方法（Baily et al. 1992；Haltiwanger，1997）基础上进行的改进。将该分解框架拓展到企业所有制类型与生命周期两个叠加维度，则是在方法上的创新。（3）研究发现，不同所有制企业均促进了中国总量生产率的增长，国有企业对总量生产率增长的贡献依然最大，但是一旦剥离市场份额之后，民营企业的效率贡献则跃居首位。直接贡献上，不同所有制企业的内部效率提升环节对总量生产率增长的贡献最大，但是边际贡献上，退出环节对总量生产率增长的贡献最大。

本章最重要的启示就是，中国经济快速崛起是市场角色不断扩大、民营企业成长壮大以及国有企业效率提升共同促进的结果。国有资本、集体资本、民营资本、外来资本等都是基本经济制度的重要实现形式，积极发展混合所有制经济，是不断壮大我国社会主义市场经济体制根基的重要任务，实现公有制经济和非公有制经济良性互动，有助于提高国家竞争力，实现国民经济健康快速发展。

本章其余部分结构安排为：第二部分是文献发展与综述，系统梳理了企业动态演进的理论与实证研究，以及简要评述了现有研究缺陷；第三部分是不同所有制工业企业的统计分析，分析不同所有制工业企业在各个指标上的变化趋势与市场份额；第四部分是 *VDF* 分解方法与数据说明；第五部分是实证结果与分析；第六部分是结论与建议。

二　文献发展与综述

本研究属于近十几年兴起的从微观企业异质性视角研究经济增长的文献范畴，因此有必要对该类文献的发展脉络进行系统梳理与综述，同时对国内学者的相关研究进行比对，希望达到两个目的：其一是为本章的实证研究找到理论依据，其二是指出本章研究的方向与价值。

经济增长的传统研究基本都采用了新古典增长模型的框架，从现实经济中抽象出具有固定规模报酬的代表性企业来分析。在这种研究框架下，研究者只能分析宏观价格对总量投入要素积累的影响，无法观察企业之间存在的差异以及企业的动态演化产生的宏观经济效应。显然，这种理论模型与实际经济实践的差异较大，其所阐述的经济运行机制和所得到的研究结论不够深入具体，因此逐步引起了学界的反思，也成为演化经济学兴起的主要原因（Nelson，1982）。同样，由于微观数据的可得性问题，企业动态演进的实证研究也裹足不前，无法为进一步的理论发展提供必要的经验素材。

近年来，随着企业微观数据可得性问题的缓解，经济学界掀起了一股从异质性企业角度研究宏观经济增长的热潮。这一趋势沿着两条交织的主线发展：第一条主线在经济处于稳定状态的设定下，观察要素投入在企业间不同的配置状况对总产出的影响；另从企业进入退出的动态角度，观测微观企业演进对宏观经济效率的影响。第二条主线的研究路径原理与Schumpeter（1961）提出的“创造性破坏”思想不谋而合。概括而言，当前涌现的企业动态演进与经济效率关系的研究，其理论源头可以追溯到演化经济学，包含了行业周期理论（Abernathy and Clark，1985；Audretsch，1991；Klepper，1996）、熊彼特式经济增长及产业革命理论（Nelson，1982；Dosi，1988；Fagerberg，2003）、创新型企业的进入及增长理论（Henrekson and Johansson，2010；Coad，2009；Lee，2010）以及内生经济增长理论（Romer，1990；Aghion and Howitt，1992；Hopenhayn，1992）等经济思想。

20世纪80年代，随着各个国家企业微观数据的发布，研究者们得以实证检验微观企业动态演进在宏观经济发展中的作用。在这一方面最具影响力的是Baily et al.（1992）对美国总体经济生产率增长的研究，他首创了总量经济增长分解方法，从企业进入退出的动态角度测算了资源配置的宏观效应，提供了观测经济资源配置动态演进的新视角。在Baily et al.（1992）的分解方法中，总量生产率$\boldsymbol{\Phi}_t$表示为企业生产率的加权平均：

$$\boldsymbol{\Phi}_t = \sum_i s_{it}\varphi_{it} \tag{4.1}$$

式（4.1）中，s_{it}是企业i在t期的市场份额，φ_{it}是企业i在t期的对数生产率。两期之间的总量生产率增长表示为：

$$\Delta\boldsymbol{\Phi} = \boldsymbol{\Phi}_2 - \boldsymbol{\Phi}_1 \tag{4.2}$$

依据两期之间企业的生产份额和生产率的变动，可将上式进一步分解为四项：

$$\begin{aligned}\Delta\Phi &= \Phi_2 - \Phi_1 \\ &= \sum_{i=S} s_{i1}(\varphi_{i2}-\varphi_{i1}) + \sum_{i=S}(s_{i2}-s_{i1})\varphi_{i2} + \sum_{i=E} s_{i2}\varphi_{i2} - \sum_{i=X} s_{i1}\varphi_{i1}\end{aligned} \tag{4.3}$$

式（4.3）中，$\Delta\Phi$ 是总量生产率增长率，s_{i1} 和 s_{i2} 是企业 i 在第一期和第二期的市场份额，φ_{i1} 和 φ_{i2} 是企业 i 在第一期和第二期的生产率，S 表示在位企业，E 表示进入企业，X 表示退出企业。上述分解所得的四项中，$\sum_{i=E} s_{i2}\varphi_{i2}$ 表示进入效应，$\sum_{i=X} s_{i1}\varphi_{i1}$ 表示退出效应，$\sum_{i=S}(s_{i2}-s_{i1})\varphi_{i2}$ 表示资源再分配效应，$\sum_{i=S} s_{i1}(\varphi_{i2}-\varphi_{i1})$ 表示企业的生产率增长效应，分别对应于行业生命周期理论、经济发展的演进观点、创新型企业增长理论以及内生增长理论。

总量生产率增长的第一个动力源于进入效应。进入效应是指企业进入市场对总量全要素生产率增长的影响，按照行业生命周期理论（Klepper，1996；Peltoniemi，2011）以及熊彼特演化理论（Nelson，1982；Fagerberg，2003；Schumpeter，1961；Metcalfe，1994），企业在进入市场之前没有关于自身效率的信息，只有进入市场之后才会了解自身生产率水平，并在市场竞争中检验自身竞争能力（Dosi et al.，1995；Brynjolfsson et al.，2008）。在进入市场的潜在企业的生产效率分布既定的情况下，如果不存在摩擦，效率较高的企业将进入市场，效率较低的企业将被拒之门外。不同类型的进入企业，相当于从同一个潜在总体所抽样的子样本，对总量生产率的边际贡献应当一致。

总量生产率增长的第二个动力源于退出效应。退出效应是指企业在竞争过程中的优胜劣汰对总量生产率增长的推动作用。在开放市场中，企业之间的竞争将淘汰生产率较低或增长较慢的企业，竞争动力主要源于市场重组（Klepper and Miller，1995）、创新者以及模仿者之间的竞争、广义熊彼特式创新性破坏的技术竞争或者优胜劣汰的自然选择（Nelson，1982；Metcalfe，1994；Witt，1992）。在这个过程中，低效企业的退出是经济体新陈代谢的重要环节。如果经济中不存在偏向性扭曲，不同类型退出企业对总量生产率的边际贡献一致，此时企业的退出效应对总量生产率的推动作用最大。

总量生产率增长的第三个动力源于资源在企业之间的再分配。经济发展过程伴随某些企业获取更大的市场份额（Dosi et al.，1995；Alchian，1950）。在这个过程中，宏观经济的表现并不确定（Coad，2009；Foster et al.，2001）。

某些企业增长是以另一些企业的衰落为代价的，两种效应的互相作用会导致总量经济呈现出不同的结果，如果总量生产率表现出增长态势，反映了资源从低效企业配置至高效企业时总量生产率增长更快的情形。

总量生产率增长的第四个动力为企业内部效率提升。企业内部效率提升由企业的研发努力（Mansfield，1980）和研发类型（Czarnitzki and Thorwarth，2012）等因素驱动，反映了企业可能找到更有效率的运作方式（Nelson，1982；Silverberg et al.，1988）、采取了新的经营策略（Agarwal and Helfat，2009）、应用了新技术（Parente，1994）、进行了员工培训（Dearden et al.，2006）；也可能反映了低效率企业对高效率企业的追赶和模仿（Abramovitz，1990）以及新企业在干中学（Penrose，2009）等。在这个过程中，企业效率提升越快，总量生产率增长越快。

总量生产率在上述企业四个演进环节的分解，提供了观测经济资源动态配置的窗口，为许多后续研究所借鉴。这些研究遵循同样的分解思想，通过企业生产率和市场份额变化观测企业动态演进对宏观经济效率的影响，一般都致力于对分解精度进行提升。影响较大的有 Griliches and Regev（1995）对 Baily et al.（1992）分解方法的改进，使用改进后的分解方法，他们发现以色列的总量生产率增长主要源于在位企业的生产率增长。Foster et al.（2001）对 Baily et al.（1992）分解方法的发展也被广为引用。还有就是 Vainiomaki（1999）、Diewert and Fox（2005）提供的分解方法，即本书采用的 *VDF* 分解方法。这些改进方法的着眼点主要在于选择不同时间点的企业市场份额和生产率，一些分解方法选择期初的变量值，一些分解方法选择期末的变量值，还有一些分解方法选择期初与期末变量的均值。

在对宏观经济增长分解方法进行改进的同时，研究者也将这些方法广泛地应用于实证分析中。20 世纪 80 年代盛行分解大型企业的热潮，人们认为小型企业更具活力，Baily et al.（1996）通过对这一期间生产率增长进行动态分解发现，这一期间经济增长的原因主要在于高效企业获得了更多的市场份额，这是一个典型的资源配置优化过程。Bartelsman and Dhrymes（1998）对美国三个行业的生产率增长进行了分解，通过将总量生产率和企业的平均生产率进行对比，发现总量生产率逐年增长，而企业平均生产率逐年下降。总量生产率是企业生产率的加权平均，与企业平均生产率出现背离正是由于高效企业市场份额不断扩大，因此，我们从这个角度也可以观测到资源从效率较低的企业流动到效率较高的企业。Schuh（1998）系统回顾了墨西哥、土耳其、智利、哥伦比亚和摩洛哥等发展中国家宏观经济增长与微观企业之间的关系，发现微观企业之间的竞争非常激烈，进入退出市场的演进过程对宏观经济效率的贡献与发达工业化国家极其相似。Aw et al.（2001）使用了 Griliches and Regev（1995）总量生产率分解方法，对台湾总量生产率增长进行了分析，发现企业进入退出的动态过程构成了总量生产率增长的主要动力。其中，进入企业和退出企业的生产率都要低于在位企业，但企业进入市场之后，生产率水平将向在位企业趋近，退出企业的生产率一般都低于在位企业。Disney et al.（2003）对英国 1980～1992 年制造业的研究发现，企业更替解释了 *TFP* 增长的 80%～90%，对劳动生产率增长的贡献率也高达 50%。但 Mary and Fraser（2009）对摩洛哥的研究则认为，企业更替对制造业 *TFP* 和劳动生产率增长的作用均不明显。Brandt et al.（2012）的一项最新研究成果也得到了与李玉红等（2008）颇为相似的结论，认为企业动态演进对中国制造业 *TFP* 增长具有显著的促进作用，企业净进入可以解释 *TFP* 增长的 2/3。

国内学者也在关注中国工业企业动态演进效率。周黎安等（2006）采用中关村科技园区的微观企业数据研究了科技园区生产率的动态变化，研究发现园区的生产率增长主要来源于企业自身生产率提升和企业更替带来的效率提升。李玉红等（2008）利用 *BHC* 方法分析技术进步和资源再配置在工业生产率变动中的作用，研究表明企业演化带来的资源再配置是中国工业生产率增长的重要途径。聂辉华和贾瑞雪（2011）基于中国工业企业数据库，发现全要素生产率的增长主要源于企业的效率提升，企业间的资源配置效果为负，行业净进入效应接近于零。李平等（2012）考察了经济转轨与市场开放过程中大规模的进入退出、市场竞争与工业部门全要素生产率增长之间的内在关系。结果表明，市场开放激发了以非国有企业为主体的大规模的进入退出和动态竞争过程；通过竞争的激励效应，进入退出促进了企业层面全要素生产率的增长；通过跨企业的资源再配置效应，进入退出促进了总量层面全要素生产率的增长。毛其淋和盛斌（2013）采用中国工业企业数据库对企业进入、退出与全要素生产率动态演进的关系进行了实证研究，认为企业更替对制造业生产率具有重要的直接影响，企业更替还通过市场竞争效应对在位企业生产率的提高产生显著的间接促进作用。

现有国内外文献研究对理解中国经济的效率问题，无疑做出了重要贡献。但是各个研究中还是存在一定的不足与待改进的地方。Hsleh and Klenow（2009）的研究是在静态框架下展开的，并没有涉及企业层面的进入、退出以及资源再配置等环节。同时国内有限的研究主要是在总量生产率增长分解框架下进行的，即从总量加总层面分析中国企业演进效率，即企业进入、退出等环节对总量生产率的贡献，并没有在这一框架内对不同所有制企业所造成的总量生产率的效率进行估计。因此，分析微观企业的动态演进效率，尤其是从所有制层面具体分析企业的动态演进效率，具有重要意义。首先，有利于反思过去，进一步澄清改革过程中在所有制政策上的认识误区与歧视。其次，有利于正视现在，判断不同所有制经济在中国经济发展过程中的作用与地位。最后，有利于指引未来，可以为未来进行的混合所有制经济改革提供学理支持，可以为中国经济未来可持续发展找到关键力量。

三　不同所有制企业统计分析

基于上述分析，此处采用中国工业企业数据库（1998~2007），从企业所有制和企业年龄两个维度分析不同所有制企业发展状况。按照通常对企业生命周期的划分方法（Foster et al.，2008），将企业年龄段设定为 5 年，并以此将企业分为 5 个不同的发展阶段，分别为进入企业，1~5 年企业，6~10 年企业，11~15 年企业以及 16 年以上的企业。

图 4-1 是以工业增加值表示的不同所有制企业的市场份额变化趋势，可以看出三个明显的变化趋势，国有企业和集体企业所占份额不断下降；外资企业、港澳台企业和股份制企业相对平稳；而民营企业的份额上升极为迅速。2002 年后，民营企业的份额首次超过国有企业的份额，目前民营企业已经占据中国工业企业市场份额的“半壁江山”。

图 4-2 是以就业人数表示的不同所有制企业市场份额变化趋势，与不同所有制企业在工业增加值上的表现极为相似：同样是国有企业和集体企业所占份额不断下降；外资企业、港澳台企业和股份制企业相对平稳；而民营企业的份额上升极为迅速。转折点同样出现在 2002 年，这一年民营企业超过国有企业成为经济中雇用人数最多的所有制类型。

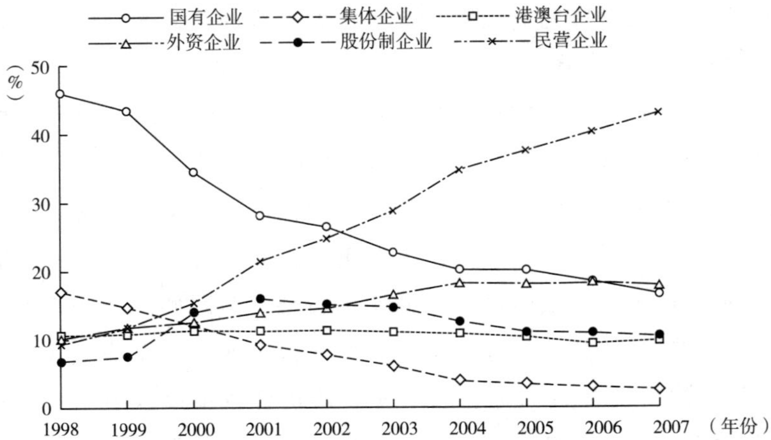

图 4-1　不同所有制企业市场份额（工业增加值）

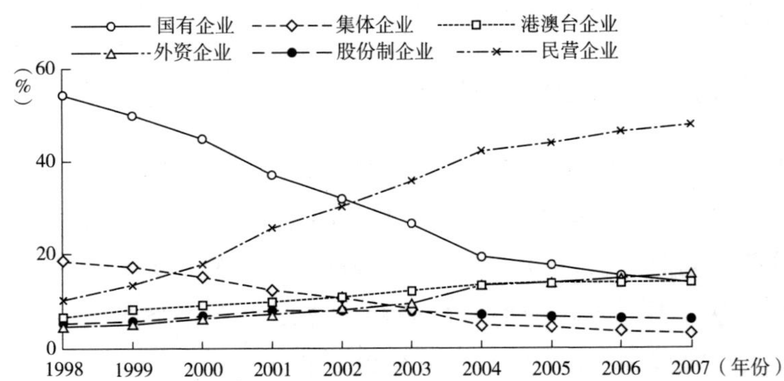

图 4-2　不同所有制企业市场份额（就业人数）

图 4-3 是以实际资本表示的不同所有制企业市场份额变化趋势。从图 4-3 中可以看出，不同所有制企业份额的变化趋势与以劳动及增加值表示的份额走势一致，但相比之下，国有企业与集体企业的下降程度并没有那么急剧，民营企业的上升势头也没有那么迅猛，民营企业只是在 2006 年后才在实际资本上超过国有企业。这一变化说明，相较于劳动要素，资本在不同企业之间的流动更为迟缓，国有企业仍然占据了大量的资本投入要素，可以说，在实际资本份额上，已经形成了国有资本、民营资本以及其他资本“三分天下”的格局。

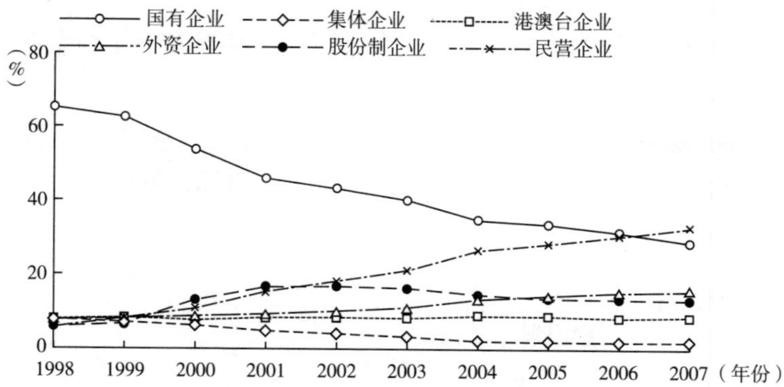

图 4-3　不同所有制企业市场份额（实际资本）

图 4-4 是以工业增加值表示的处于不同生命周期的不同所有制企业市场份额变化情况，从中可以看出，民营企业增加值在所有类型企业中最高，国有企业次之，之后依次为外资企业、股份制企业、港澳台企业和集体企业。从企业年龄结构来看，民营企业主要以年轻企业为主，而国有企业则主要以成熟企业为主。

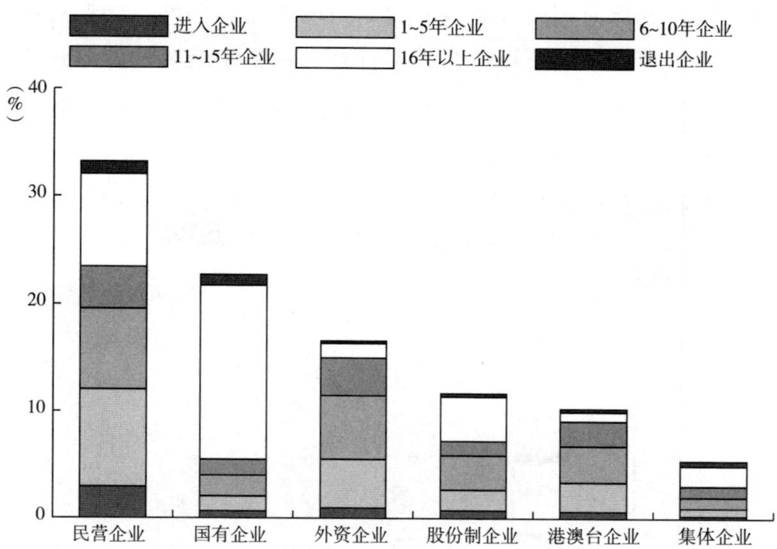

图 4-4　不同生命周期的不同所有制企业市场份额（工业增加值）

图 4-5 是以就业人数表示的处于不同生命周期的不同所有制企业的市场份额变化情况。从中可以看出，国有企业的大部分就业人员，集中在 16 年以

上的成熟企业当中。相比之下，民营企业就业人员在不同年龄阶段企业之间的分布比较均匀，外资与港澳台企业的就业人员主要分布于年轻企业中。

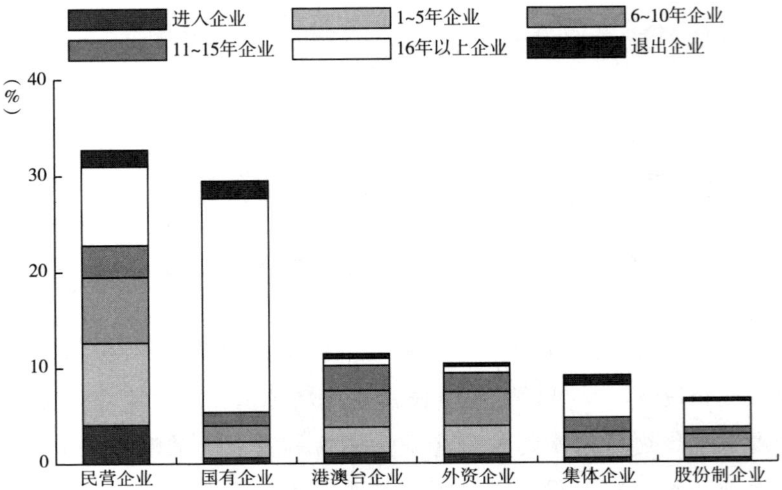

图 4-5　不同生命周期的不同所有制企业市场份额（就业人数）

图 4-6 是以实际资本存量表示的处于不同生命周期的不同所有制企业的市场份额分布情况。从中可以看出，国有企业占据了最大的资本份额，且远高于其他类型的企业，这些资本又基本集中于 16 年以上的成熟企业当中。

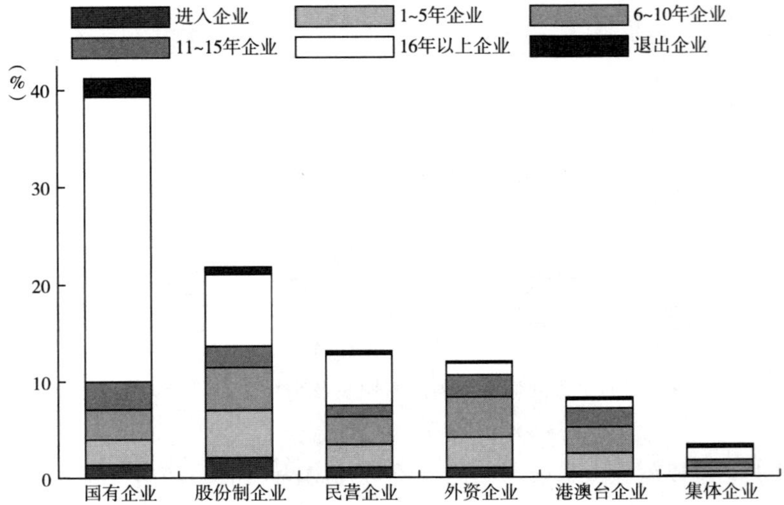

图 4-6　不同生命周期的不同所有制企业市场份额（实际资本）

那么，不同所有制企业的生产率差异又如何呢？表 4-1 是不同所有制企业基于不同生产率指标计算的生产率水平，从中可以看出，在各种计算方式下，国有企业的生产率水平在所有类型的企业中是最低的，而股份制企业与民营企业的生产率水平则相对最高。

表 4-1 不同所有制企业基于不同生产率指标计算的生产率水平

企业性质	*OLS*	*OP*	*LP*
国有企业	4. 1652	2. 5226	6. 7065
集体企业	4. 3946	2. 8376	6. 5776
港澳台企业	4. 4794	3. 1779	6. 7442
外资企业	4. 6781	3. 3275	6. 9659
股份制企业	4. 7293	3. 0935	7. 3173
民营企业	4. 6419	3. 1821	6. 7608

注：*OLS* 是采用普通最小二乘法计算的生产率，*OP* 方法是根据 Olley and Pakes（1996）测度的，*LP* 方法是 Levinsohn and Petrin（2003）测度方法。

总之，1998~2007 年，在中国工业经济中长期占据主导地位的国有企业与集体企业的市场份额急剧下降，而民营企业的市场份额急剧上升，这种变化趋势背后的驱动力量还是来自不同所有制企业的各自生产率水平。国有企业仍然占据了大量资本要素，而民营企业吸纳了大量的国有企业劳动人员，更多地聚集在劳动密集型行业。国有经济与集体经济主要以成熟企业为主，而其他经济主要以年轻企业为主。

四 *VDF* 分解方法与数据说明

（一）单一维度分解

企业提升总量生产率增长的各种微观动力机制，是总量生产率增长分解的理论基础。因此，本章将使用 Vainiomaki（1999）、Diewert 和 Fox（2005）提供的分解方法（简称 *VDF* 分解方法），从企业类型与企业生命周期两个维度对中国不同所有制工业企业的总量生产率增长进行分解，识别总量经济的增长源泉。

VDF 分解方法比较优势在于以下方面。理论上，该方法提供了与企业

推动宏观经济增长四种机制具有逻辑一致性的分解框架，即总量生产率增长分解出的进入效应、退出效应、资源再分配以及内部效率提升效应，分别对应于行业生命周期理论、经济发展的演化观点、创新型企业增长理论以及内生增长理论。实证上，*VDF* 分解方法是在 *BHC* 分解方法（Baily et al.，1992；Haltiwanger，1998）基础上进行的改进，两者之间有三个区别：（1）*VDF* 分解方法中，进入企业的生产率水平与同期的在位企业比较；*BHC* 分解方法中，进入企业与上一期的在位企业之间进行比较，在企业生产率增长较快时，将导致进入企业对生产率的贡献估计过高；（2）*VDF* 分解方法中，资源再配置效应在在位企业之间进行核算，而 *BHC* 分解方法只在同一企业的前后两期进行估算，缺失了一个估算维度；（3）*VDF* 分解方法在估算企业效率提升效应时，市场份额取企业前后两期的市场份额均值，企业生产率增长贡献的测算更为精确。在形式上，*VDF* 分解方法更接近 Griliches 和 Regev（1995）的分解方法（简称 *GR* 分解方法），但 *GR* 分解方法在估算退出效应时，退出企业将本期企业平均生产率作为参照点，在生产率增长较快时，可能会使退出效应为负。而且 *VDF* 分解方法可以比较方便地进行多维度扩展。因此，*VDF* 分解方法是对既有两种分解方法的继承与超越。*VDF* 分解方法具体介绍如下。

总量生产率可以视为经济体中各个企业生产率的加权平均值：

$$\Phi_t = \sum_{i \in I} w_{it} \varphi_{it} \tag{4.4}$$

其中，φ_{it}是企业 i 在时期 t 的生产率，w_{it}是企业 i 的权重，由企业的投入要素份额或产出份额表示，I 表示在时期 t 存在的企业集合。式（4.4）中的生产率为对数形式，因此总量生产率的一阶差分可以近似为总量生产率的增长率。按照 *VDF* 分解方法，总量生产率 Φ_t 的增长可进行如下分解：

$$\Delta\Phi_t = \Phi_t - \Phi_{t-1} = EN_t + EX_t + BW_t + WH_t \tag{4.5}$$

式（4.5）分解的四个部分的具体表达式分别为：

$$EN_t = S_t^E [\Phi_t^E - \Phi_t^C] \tag{4.6}$$

$$EX_t = S_t^D [\Phi_{t-1}^C - \Phi_{t-1}^D] \tag{4.7}$$

$$BW_t = \sum_{i \in C} w_{it}^C [\overline{\varphi}_{it} - \Phi_t^C] \tag{4.8}$$

$$WH_t = \sum_{i \in C} \overline{w}_{it}^C \varphi_{it} \tag{4.9}$$

式（4.6）~（4.9）中，C、D 和 E 表示处于不同状态的企业。C 表示在本期和上期都存在的存续企业，D 表示上期存在但本期不存在的退出企业，E 表示上期不存在但本期出现的进入企业，$S_t^X = \dfrac{\sum_{i \in X} L_{it}}{\sum_{i \in X \cup C} L_{it}}$ 表示 $X \in \{C, E, D\}$ 类企业在集合 $X \cup C$ 中的投入要素的份额。$w_{it}^X = \dfrac{L_{it}}{\sum_{i \in X} L_{it}}$ 表示 X 类企业 i 在 t 年的市场份额，$\Phi_t^X = \sum_{i \in I} w_{it}^X \varphi_{it}$ 表示 X 类企业在 t 年的总量生产率，$\Delta w_{it}^C = w_{it}^C - w_{i,t-1}^C$ 表示在位企业 i 市场份额变化，$\overline{\varphi}_{it} = \dfrac{1}{2}(\varphi_{it} + \varphi_{i,t-1})$ 表示企业 i 两期之间的平均生产率，$\overline{w}_{it}^C = \dfrac{1}{2}(w_{it} + w_{i,t-1})$ 表示企业 i 在两期之间的平均市场份额，$\Delta\varphi_{it}^C = \varphi_{it}^C - \varphi_{i,t-1}^C$ 表示企业 i 生产率的变化。

式（4.5）四个总量生产率的增长动力中，EN 表示进入市场的企业带来的进入效应，EX 表示退出市场的企业产生的退出效应，BW 表示在位企业之间资源再配置效应，WH 表示在位企业内部效率提升效应。前三部分衡量了市场环境，包括创新、市场选择和资源优化配置等因素对总量生产率增长的贡献。最后一部分衡量了企业内部因素，即企业自身生产率提升对总量生产率增长的贡献。

由上述分解可以看出，企业演进各个环节对总量生产率的影响主要取决于各类企业生产率及其市场份额。具体而言，当进入企业的加权生产率高于在位企业时，进入效应（EN）为正，大小取决于进入企业市场份额及进入企业的生产率；当退出企业加权生产率低于在位企业时，退出效应（EX）为正，大小取决于退出企业市场份额及退出企业的生产率。当规模增长的企业生产率较高，或者规模缩小的企业生产率较低时，资源再配置效应（BW）为正，大小取决于两种企业的生产率及企业规模变化幅度；企业自身效率提升部分是在位企业生产率增长率的加权平均，权数为该企业 t 期

和 $t-1$ 期市场份额的均值，可看作在位企业生产率的加权平均增长率。

企业生产率的水平值和增长率都会影响总量生产率增长。在 VDF 的增长四个动力中，EN、EX 和 BW 取决于企业的生产率水平，WH 取决于企业的生产率增长率。可以很直观地看出，新企业只有在生产率水平较高并且市场份额较大时，才能对行业总量生产率增长有较大影响，退出企业则相反。在位企业除了市场份额和生产率水平（BW）以外，生产率的增长率（WH）也是影响总量生产率增长的重要因素。

（二）叠加维度分解

为了更精确地估算不同类型企业的动态演进特征，以及验证估计结果的稳健性，笔者在企业所有制类型与生命周期两个叠加维度上对 VDF 分解方法进行扩展。在企业生命周期维度，存续及退出企业可以进一步分解为不同年龄段企业的贡献，但进入企业作为企业生命周期的一个特定阶段，无法进一步进行分解。因此，VDF 两维度叠加分解具体分解式为：

$$\Delta\Phi_t = \sum_{j=1}^{J} EN_{j,t} + \sum_{j=1}^{J}\sum_{k=1}^{K} EX_{j,k,t} + \sum_{j=1}^{J}\sum_{k=1}^{K} BW_{j,k,t} + \sum_{j=1}^{J}\sum_{k=1}^{K} WH_{j,k,t} \tag{4.10}$$

式（4.10）中，$EN_{j,t}$、$EX_{j,k,t}$、$BW_{j,k,t}$ 和 $WH_{j,k,t}$ 分别是 j 类企业的进入、年龄为 k 的 j 类企业的退出、资源优化配置和效率提升对总量生产率增长的贡献。四个部分的表达式为：

$$EN_{j,t} = S_{j,t}^{E}[\Phi_{j,t}^{E} - \Phi_t^{C}] \tag{4.11}$$

$$EX_{j,k,t} = S_{j,k,t-1}^{D}[\Phi_{t-1}^{C} - \Phi_{j,k,t-1}^{D}] \tag{4.12}$$

$$BW_{j,k,t} = \sum_{i \in C\cap\Omega_j\cap\Omega_k} w_{it}^{C}[\overline{\varphi}_{it} - \Phi_t^{C}] \tag{4.13}$$

$$WH_{j,k,t} = \sum_{i \in C\cap\Omega_j\cap\Omega_k} \overline{w}_{it}^{C}\varphi_{it} \tag{4.14}$$

其中，$S_{j,t}^{E} = \dfrac{\sum_{i\in E\cap\Omega_j} L_{it}}{\sum_{i\in E\cup C} L_{it}}$ 是 j 类企业中进入企业的市场份额，$S_{j,k,t-1}^{D} = \dfrac{\sum_{i\in D\cap\Omega_j\cap\Omega_k} L_{it}}{\sum_{i\in D\cup C} L_{it}}$ 是年龄为 k 的 j 类企业中退出企业的市场份额，$\Phi_t^{D} = \sum_{i\in D\cap\Omega_j\cap\Omega_k} \mathrm{w}_{it}^{D\cap\Omega_j\cap\Omega_k}\varphi_{it}$ 是年

龄为 k 的 j 类企业中退出企业的生产率。其余表达式与第一部分的分解式相同。资源再配置和企业效率提升对总量生产率增长的影响以企业类型和年龄为单位进行估算。

以上述方法分解出不同所有制企业在各个发展阶段对总量生产率增长的直接贡献之后，我们进一步分解出标准化的边际贡献。直接贡献为企业对总量生产率增长产生的实际影响，衡量企业对总量生产率增长提升的绝对量。例如，当某些企业的生产率低于同期市场平均水平时，这类企业的退出将使总量生产率上升，退出企业的市场份额越大，退出的直接贡献越高。当某些企业的生产率增长高于市场平均水平时资源再配置效应为正，直接贡献与市场份额呈正相关。同时，当某些企业生产率增长的加权值为正时，企业通过效率提升对总量生产率的影响为正，大小也取决于企业的市场份额。

显然，企业对总量生产率增长影响的直接贡献取决于生产率和市场份额两种因素。通过将直接贡献除以企业的市场份额，可以得到标准化的相对贡献，反映了排除市场份额影响后的企业对总量生产率增长的边际贡献。标准化的进入效应、退出效应、资源再配置效应和内部效率提升效应分别反映了企业通过进入、退出、资源再配置和内部效率提升推动总量生产率增长的能力。

（三）数据说明与处理

笔者分析样本时采用中国工业企业数据库（1998~2007），该数据库目前已经成为研究中国经济问题的基准样本，该数据库涵盖了所有的国有工业企业和销售收入在 500 万元以上的非国有工业企业，平均每年涵盖 20 万家左右的企业，全部企业数量 200 多万家。这些企业的产值占中国工业总产值的 85%左右，是目前可以获得的最大中国工业企业样本，被广泛应用于对微观企业的研究。该数据库包含了企业的损益表、资产负债表和资金流量表的汇总信息，涵盖了产出、工业增加值、资本、劳动等详细的企业指标，并且可以准确地识别出企业所有制特征，能够满足研究目标，同时该数据库起始于 1998 年，而我国不同所有制经济恰恰是在 1997 年中共十五大明确了“非公有制经济是我国社会主义市场经济的重要组成部分”之后获得了政策保障与支持的，从此形成了不同所有制经济共同发展与相互促进的局面。

但是该数据库存在样本匹配混乱、变量大小异常、测量误差明显与变量定义模糊等严重问题（聂辉华等，2012），因此在使用该数据库时，对原始数据的处理十分重要。对该数据库原始数据的处理主要涉及样本匹配、名义变量的价格平减以及样本筛选等步骤，我们主要参照 Brandt et al.（2012）① 的处理方法，并对原始数据处理进行了改进，使得数据更为准确、可信。具体处理过程见附录。

五　实证结果与分析

下面分别从所有制单一维度分解、所有制与企业生命周期叠加维度分解以及稳健性分析三个层次进行分析。

（一）所有制维度分解

在不同的企业生产率估计方法中，Levinsohn and Petrin（2003）（简称 *LP* 估计方法）考虑了要素投入的选择性偏差，避免了估计结果的选择性偏误，估计结果较为可信。因此，我们采用 *LP* 方法，作为分解的数据基础。表 4-2 就是采用 VDF 分解方法在所有制维度对中国 1998~2007 年的工业总量生产率增长进行分解的结果，主要包括两部分，分别显示了企业进入（*EN*）、企业退出（*EX*）、资源优化配置（*BW*）和效率提升（*WH*）对总量生产率的直接贡献，以及排除市场份额影响后 4 个环节对总量生产率的边际贡献（*NEN*、*NEX*、*NBW* 和 *NWH*）。

表 4-2　不同所有制企业对总量生产率增长的贡献

企业类型	直接贡献					边际贡献			
	AD	*EN*	*EX*	*BW*	*WH*	*NEN*	*NEX*	*NBW*	*NWH*
国有	0.0581	-0.0031	0.0234	0.0058	0.0320	-0.2541	0.7978	0.0128	0.0709
集体	0.0128	-0.0024	0.0055	0.0039	0.0058	-0.1574	0.2703	0.0265	0.0390
股份制	0.0316	-0.0004	0.0045	0.0048	0.0228	-0.0398	0.6717	0.0485	0.2301

① Brandt et al.（2012）对中国工业企业数据库中的企业数据样本进行了细致调整，并且提供了具体的调整方法和调整过程，具体程序和论文可参见 http://www.econ.kuleuven.be/public/n07057/China/。

续表

企业类型	直接贡献					边际贡献			
	AD	*EN*	*EX*	*BW*	*WH*	*NEN*	*NEX*	*NBW*	*NWH*
港澳台	0.0061	-0.0075	0.0028	0.0041	0.0067	-0.9345	0.5306	0.0593	0.0964
外资	0.0085	-0.0036	0.0010	0.0042	0.0069	-0.8986	0.4783	0.0866	0.1407
民营	0.0169	-0.0116	0.0038	0.0055	0.0192	-1.0748	0.4716	0.0926	0.3234

注：*AD* 是根据 *LP* 估计方法计算的总量生产率增长率；*EN*、*EX*、*BW* 和 *WH* 分别表示推动总量生产率增长的进入效应、退出效应、资源再配置效应和企业自身效率提升效应；*NEN*、*NEX*、*NBW* 和 *NWH* 分别表示排除了份额影响后的企业对总量生产率增长的推动能力，表示企业对总量生产率增长的边际贡献。中国工业企业可划分为六类，分别为国有企业、集体企业、股份制企业、港澳台企业、外资企业和民营企业。其中，国有企业包括国有企业、联营企业中的国有联营企业、国有与集体联营企业和有限责任公司中的国有独资公司；集体企业包括集体企业和集体联营企业；股份制企业包括股份制企业和有限责任公司；港澳台企业包括合资经营、合作经营、独资经营、股份有限公司和其他港澳台企业；外商投资企业包括中外合资经营企业、中外合作经营企业、外资企业、外商投资股份有限公司和其他外商投资企业；本书将上述分类以外的企业都视为民营企业。

1. 直接贡献

表 4-2 表明，对总量生产率增长贡献从大到小的经济类型依次为国有企业、股份制企业、民营企业、集体企业、外资企业和港澳台企业，分别推动了总量生产率增长 5.81、3.16、1.69、1.28、0.85 和 0.61 个百分点。国有企业作用为什么最大？我们认为既有历史原因，也与现实有关。一方面，现在的中国经济直接脱胎于一个公有制经济占主体的计划经济体制，其中国有企业起着根本性的作用，即使在中国经济转轨过程中，国有企业也始终保持一定比重，并在关键部门与行业占据垄断地位，同时相当一部分国有企业建立是为了解决经济外部性而存在的，这种重要地位客观上决定了其在中国经济增长与总量生产率增长中的作用。另一方面，改革开放以来，国有企业进行了产权改革、“抓大放小”以及建立现代企业制度等一系列改革，改革不仅淘汰了大量落后的国有企业，而且也确确实实提高了生存下来的国有企业的生产效率。考虑到股份制经济中的大量国有经济成分，国有经济仍然在中国国民经济结构中占据主导地位，对中国经济总量生产率的增长起着举足轻重的作用。20 世纪 90 年代以前在国民经济中“三分天下”有其一的集体经济，地位与作用已经大大下降。同时由于国有经济的主导地位以及民营经济的迅速崛起与发展，改革开放以来对中国经济发展起到重要推动作用的港澳台企业的地位和作用已经下降到末位，但仍

是中国经济发展中的一支重要力量。

对于不同所有制企业，平均而言，对总量生产率的贡献大小依次为内部效率提升效应、资源再配置效应与退出效应，而进入效应均为负。这种结果既与中国国民经济的初始结构有关，又和中国的改革开放过程密切相关。目前的中国经济脱胎于一个公有制经济占据主导地位的计划经济体制，改革开放启动了对传统所有制经济的改革，打开了民营经济、港澳台企业的发展大门，在总量生产率增长上就表现为国有经济、集体经济以及其他非公经济的内部效率提升，以及大量经济资源从原来低效的国有经济配置到效率较高的新兴经济的资源再配置效率的提升。

鉴于内部效率提升效应，资源再配置效应与退出效应分别对应于内生增长理论、创新型企业增长理论与经济发展的演进理论，而中国工业企业的演进环节在总量生产率增长贡献上的排序表明，中国经济从微观企业层面已经走上内生增长、创新驱动与优胜劣汰的道路；而进入环节的效率贡献为负表明，中国工业企业依然处在一个进入门槛较高的经济环境中。

2. 边际贡献

在剥离了市场份额的影响后，综合各个演进环节的效应，笔者发现对总量生产率的贡献大小次序变为民营企业、股份制企业、港澳台企业、外资企业、国有企业以及集体企业。排序上的这种转变表明，民营经济以及股份制经济已经从速度与增量上成为驱动中国经济持续发展的力量，而国有经济与集体经济在增量上的作用已经大大下降。事实上，这种对总量生产率增长的贡献排序不是偶然的，而是真实反映了不同所有制外衣下面体现出来的不同所有制经济在发展模式、经营方式以及治理机制上的巨大差异，可以更肯定地说，哪种所有制经济的经营机制更加灵活，治理机制更加有效，发展模式更加可行，那么这种所有制经济一定可以在新的市场上占据有利位置，取得相对较高的经济绩效，从而对总量生产率的增长做出更大贡献。国内其他相关研究也可以从不同侧面佐证我们的研究结论。陈妍（2012）基于两次经济普查数据的分析发现，民营企业科技创新活动发展最为迅速，在某些方面已领先国有控股和三资企业。边际贡献的分解指明了未来中国经济追求可持续发展以及提升经济效率的动力源泉，那就是坚定不移地发展民营经济以及股份制经济，坚定不移地改革开放。

剥离市场份额影响之后，平均而言，不同演进环节对总量生产率的边际贡献大小依次为退出效应、内部效率提升与资源再配置效应，而进入效应依然为负。排序上的这种转变主要是因为一旦不考虑市场份额的影响，相对而言国有经济的退出市场最为显著，因此退出效应在边际上就对总量生产率产生最大的影响。其中，民营经济的效率贡献环节主要体现在内部效率提升和退出环节，反映了民营企业投入研发、应用新技术、采用新策略等方式取得的效率提升结果。而国有经济与股份制经济的效率贡献环节主要体现在退出效应。反映了改革开放以来在国有企业进行的一系列改革（先后经历了扩权让利，承包经营责任制，建立现代企业制度以及深化国有企业和国有资产管理体制改革四个阶段），其中最突出的表现就是国有经济大量退出了国民经济中的竞争性领域。

3. 国有企业

鉴于国有企业的特殊性与重要性，这里进一步分析国有企业对总量生产率增长的贡献。通过对比企业演进四个环节的贡献值（*EN*、*EX*、*BW* 和 *WH*）可以看出，国有企业主要通过内部效率提升效应（*WH*）推动总量生产率的增长，并且内部效率提升效应在所有类型企业中最高，是 1998~2007 年总量生产率增长的最大单一来源。但在剥离了市场份额的影响后，国有企业的内部效率提升的边际贡献（*NWH*）最低，只有效率提升最快的民营企业的 1/4。因此，我们不应被国有经济对总量经济增长相对较大的贡献份额所迷惑，忽视了国有企业效率远远低于民营企业的事实以及由此带来的经济效率损失。

再来关注国有企业的资源再配置效应（*BW*）。国有企业的资源再配置对总量生产率增长推动的直接贡献为 0.0058，在所有经济类型中最高。但在剥离了市场份额因素之后，国有企业实际上的资源再配置效率只有民营企业的 1/7，在所有经济类型中最低。很明显，国有企业中存在的地方保护主义、政策偏向等因素造成的市场割裂，导致低效企业不容易失去市场份额，而高效企业也不容易扩张，从而影响了国有企业的资源配置效率。

国有企业退出对总量生产率增长的推动效应（*EX*）也远高于其他类型退出企业。在剥离了市场份额的影响后，我们发现退出的国有企业对总量生产率增长的边际贡献（*NEX*）在所有类型退出企业中最强，换言之，退出的国有企业在所有类型退出企业中效率最低。这一结果反映了国有企业由于受到各种政策保护，只有在效率非常低的情况下才会被淘汰，退出效应远远没有发挥。加强国有企业的竞争，完善国有企业的退出机制，使更多的低效国有企业退出市场，将会加快总量生产率的增长。

4. 民营企业

中国几十年改革开放在企业层面的最突出特征就是国有经济比重的迅速下降与民营经济比重的快速上升，因此作为与国有企业的对比，下面分析民营企业对总量生产率增长的贡献。从直接贡献来看，内部效率提升环节是民营企业对总量生产率增长贡献最大的环节，而从边际贡献来看，退出环节则转变为民营企业对总量生产率增长贡献最大的环节，这种贡献一方面反映了民营企业本身是一种经营效率较高、市场竞争力较强的经济组织形式，另一方面说明了民营企业也是一种淘汰率很高、经营风险很高的经济组织形式。同时我们注意到，无论是从直接贡献还是边际贡献来看，在几种所有制企业中，民营企业的进入效应（分别为-0.0116 和-1.0748）都是最不乐观的，这清楚表明了民营企业尽管作为目前效率最高的一种经济组织形式，但是在进入市场时依然存在各种摩擦与限制，中国经济仍然是一个企业进入门槛较高的经济体，这一点也已经被大量国际组织的研究报告与媒体报道所证实。

（二）二维叠加分解

上文从企业所有制维度对 1998~2007 年工业企业总量生产率增长进行了分解。实际上，各类企业在不同年龄阶段对总量生产率的贡献差异很大，进一步从企业年龄维度对总量生产率增长进行分解，可以更加详尽地理解与揭示不同所有制企业的动态演进效率。为了更直观地对比各类企业在不同发展阶段通过各种渠道对总量生产率增长的影响，本章将分解结果以线形图的形式展示。图 4-7 是国有企业、集体企业和股份制企业在不同发展阶段推动总量生产率增长的直接贡献和边际贡献的对比。

图 4-7 表明，国有企业、集体企业和股份制企业对总量生产率增长的推动效应具有相同的特点。在这些类型的企业中，成熟企业对总量生产率增长的贡献较高，远超年轻企业对总量生产率的贡献。这一点在国有企业中表现得最为明显，从图 4-7 的左上图中可以看出，国有企业的所有贡献基本都源于成立 16 年以上的成熟企业，成立 15 年以内的年轻国有企业推动效应总和只有 16 年以上企业的 1/8，并且成熟企业的退出效应、资源再配

置效应和进入效应都高于年轻企业。那么，不同发展阶段的国有企业对加总生产率推动效应的巨大差异是如何形成的呢？

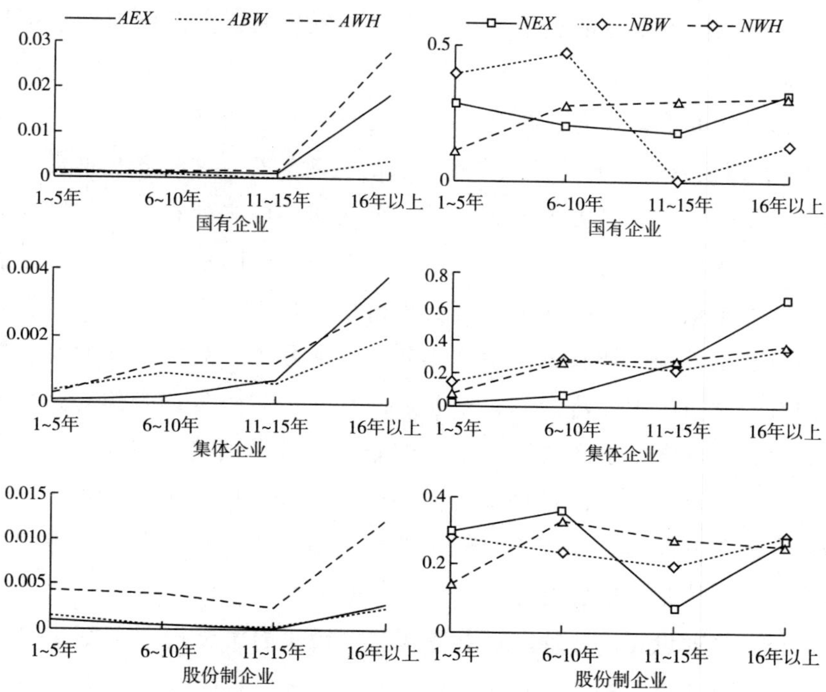

图 4-7　国有、集体和股份制企业二维分解结果

注：图中左侧表示各类企业对总量生产率增长影响的直接贡献，右侧表示各类企业对总量生产率增长影响的边际贡献。从上至下依次为国有企业、集体企业和股份制企业。图中 *AEX*、*ABW* 和 *AWH* 分别表示企业通过退出、资源优化配置和效率提升推动总量生产率增长的直接贡献，*NEX*、*NBW* 和 *NWH* 分别表示企业通过退出、资源优化配置和效率提升推动总量生产率增长率的边际贡献，代表企业推动总量生产率增长的能力。为了消除量纲的差异，我们将边际贡献在各个时期之间标准化，表示各个时期边际贡献的百分比。因此，上图右图主要表示不同时期的边际贡献大小。

以标准化的推动效应看（图 4-7 右上图），资源在年轻国有企业（1~10 年）之间的再配置效率（*NBW*）远高于成熟国有企业，这意味着年轻国有企业中效率较高企业的扩张速度高于成熟国有企业。成熟国有企业的效率提升速度（*NWH*）稍微高于年轻国有企业，再加上市场份额较高，因此对总量生产率增长的效率提升效应较大。成熟国有企业的效率改善的空间相对较大，经济转型中的制度改革、新技术的引用以及企业治理的改善等因素使这些企业的效率改进空间释放，因此企业生产率增长速度稍微快一些并不难理解。关于退出企业的贡献能力（*NEX*），退出市场的年轻国有企业与成熟国有企业差异不大，表明市场的淘汰效应在不同年龄的国有企业中相当，成熟国有企业的退出产生的直接贡献较高，主要原因在于市场份额较大。

集体企业的推动效应在各个发展阶段的特征与国有企业类似（图4-7左中图），即成熟企业对总量生产率增长的贡献较高，并且各种推动效应基本都高于年轻企业。但集体企业与国有企业的不同之处在于，年轻企业推动总量生产率增长的能力低于成熟企业（图4-7右中图）。比较明显地表现在被淘汰的年轻企业效率并未显著低于市场平均效率水平，因此年轻企业的退出对总量生产率增长的推动作用较弱。实际上，集体企业的经济属性介于国有经济与民营经济之间，企业之间存在一定程度的竞争，并且政策保护因素相对较少，生产率稍低一些的企业就被迅速挤出市场，因此退出企业对总量生产率增长的推动能力并不强。另外，成熟企业的资源再配置能力与效率提升能力也要高于年轻企业，从边际贡献在企业发展各个阶段的分布看，集体企业更表现出非国有经济的特性。

股份制企业也在成熟阶段对总量生产率增长的贡献最大（图4-7左下图），成立16年以上的成熟企业对总量生产率增长的贡献高于成立15年以内的年轻企业。但年轻企业，特别是成立10年以内的年轻企业对总量生产率增长的推动能力较强（图4-7右下图），边际贡献较大。例如，虽然直接贡献低于成熟企业，但从边际贡献来看，退出效应有比较明显的下降趋势，成立1~10年的企业远高于成立10年以上的企业，这意味着年轻的股份制企业更不容易退出市场。

图4-8为港澳台企业、外资企业和民营企业在企业生命周期的演化特征图，这三种企业对总量生产率增长的贡献基本源于成立15年以内的年轻企业。我们已经从分企业类型分解结果中看出，相对于国有企业、集体企业和股份制企业，港澳台企业、外资企业和民营企业中进入企业生产率比较低，说明这些企业比较活跃，即使效率较低仍然选择进入市场，也反映了这类企业面临着激烈的竞争。

这三种企业中，港澳台企业中成立15年以内的年轻企业对总量生产率增长的贡献是成立16年以上的成熟企业的8倍，其中又以成立5~15年的企业对总量生产率增长的贡献最大。从标准化部分来看，成立 16 年以上的成熟企业的退出、资源再配置能力和内部效率提升能力都高于成立 10 年以内的年轻企业。由此看出，市场份额较大是年轻企业贡献较高的重要原因。我们可以预期，当越来越多的港澳台年轻企业成熟后，其对总量生产率的提升作用将越来越强。

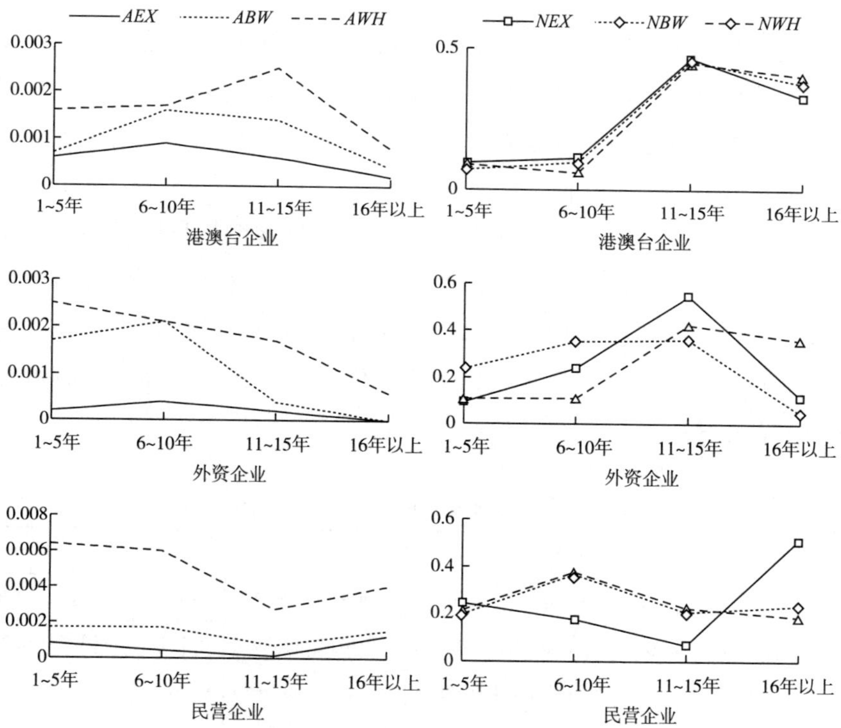

图 4-8　港澳台企业、外资企业和民营企业二维分解结果

注：图中 *AEX*、*ABW* 和 *AWH* 分别表示企业通过退出、资源优化配置和效率提升推动总量生产率增长的直接贡献，*NEX*、*NBW* 和 *NWH* 分别表示企业通过退出、资源优化配置和效率提升推动总量生产率增长率的边际贡献，代表企业推动总量生产率增长的能力。

外资企业也具有同样特点。首先，年轻企业对总量生产率增长的推动效应，成立 10 年以内的企业贡献了总量生产率增长的主要部分。其次，消除了市场份额影响后的外资企业退出、资源再配置和内部效应提升能力，成立 11～15 年的企业高于成立 10 年以内的企业。最后，与港澳台企业的不同之处在于，成立 16 年以上的成熟外资企业对总量生产率增长的提升能力下降较快，说明此类企业中成熟企业的效率优化空间已经很小，进一步的提升有限。

民营企业相对于国有企业的提升效应主要集中于成熟企业，外资企业的市场份额主要集中于年轻企业，民营企业的提升能力在各个阶段的分布比较平均，相对来说，成熟的民营企业的退出对总量生产率的推动能力更强。

（三）稳健性分析

1. 进入企业的识别

企业年龄是生产率分解以及企业生命周期分解中的关键变量。在以上分析中，我们将第一次出现在样本的企业定义为进入企业，这些企业可能并不是真正的新建企业，只是第一次进入统计样本的企业，以此定义企业进入可能使分解结果出现偏差。

为了检验分析结论对进入企业识别方式的稳健性，我们将企业成立时间作为确定企业进入的标准，对总量生产率重新分解，观察分解结果的变化。相对于以出现在样本作为定义进入企业的标准，虽然以当年成立定义进入企业将使这些企业的数量急剧减少，但这并没有影响分解的结果（见表 4-3、表 4-4）。

表 4-3 所有制维度分解（进入企业的识别）

企业类型	直接贡献					边际贡献			
	AD	*AEN*	*AEX*	*ABW*	*AWH*	*NEN*	*NEX*	*NBW*	*NWH*
国有	0.0588	-0.0006	0.0232	0.0054	0.0307	-0.3924	0.7917	0.0118	0.0668
集体	0.0149	-0.0002	0.0054	0.0034	0.0062	-0.1663	0.2678	0.0213	0.0391
股份制	0.0289	-0.002	0.0043	0.0034	0.0232	-0.738	0.6427	0.0319	0.2192
港澳台合资	0.0132	-0.0013	0.0027	0.0035	0.0083	-1.5801	0.5155	0.0467	0.1097
外资	0.0127	-0.0008	0.001	0.0039	0.0087	-1.4278	0.4476	0.0738	0.1661
民营	0.0289	-0.0034	0.0035	0.0052	0.0237	-1.7634	0.4422	0.0771	0.3527

注：此处进入企业为当年成立的企业，而非当年进入样本的企业。

从表 4-3 和表 4-4 中可以看出，在重新定义进入企业之后，基本的分解结果并没有发生大的变化，成熟企业仍然贡献了绝大部分的总量生产率的增长，但对总量生产率增长的边际贡献并不大。并且，在分经济类型分解结果中，各种类型企业对总量生产率贡献的排序并没有变化。总量生产率增长的较大部分源于国有企业，特别是国有企业的效率提升和低效企业的退出。但国有经济对总量生产率增长的边际贡献并不大，主要因为占据了较大的市场份额，所以才对总量生产率的贡献比较大。

表 4-4　二维叠加维度分解（进入企业的识别）

生命周期	直接贡献					边际贡献			
	AD	*AEN*	*AEX*	*ABW*	*AWH*	*NEN*	*NEX*	*NBW*	*NWH*
加总	0.1537	-0.0083	0.0365	0.0247	0.1008				
进入	-0.0083	-0.0083				-13.848			
1~5 年	0.0352		0.004	0.0067	0.0246		0.3463	0.0418	0.1541
6~10 年	0.0267		0.0034	0.0060	0.0173		0.3119	0.0454	0.1304
11~15 年	0.0175		0.0027	0.0028	0.0119		0.3655	0.0349	0.1466
16 年~	0.0826		0.0264	0.0092	0.0470		0.7838	0.0184	0.0937

注：此处进入企业为当年成立的企业，而非当年进入样本的企业。

2. 企业定价能力

在上述分析中，计算企业生产率的产出以行业价格指数进行价格平减，这种处理方式隐含着同一行业中所有企业面临相同价格水平的假定。当企业定价能力随着企业的生命周期发生变化时，不同年龄的企业可能面临着不同的价格，以同一价格指数对所有企业进行价格平减可能使企业的实际产出发生偏离。

对此，Foster et al.（2008）发现，新企业的产品价格一般低于在位企业的价格。在未加权的回归中，新企业的产品价格比在位企业低 0.15%（统计上不显著）。在以企业收入加权的回归中，新企业比在位企业低 0.39%（统计上显著），退出企业与在位企业的产品价格差异接近零。并且，企业所能制定的价格随着企业年龄而上升，5~9 年（10~14 年）企业的价格比新建企业高 2%（1%水平上显著）。年龄最大的企业价格水平较高，并且与退出企业相当。

为了评估企业定价能力对估计结果可能产生的影响，我们假定中国工业企业的产品价格以 Foster et al.（2008）的幅度随着年龄上升。这对我们的结论有以下影响①：首先，进入企业的直接贡献可能比我们的分析结果要

① 为了控制篇幅，此处省略估计结果，感兴趣的读者可以来信索取。

小一些。但进入企业与在位企业之间的生产率差异在制造业中达到了-41.75%，4%的价格差异对其影响可以忽略。其次，退出企业与在位企业价格差异接近于零，因此不会对企业退出效应产生重要影响。最后，各个年龄阶段的资源再配置效应将有轻微上偏，特别是在企业生命周期的早期，偏差的幅度直接取决于企业的价格在整个生命周期内的增长速度。但这个效应相当有限，可能每年只有0.5个百分点。总而言之，对于价格波动对企业各生命周期阶段总量生产率推动效应影响的分析表明，我们的主要结论并不会受到不同年龄组企业定价能力差异的影响。

六　结论与建议

中国改革开放过程，是一个在不同的所有制企业之间不断引入竞争的过程：1978年改革开放之前，中国是计划经济体制，公有制经济占主导，国有企业是传统计划经济体制中的核心组成部分，掌控国民经济命脉。改革开放后，中国陆续开始发展各种非公经济，集体经济随着乡镇企业的异军突起发展起来，打开国门率先引进了港澳台资本，20世纪90年代初外资开始大规模进入中国，民营经济在1997年党的十五大之后迅速崛起，成为中国国民经济中的一支新生力量。到20世纪80年代末，中国国民经济呈现国有经济、集体经济以及民营经济并存的“三分天下”格局。随着改革的深入，尤其是20世纪90年代初期，中国吸引外资的步伐大大加快，中国加入WTO，国民经济结构“三分天下”变为国有经济、三资企业以及民营经济。可以说，中国的改革开放过程就是一个波澜壮阔的不同所有制企业逐步出现、共同发展与相互促进的竞合过程。

本章试图揭示在这个竞合过程中，不同所有制企业的动态演进促进总量生产率增长的作用大小。为此，我们采用中国工业企业数据库（1998~2007），借助VDF分解方法，分别从所有制维度，所有制与企业年龄叠加维度分析了中国工业企业的动态演进效率。本章研究发现：（1）不同所有制企业在生产率水平上的差异决定了其在国民经济结构中的份额；（2）总量上来看，国有企业对总量生产率增长的贡献依然最大，但是从增量来看，民营企业的效率贡献最大；（3）不同演进环节对总量生产率增长的贡献差异，不仅表明中国经济增长的动力源泉，而且反映了中国工业企业经营面临的市场环境；（4）不仅不同演进环节的所有制企业对总量生产率增长的贡献存在差异，而且不同生命周期的所有制企业对总量生产率增长的贡献也存在差异。本研究对反思所有制政策，推进混合所有制改革以及寻找改革方向，有着重要的经验启示与借鉴意义。

本章政策建议如下。

（1）坚定不移地大力发展民营经济。改革开放之前，我国长期存在着"所有制歧视"，民营经济的发展处于灰色地带。改革开放以后，党的十二大和党的十三大，先后两次指出民营经济是公有制经济必要的、有益的补充。1997年中共十五大又提出，非公有制经济是我国社会主义市场经济的重要组成部分。民营经济走过了一条从被歧视到逐步被承认的道路。即使这样，民营经济依然靠其灵活的经营机制等在茁壮成长，在发展自身的同时提高了整体经济效率。目前，中国经济改革进入深水区，但民营企业的经营过程仍然充满各种摩擦，高门槛、"玻璃门"、"天花板"等，依然限制了民营企业自由自主地参与市场竞争与经济建设。党的十八大提出要实现经济的持续健康发展，强调结构优化，强调质量与效益，提高质量和效益，说到底，必须依赖全要素生产率的提高。同时我们也已经认识到，发达经济体和发展中经济体之间的差距，并不主要存在于经济总量上，还是在全要素生产率上。所谓中国的发展问题、赶超问题、超越"中等收入陷阱"问题等，实质上就是缩小两类经济体之间全要素生产率的差距问题。那么关键是看靠谁发展、靠谁赶超、靠谁跨越，本章分析直接表明，民营经济以及股份制经济是中国经济可持续发展、赶超与跨越的关键力量。

（2）指明混合所有制经济改革方向。渐进式改革留下了一笔巨大的国有资本，是保障我国经济体制平稳转型的宝贵资源，它应当发挥非国有经济不可替代的作用，而不产生挤出效应。目前，基本公共服务和某些社会产品的短缺，已上升为我国社会的主要矛盾，主要矛盾的转换切实要求国有经济的功能转换，国有经济作为政府实现特殊公关目标的工具与载体发挥政策性功能的同时，必须通过引入民营资本、外资等其他所有制成分，并且进行深入的股份制改革，进一步退出竞争性领域，在激活现存的国有资本的基础上，发挥国有经济的收益性功能，获取财务回报，用于公共服务。

（3）重新思考与定位外资政策。改革开放初期，我国资本短缺，技术落后，先进的管理经验匮乏，通过引入港澳台资本、三资企业来助推中国经济快速起飞，可以说是适合中国国情的现实有效之举，外来资本也确实为中国经济的起飞做出了重要贡献。但是随着改革开放的深入，国有企业改革的深化，股份制企业的盛行以及民营经济的迅速崛起，外来资本对中国经济的相对作用逐渐下降，长期以来奉行的“市场换技术”，外资有技术外溢效应等战略，必须进行反思与调整。即使在种种领域享受了超国民待遇，外来资本对总量生产率的促进作用也依然低于民营经济，因此，必须调整外资政策，有选择性地吸引外资，大力引进那些高科技含量的外来资本，让外来资本进一步发挥“鲇鱼效应”，成为中国经济发展中的一支重要力量。

第五章　中国产能利用率的动态测度与典型事实

一　引言

产能过剩，与地方政府性债务、房地产泡沫一道，并称中国经济三大风险。它们使得国民经济运行失衡，资源配置扭曲，对真正有效率的投资形成“挤出效应”。因此，2015 年 12 月召开的中央经济工作会议将化解产能过剩作为 2016 年的五大首要任务之一。[①] 自 20 世纪 90 年代以来，中国先后经历了 3 次大规模的产能过剩，第一次是 1998～2001 年；第二次是 2003～2006 年；第三次是 2009 年至今（卢锋，2010）。与西方国家相比，中国的产能过剩发生频度相对较高，且具有一定的长期性（何彬，2008；周劲和付保宗，2011）。中国的产能过剩还具有普遍性（由传统行业向新兴行业蔓延）、结构性（长期粗放式经济发展方式导致的供给结构与需求结构脱节）和体制性（市场经济体制不健全，投融资体制改革不彻底遗留下来的“体制性产能过剩”）特征（杨帅羽等，2015）。产能过剩已经成为多年来困扰中国经济的痼疾之一，也一直是宏观调控的重点所在（董敏杰等，2015）。

但是，关于产能过剩尤其是中国的产能过剩有多严重，学术界一直存在争议。J. Bain 早在 1962 年就提出“长期产能过剩”（Chronic Excess Capacity）的概念，他认为产能过剩是一种长期的倾向，即在需求最大化时期仍存在的过剩产能。言下之意，产能过剩是一种长期现象。从全球主要国家的统计数据比较看，中国的产能利用率并不是最低的，中国的产能过剩并不严重（钟春平和潘黎，2014）。从微观形成机制来看，产能过剩是企

① 2007 年至 2014 年历年召开的中央经济工作会议就是一个佐证，因为历年会议都将限制和控制产能过剩作为来年的关键任务，但最终并未取得重大突破。

业面对潜在竞争对手的进入威胁时的一种占优策略结果（Kamien and Schwartz，1972），是企业在不确定性环境下的“运营期权”（Pindyck，1988），是一定市场结构中的企业共谋均衡状态（Davidson and Deneckere，1990），是信息不对称条件下发展中国家对未来产业发展信息的共识而在投资上出现的“潮涌现象”（林毅夫，2007；林毅夫等，2010）。可见，产能过剩的各种微观形成机制更是表明，产能过剩只不过是企业市场决策的副产品。那么，中国的产能过剩究竟属性如何？到底有多严重？无疑，要处理中国的产能过剩问题首先要解决的就是确定恰当的测度方法，只有在科学判断产能过剩的前提下，找出产能过剩的根源，治理产能过剩才可能做到有的放矢。

目前，国内外学术界主要采用调查法、峰值法、函数法和数据包络分析法（*DEA*）来研究产能过剩问题。但是这些方法，尤其是后三种方法，都属于“黑箱”评价方法（Färe and Grosskopf，2000），即在测度产能利用率时，这些方法都是基于每一个决策单元的初始投入和最终产出数据进行效率测度，把研究对象视为一个“黑箱”，忽略了具体生产的中间环节以及各环节之间的联系，也无法说明无效性是由于哪些具体环节产生的。但是如果忽视这些中间投入过程及其影响，不仅意味着我们在测度产能过剩时无视企业的实际动态决策过程，而且更容易扭曲对产能利用率和经济绩效的评价，从而误导政策建议。事实上，关于中国的产能过剩问题，一些学者已经认识到忽视投资过程而产生的误导（林毅夫，2007；林毅夫等，2010）。

因此，考虑到这些方法在测度产能利用率时没有考虑企业的跨期生产决策过程，例如，企业预期未来需求会上升，则其现在就会建立相应的产能以应对未来变化，林毅夫等（2010）认为由于信息不完全，企业可能对未来需求有一致预期，带来投资的“潮涌现象”，从而引发产能过剩。此外，企业在面对宏观经济波动时，也会采取要素窖藏行为应对面临的不确定性（Burnside and Eichenbaum，1996；孙巍等，2008）。不论产能过剩的微观形成机制如何，企业的生产行为都应该被视为动态行为。因此，企业跨期决策带来的产能过剩也应纳入模型之中。参考 Tone and Tsutsui（2010）提出的 *DSBM* 模型，本章试图将现有产能利用率测度模型拓展到动态框架下。Tone and Tsutsui（2010）引入了延续性活动（carry-over activities）的概念从而将连续的时期联系起来，动态结构表明当前的延续性活动会影响企业的未来投入产出水平。

本章不同于现有文献的研究主要体现在三个方面。(1) 目前关于中国工业产能过剩问题的研究多数基于理论分析，对于产能利用率的估计尚处于起步阶段。且测度产能利用率的文献多数以峰值法和函数法为主，而利用 *DEA* 方法估计产能利用率的文献尚不多见。① 但是传统 *DEA* 方法测度的产能利用率为静态产能利用率，没有反映企业的跨期决策对产能利用率影响，笔者将存货作为企业的延续性活动使用动态 *DEA* 模型估计产能利用率，结果更符合实际生产过程。(2) 传统基于径向的 *DEA* 模型在投入存在冗余或者产出存在不足时，会存在高估产能利用率的问题，为此采用基于冗余的 *SBM* 模型，可以更好地处理技术非效率问题。(3) 我国省际经济发展差异巨大，工业行业产能利用率的表现可能存在显著的地区差异。本章在分析我国省级工业产能利用率的基础上，进一步从"注册类型""轻重工业""规模大小"三个视角，讨论了不同类型工业企业产能利用率情况。

笔者研究发现，样本期内平均工业产能利用率为 60.68%，存在严重的产能过剩问题。从变化趋势看，大致经历了三个阶段，且具有明显的顺周期特征。而静态模型估计的产能利用率波动较大，也不具有周期性趋势。从注册类型分类看，国有工业企业产能利用率高于其他注册类型工业企业；从轻重工业分类看，重工业产能利用率显著低于轻工业产能利用率；从规模差异看，大规模工业企业产能利用率低于中小规模工业企业。从工业产能利用率的地区差异看，东部地区工业企业产能利用率远高于其他区域，且不存在产能过剩问题，而其余三大区域产能过剩较为严重。从地区分布看，产能利用率较高的省份多数位于东南沿海地区，且从东往西产能利用率有逐级递减的趋势。从政策含义来讲，短期要避免宏观经济政策的过度干扰，而长期重在建立有效的市场经济环境。

本章其余部分结构安排如下：第二部分是对现有文献的回顾；第三部分是产能利用率测度方法的介绍；第四部分是省际产能利用率的典型事实；最后是结论与启示。

二　文献综述

在发达国家，产能过剩问题早已引起学界和政界的广泛关注。大多数

---

① 从我们掌握的文献来看，董敏杰等（2015）是国内首篇使用 *DEA* 方法估计产能利用率的文献。

研究将产能利用率定义为实际产出与生产能力（capacity）的比值，因此，测算产能利用率的关键在于对生产能力的界定与测算。对于生产能力的不同界定，产生了估计产能利用率的四类方法：调查法、峰值法、函数法和数据包络分析法。

相对来说，国内对于产能利用率的研究起步较晚，多数文献致力于从理论上解释我国产能过剩的形成机制（林毅夫，2007；林毅夫等，2010；王立国和鞠蕾，2012；徐朝阳和周念利，2015；杨帅羽等，2015）。

在产能利用率的测度方面，沈利生（1999）使用峰值法估计了我国1978~1998年的产能利用率。龚刚和杨琳（2002）假设用电量与资本服务使用量的比值固定，然后以用电量代替资本使用服务量进而测算出设备利用率。孙巍等（2009）以及韩国高等（2011）分别使用成本函数法估计了中国制造业28个行业的产能利用率。程俊杰（2015a；2015c）采用Shaikh and Moudud（2004）提出的面板数据协整分析法，估计了中国制造业各行业以及我国各省份的产能利用率，发现产业政策是导致产能过剩的主要原因。

可见，国内对于产能利用率估计的研究尚处于起步阶段，所使用的估计方法多数借鉴国外主流方法，鲜有文献探讨这些估计方法中隐含的假设条件及其适用范围，进而寻找适合我国特点的分析方法。为此，笔者拟结合对现有四类估计产能利用率方法的介绍，对现有文献进行回顾。在此基础上，梳理每类方法的优缺点以及适用条件，进而为后续实证分析提供理论参考。

（一）调查法

调查法将机器设备设计的生产能力作为潜在的生产能力，该定义下的产能属于工程意义上的生产能力（engineering capacity）。利用该方法所得的产能利用率可以视为"设备利用率"。若机器设备满负荷运行，则其产能利用率为"1"。调查法通过对样本企业的调查得到产能利用率情况，结果非常直观也有利于在不同行业或者地区间进行横向比较，但调查过程需要耗费大量的人力、物力，一般适用于政府部门。

（二）峰值法

峰值法假设产量达到峰值时产能利用率为100%，其他时期的产能利用率可按照峰值的产出进行推算。从定义上看，该方法并不需要在理论层面对生产能力进行界定。但为了给“过剩产能”提供理论依据，Klein（1960）给出了两个不同的生产能力标准：一是生产成本达到最低点时的产出水平，二是正常条件下的产出水平。由于正常条件下生产成本位于最低点附近，因此两个定义的产能利用率基本相等。该方法对“峰值”的界定缺乏理论基础，有学者认为即使产量达到峰值时，也存在着闲置的产能，从而造成对真实产能利用率的高估（Phillips，1963）。

（三）函数法

作为对“峰值法”无法准确估计产能利用率质疑的回应，对产能的定义重新回归到“生产成本最低点时的产出水平”，并使用函数法对生产能力进行估计（Klein and Preston，1967；Berndt and Morrison，1981）。该方法将企业生产能力定义为生产达到成本最小化或者利润最大化时的“最经济”产出水平，属于经济学意义上的生产能力（economic capacity）。函数法是目前估计产能利用率使用最为广泛的方法，但其对生产能力的界定仍然存在以下几种标准：第一种标准将潜在产出定义为长期和短期平均成本曲线相切时的产出水平（Klein，1960；Friedmann，1963；Segerson and Squires，1990）；第二种标准将潜在产出定义为短期平均成本取得最小值时的产出水平（Cassel，1937；Hickman，1964；Berndt and Morrison，1981）；第三种标准从成本差异的角度定义产能利用率，将短期最优成本称为影子成本，将影子成本与实际成本的比值定义为产能利用率（Morrison，1985a；1985b）。

三种方法的内在联系可以用图 5-1 表示，当规模报酬递增时（*IRS*），第一种方法定义的生产能力小于第二种方法定义的生产能力；当规模报酬不变时（*CRS*），第一种方法定义的生产能力与第二种方法定义的生产能力相等；当规模报酬递减时（*DRS*），第一种方法定义的生产能力大于第二种方法定义的生产能力。对于第三种方法，其本质上与第二种方法是一致的，只是表达形式不同，第二种方法从产出角度表达，而第三种方法从成本的角度表达。有学者通过比较，发现这几种方法定义的生产能力存在着较大差异（Pascoe et al.，2003；Pascoe and Tingley，2006）。

（四）*DEA* 法

DEA 方法定义的生产能力主要是指在现有的工厂和设备条件下，单位

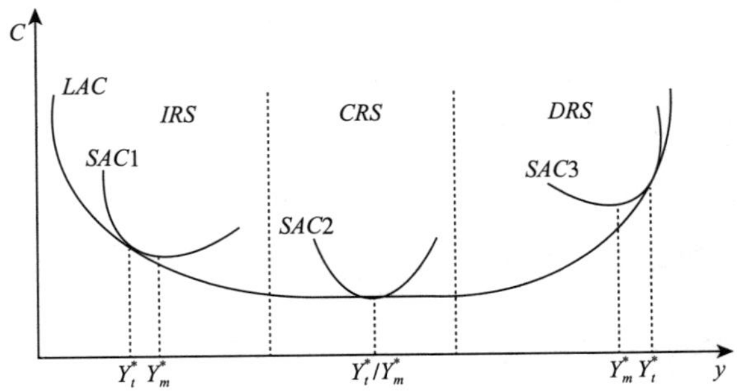

图 5-1　经济意义上的生产能力

时间内可以生产的最大潜在产出，并且认为可变生产要素并不会限制生产能力（Johansen，1968）。该定义下的产能可理解为技术意义上的生产能力（technological capacity）。遵循 Johansen 对于产能的定义，Färe et al.（1989）最早使用 *DEA* 方法对该定义下的潜在产出进行了估计，如图 5-2 所示。其中 *A* 为观测点，*P*（*F*）和 *P*（*F*，*V*）分别为只考虑固定投入约束以及同时考虑固定投入和可变投入约束下的生产前沿面。在上述设定下，可以将产能利用率定义为 $CU=Y(F, V)/Y(F)$。

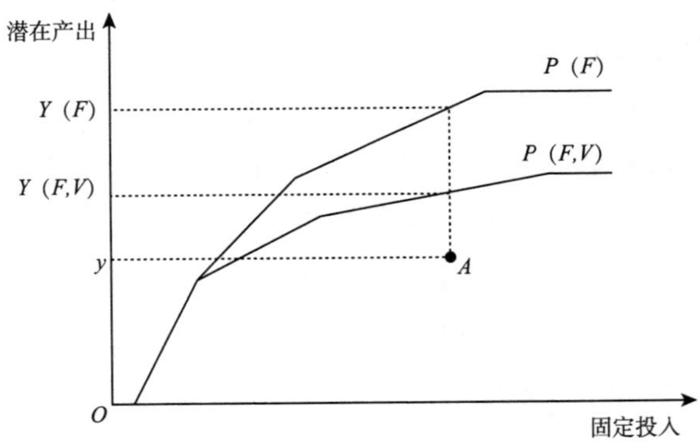

图 5-2　DEA 模型计算潜在产出

由于该方法具有不需要设定生产函数以及无须使用价格信息等优势，因此被越来越多的学者采用（Coelli et al.，2002；Sahoo and Tone，2009；De Boger et al.，2012；Button and Kramberger，2015）。值得注意的是，在投入、产出价格信息可得的情况下，可以使用 *DEA* 方法构建利润最大化或者成本最小化的生产能力，从而计算出相应的产能利用率（*Coelli et al.*，2002；Pascoe and Tingley，2006；Sahoo and Tone，2009）。从这一角度来看，经济意义上的产能利用率与技术意义上的产能利用率在估计方法上具有相互融合的发展趋势。

（五）方法比较

在介绍产能利用率估计方法的基础上，本章比较了各方法之间的差异，结果如表 5-1 所示。由于调查法和峰值法的理论基础较弱，这里不再详细分析。对于函数法来说，其核心思想是企业在长期发展中需要选择一个最佳的生产规模，以获得最大的利润或者最小的生产成本。但这一生产决策过程是以厂商可以准确预期市场需求为基础的，当市场需求偏离企业预期时，由于短期内无法对企业规模做出调整，便会造成实际产出偏离潜在产出的情况。这一过程中价格信息扮演着重要的角色，在要素价格扭曲或者存在非市场因素影响企业生产决策时，该方法定义的产能估计框架显然就会失效。

表 5-1　四类方法比较

	调查法	峰值法	函数法	*DEA* 法
潜在产能	设备设计生产能力	观察到的最大产出	利润最大化厂商实现最优生产的产出	既定固定投入和最优技术下的产出
优势	简单直观，便于比较	计算简单，便于比较	具有经济学理论基础	不需要价格信息，侧重要素利用能力
缺点	成本高、时效性差	缺乏理论基础、易受随机因素影响	需设定函数形式，需要价格信息	易受极端值影响

资料来源：笔者总结得到。

与此不同，*DEA* 方法侧重的是企业的生产技术以及对要素的充分利用，其思想是在可观察到的最优技术水平下①，充分利用当前投入可以实现的最大产出水平。在这一分析框架下，闲置产能主要来源于两个方面：一是未

① 这里可观察到的最优生产技术是指，位于生产前沿面的企业或这些企业的线性组合，将既定投入转化为产出的能力。

对要素进行充分利用而造成产能闲置；二是由于技术非效率而造成的产能闲置。对于是否应该将技术非效率纳入产能利用率，Pascoe and Tingley（2006）认为应该视技术非效率产生的原因而定：如是自然环境等无法消除的因素导致的则不纳入，相反，如导致技术效率损失的是可以消除的因素，则应纳入。考虑到我国政府旨在缩小地区差异，促进各地区协调发展，因此将地区间的技术差异纳入产能利用率中。

梁泳梅等（2014）分析了不同方法之间的差异，发现不同方法的假设条件存在着明显差异，而且对应的生产能力界定标准也不尽相同。对于经济意义测度方法而言，其隐含的条件为厂商追求目标为利润最大化（成本最小化），这些假设是基于西方成熟市场经济国家的，对于发展中国家而言，其微观机制可能存在差异。[①] 尤其对于像中国这样的“转轨型”国家来说，向成熟市场经济的过渡需要一个过程。厂商面临的是既不熟悉又多变的经营环境。此外，资源要素市场化改革滞后，导致生产要素价格扭曲，市场机制作用未能有效发挥。[②] 在这样的背景下，经济意义上潜在产出所隐含的厂商生产成本最小化或者利润最大化假设可能并不完全适用于中国，基于生产技术而非基于经济意义的测度方法可能更加符合中国国情。此外，Färe et al.（1989）认为 *DEA* 方法在投入要素价格不可得或不可靠的时候，是对传统成本分析框架的一种替代。为此，本章将采用修正后的 *DEA* 模型对我国省际工业行业的产能利用率进行估计。

三 产能利用率测度方法：从静态到动态的比较分析

（一）静态产能利用率

基于上述讨论，笔者将使用 *DEA* 方法估计技术意义上的产能利用率。Färe et al.（1989）最早实现了使用 *DEA* 方法对产能利用率进行估计，假定投入要素包含可变投入（劳动，L）、固定投入要素（资本，K）以及中间

① 林毅夫等（2010）通过信息不完全下的“潮涌现象”解释产能过剩的微观机制，这也充分说明基于西方成熟市场体系假设下的测度方法，在中国不一定适用。

② 《国务院关于化解产能严重过剩矛盾的指导意见》，2013 年 10 月。也有学者认为由于要素价格的扭曲，导致企业内部成本外部化为社会成本，从而增加企业过度投资的动机，导致产能过剩（江飞涛等，2012；王立国和周雨，2013）。

投入（Z），产出为工业总产值 y。在 *DEA* 框架下，企业的生产过程可以表述为图 5-3 的形式。[①] 可以看到，在静态 *DEA* 分析框架下，每一期的生产都是独立的。这意味着需要对每个时期估计独立的生产前沿面，从而导致该框架下得到的产能利用率不具有跨期可比性。考虑到中国经济处于快速发展的转型时期，我们认为假设生产技术是规模报酬可变会更加接近真实生产过程。

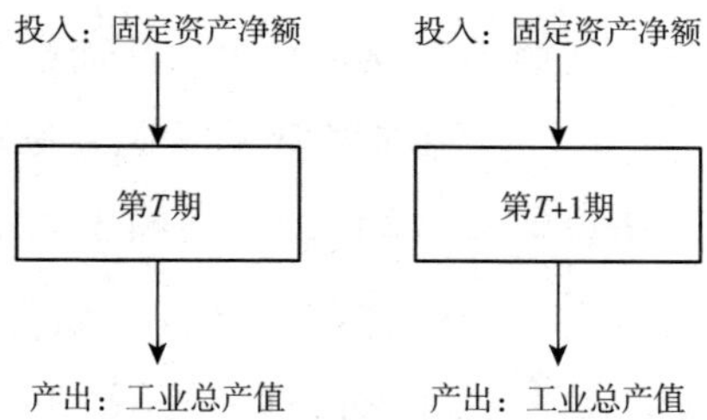

图 5-3 企业生产过程的静态结构

此外，对于模型的导向（orientation）问题，工业行业的产出定义较为明确，故本章选择产出导向型模型。考虑两种包含不同约束的生产技术，第一种包含所有投入，第二种只包含固定投入要素，可得：

$$\theta^* = \max\theta$$

$$\text{s.t.} \sum_{i=1}^{N}\lambda_i L_i \leqslant L_o, \sum_{i=1}^{N}\lambda_i K_i \leqslant K_o, \sum_{i=1}^{N}\lambda_i Z_i \leqslant Z_o, \sum_{i=1}^{N}\lambda_i y_i \geqslant \theta y_o, \sum_{i=1}^{N}\lambda_i = 1, \lambda_i \geqslant 0 \tag{5.1}$$

$$\hat{\theta}^* = \max\hat{\theta}$$

$$\text{s.t.} \sum_{i=1}^{N}\lambda_i K_i \leqslant K_o, \sum_{i=1}^{N}\lambda_i y_i \geqslant \hat{\theta} y_o, \sum_{i=1}^{N}\lambda_i = 1, \lambda_i \geqslant 0 \tag{5.2}$$

其中，λ_i 为权重向量，用于构造生产前沿面；θ 为观测产出要达到生产前沿面水平所需要的放缩比例；脚标 o 表示被评价单元的各项投入以及产出。对于决策单元 o 来说，当将所有投入要素视为给定时的最大潜在产出为 $\theta^* y_o$，当只将固定投入要素视为给定，而其他可变投入要素可以自由变化时的产能为 $\hat{\theta}^* y_o$。在此条件下，Färe et al.（1989）将 Johansen 定义的产能利

① 尽管考虑了三种投入要素，但在线性规划求解时，对于可变投入要素（L、Z）没有施加任何约束，对于这一问题的详细讨论可以参见 Färe et al.（1989）。

用率表示为：

$$CU_o = \theta^* / \hat{\theta}^* \tag{5.3}$$

对于该定义下的产能利用率，有两点需要特别注意。（1）该方法得到的产能利用率没有考虑技术非效率，由于 Färe et al.（1989）将技术非效率和未使用的产能视为互斥的两个部分，所以导致产能利用率下偏。Coelli et al.（2002）认为该做法可能会得到异常结果，从而建议将技术非效率视为未利用产能的一部分。因此，产能利用率可以定义为真实产出与产能之间的比 $CU_o = 1/\hat{\theta}^*$。（2）在公式（5.2）的径向模型下，当达到径向有效时（$\theta = 1$）若产出中仍然存在冗余量，则 $\hat{\theta}^* y_o$ 无法反映真实的产能，这将会导致产能利用率估计量的上偏。[①] 为了解决这一问题，可以引入 *SBM* 模型。在前述条件下，只考虑固定投入要素的 *SBM* 模型可以表示为如下形式：

$$\begin{aligned} \eta^* &= \max\left(1 + \frac{s^+}{y_o}\right) \\ \text{s.t.} & \sum_{i=1}^{N} \lambda_i K_i \leqslant K_o, \sum_{i=1}^{N} \lambda_i y_i - s^+ = y_o, \sum_{i=1}^{N} \lambda_i = 1, \lambda_i \geqslant 0, s^+ \geqslant 0 \end{aligned} \tag{5.4}$$

其中，s^+表示被评价单元产出的冗余量，η 为产出导向下被考察单元能达到的最大产出扩张比例。这里可以将产能利用率表示为 $CU = 1/\eta^*$，该定义下的产能利用率具有单位不变性和单调性等优良性质。[②]

（二）动态产能利用率

现有研究在估计生产能力时，对每个时期分别构造生产前沿面，从而得到相应的产能利用率（Färe et al.，1989；Coelli et al.，2002；Sahoo and Tone，2009；董敏杰等，2015）。本书将上述方法得到的产能利用率视为静态产能利用率（static capacity utilization），其缺陷在于无法考虑企业的跨期生

---

① 当投入导向型模型中只有一项投入或者产出导向型模型中只有一项产出时，径向模型与 *SBM* 模型得到的结果是相同的，此时不存在非径向冗余。但当投入导向型模型中有多项投入或者产出导向型模型中有多项产出时，使用 *SBM* 模型得到的结果更符合实际情况。感谢匿名审稿人提出的宝贵建议。

② Sahoo and Tone（2009）对使用 *SBM* 模型的必要性进行了详细说明。

产决策，而且由于其产能利用率是根据每个时期所构建的生产前沿面估计出来的，因此不同时期的产能利用率也不可比较。同样，由于静态分析框架下测度的产能利用率不具有跨期可比性，从而无法运用于面板数据的分析。

但是在现实的经济活动中，企业的生产经营决策常常是根据企业对未来的预期进行调整的，如果企业预期未来需求会上升，则其现在就会扩大库存、形成更多产能以应对未来变化。比如林毅夫等（2010）认为由于信息不完全，企业可能对未来需求有一致预期，带来投资的“潮涌现象”，从而引发产能过剩。同样，企业在面对宏观经济波动以及政策不确定性的干扰时，会采取要素窖藏行为（Burnside and Eichenbaum，1996；孙巍等，2008）以规避未来可能面临的库存不足与产能不足的风险。因此，在分析产能过剩问题时必须将企业跨期活动这种决策行为纳入模型考虑。

鉴于静态模型的缺陷以及现实活动的需要，笔者参考 Tone and Tsutsui（2010）提出的 *DSBM* 模型，将现有静态产能利用率测度模型拓展到动态框架下，通过引入延续性活动（carry-over activities）的概念，将连续的时期联系起来，进而测度能够考虑微观企业动态跨期决策行为的产能利用率。动态结构表明当前的延续性活动会影响未来的投入产出水平，并通过跨期活动的连接对整个样本期间构建唯一的生产前沿面，进而修正了静态模型得到的结果不具有跨期可比性的缺点。同时，动态 *DEA* 模型对整个样本时期只构建一个生产前沿面，使得结果具有跨期可比性，因此这种方法可以运用于面板数据进行多截面跨期分析。

在具体测度过程中，将存货作为延续性活动，不仅是因为存货是影响宏观经济波动的一个重要变量，而且是因为企业的存货调整行为会直接影响企业的投资和生产。从国民经济核算来看，尽管存货投资占 GDP 的比重不是很大，但是存货投资的波动与 GDP 的波动高度相关。Blinder（1986）认为，对存货行为的透彻理解是对经济周期透彻理解的必要条件。因为经济的周期性波动在很大程度上表现为存货的周期性波动。易纲和吴任昊（2000）认为我国 1979～1989 年存货投资的波动呈现“顺周期—逆周期—顺周期”特点。并且随着我国市场化程度的不断提高，他们认为我国存货投资会越来越表现为与发达国家相同的“顺周期”特点。

关于存货与生产的关系，理论界尚未形成共识，现有理论主要有“平滑生产”假说、“避免存货告罄”假说，等等。当企业面临凸性成本函数以及不确定性需求时，根据詹森（Jensen's Inequality）不等式可知企业会持有存货以应对不确定性。考虑“潮涌现象”，如果企业预期当前的存货无法满足未来的需求，则企业会增加当前的投入从而提高潜在产出能力。根据宏观经济恒等式推算，存货投资是生产与总需求的差额［存货投资=生产-总需求（包括固定资本形成、居民与政府的最终消费、净出口）］，因此存货投资的变化反映了生产与需求的变化，也反过来会影响生产和需求。在市场经济中，企业的存货投资决策取决于对未来需求的预期，如果预期乐观，就会加大存货投资，从而扩大产能；如果预期悲观，就会减少存货投资，从而减小产能。由此形成存货投资影响产能形成，存货周期影响产能周期的“顺周期”模式。总之，不论存货对生产的影响机制如何，企业的生产行为都应该被视为通过不断调整存货投资进而影响产能的一个动态跨期决策过程。因此，将存货作为一种延续性活动引入产能利用率的动态测度模型不仅必要而且合理。①

同时，笔者将固定资产净额作为固定投入，工业总产值作为产出，企业生产的动态过程可以用图 5-4 表示。

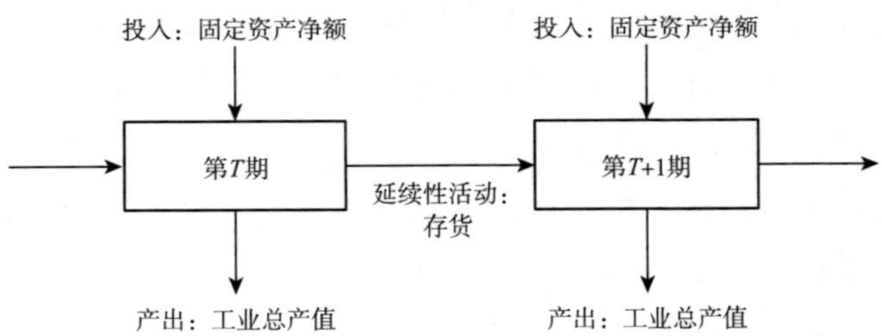

图 5-4　企业生产过程的动态结构

延续前文对于变量的设定，并继续假定有 N 个决策单元在 T 期中进行生产活动，我们进一步将存货（INV）作为延续性活动加入模型中，在可变规模报酬的技术条件下，第 o 个决策单元的全局动态产能利用率可以通过求解式（5.5）的线性规划问题得到：

① 程俊杰（2015b）认为存货变动与产能利用率之间有着重要的关系，遗憾的是其在实证分析时并未将存货纳入模型之中。

$$
\begin{aligned}
&\tau_o^* = \max \frac{1}{T}\sum_{t=1}^{T}\left(1+\frac{s_{ot}^+}{y_{ot}}\right) \\
&\text{s.t. } K_{ot} = \sum_{i=1}^{N}\lambda_i^t K_{it} && (t=1,2,\cdots,T) \\
&y_{ot} = \sum_{i=1}^{N}\lambda_i^t y_{it} - s_{ot}^+ && (t=1,2,\cdots,T) \\
&INV_{ot} = \sum_{i=1}^{N}\lambda_i^t INV_{it} + s_{ot}^{free} && (t=1,2,\cdots,T) \\
&\sum_{i=1}^{N}\lambda_i^t INV_{it} = \sum_{i=1}^{N}\lambda_i^{t+1} INV_{it} && (t=1,2,\cdots,T-1) \\
&\sum_{i=1}^{N}\lambda_i^t = 1 && (t=1,2,\cdots,T) \\
&\lambda_i^t \geqslant 0, s_{ot}^+ \geqslant 0, s_{ot}^{free}: free && (\forall o,t)
\end{aligned}
\tag{5.5}
$$

这里 λ^t 为 t 期的权重向量用于构造生产前沿面，s_{ot}^+以及 s_{ot}^{free}为冗余变量，分别表示产出的不足以及存货这一延续性活动的偏离。[①] 约束条件 $\sum_{i=1}^{N}\lambda_i^t INV_{it} = \sum_{i=1}^{N}\lambda_i^{t+1} INV_{it}$ 刻画了存货在 t 和 $t+1$ 期之间的延续性，是该方法区别于静态方法的关键所在。该约束条件表明，上期末的存货量等于本期初的存货，即上一期生产活动的结果会影响到本期的生产活动。对于产成品存货而言，上一期的存货较多就可能导致本期的生产减少，而原材料存货的存在可以使生产活动得以顺利进行。根据 Sahoo and Tone（2009）的定义，观测单元的全局动态产能利用率可以表示为 $1/\tau_o^*$ 。此外，决策单元在每个时期的动态产能利用率可以表示为 $1/(1+s_{ot}^+/y_{ot})$ 。值得注意的是，*DSBM* 模型可以同时计算 T 期的产能利用率，而不是同传统静态模型那样，对每个时期单独求解线性规划问题，从而有效避免了跨期不可比的问题。

（三）静态和动态的比较分析

在方法上，传统 *DEA* 模型也可以测度效率随时间的变化情况（如窗口分析、Malmquist 指数法等），但这些方法都忽略了延续性活动。而现实经济

① Tone and Tsutsui（2010）定义了四种类型的延续性活动：好的、坏的、自由的以及固定的。笔者认为存货应该属于自由的延续性活动，因为存货易于调整，且其增大或减少在经济意义上没有明确的好坏之分。

中，厂商往往有长期的生产规划，例如如何选择最佳的生产规模等，这就会涉及企业的投资活动。固定资产规模与产能利用率密切相关，并且在短期内很难做出调整，或者调整成本巨大。因此，厂商对于产能的建立往往基于对未来需求的预测，是一种长期规划行为。在这样的条件下，使用单期最优化模型来估计厂商的产能利用率就会因为忽视厂商的长期生产计划而产生估计偏差，而且估计出来的各期产能利用率不可比较。

为了更加直观地说明两类模型在估计企业产能利用率时的差异，本章使用数字化例子来进行说明。[①] 考虑这样的厂商，他认为未来市场对于其产品的需求将会增加，为此在期初该厂商就选择了一个较大的生产规模（体现为期初拥有较高的固定资产净值），并在后续时期中维持这一规模。若市场需求变化符合预期，则可以观察到厂商的生产量逐步增加，而由于该厂商对于未来的市场需求变化预期是正确的，所以不需要在短期内通过存货持有量的调整来应对不利的随机冲击，体现在本章的例子中即为在整个样本期内 A 厂商的存货持有量并没有发生任何变化。若在样本期内出现了预料之外的不利冲击，如市场需求并未按预期的那样快速增加，此时企业可以在短期通过调整存货持有量平滑生产，从而仍然可以维持较高的产能利用率。

表 5-2　企业 A 投入产出数据

	*T*1	*T*2	*T*3	*T*4
产出	50	100	150	180
资本	20	22	24	26
存货	30	30	30	30

在上述设定下，笔者分别使用静态方法和动态方法对企业 A 的产能利用率进行估计，结果如图 5-5 所示。从结果来看，由于企业 A 预期未来需求会上升而在 *T*1 期就扩大了生产规模，在静态模型下由于未考虑企业的跨期决策，也没有考虑企业可以通过调整存货水平来平滑生产活动，从而导致模型判断企业 A 在 *T*1 时期存在严重的产能过剩问题，但伴随着需求和产出的增加，静态模型对于产能利用率的估计开始接近真实情况。与此形成

① 该例子数据来源于 Tone and Tsutsui（2010）表 1。

鲜明对比，动态模型由于考虑到企业的跨期决策，故对企业的产能利用率有一个更为准确的测度。由此可见，不考虑企业跨期决策对其产能利用率的影响将导致对产能利用率的错误估计，会低估产能利用率水平并且形成产能过度波动的误判。

因此，从效率测度来看，动态模型具有以下优势：一是基于真实的生产活动，引入延续性活动，考虑了微观企业的动态调整过程；二是与静态模型相比，动态模型测度的是全局的产能利用率，而非基于局部最优技术的静态产能利用率。

从政策含义上看，动态模型具有以下优势：一是产能过剩测度的可靠性是制定产业政策的基础，基于长期决策的动态模型可以过滤短期随机因素带来的波动，结果所反映的变化趋势更加真实，有利于决策者制定相应的政策以化解产能过剩问题；二是对于不同所有制企业长期生产行为模式的分析，可以得到产能过剩形成机制，并验证相关假说，进而为产能过剩的治理提供理论依据。

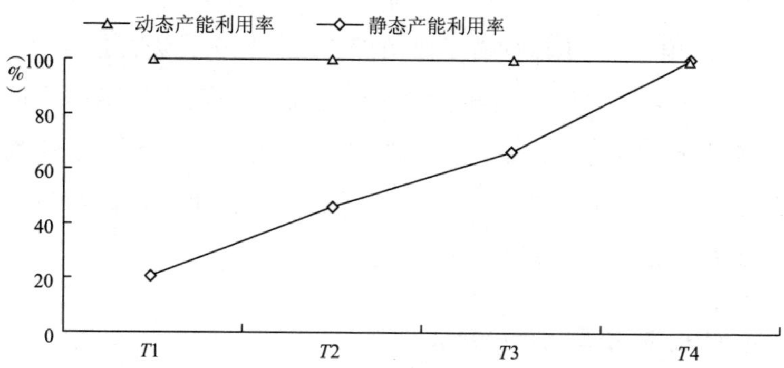

图 5-5　动态、静态产能利用率比较

四　中国省际产能利用率的典型事实

（一）指标及数据说明

笔者在构建生产前沿面时，将工业总产值作为产出，将资本存量作为固定投入，将存货作为延续性活动。由于可变投入在模型中没有约束，故不予考虑。本章构建了 2001～2011 年中国除港澳台以及西藏之外的 30 个省、自治区、直辖市工业行业的投入产出数据①，利用 *DSBM* 模型估计各年份的产能利用率。投入产出数据具体构建过程如下。

工业总产值。采用分省工业生产者出厂价格指数进行平减。分省工业生产者出厂价格指数取自《2012 年中国城市（镇）生活与价格年鉴》，调整为以 2000 年为基期的价格指数。

资本存量。对于资本存量的处理，参考涂正革（2008）、李玉红等（2008）、Jefferson et al.（2008）等所使用的方法，具体做法如下：首先计算出每年的固定资产净值年平均余额，接着计算每年新增固定资产投资额，然后采用分地区固定资产投资价格指数对新增固定资产投资额进行平减，最后以 2000 年的数据为基期，逐年相加得出各年份的资本存量。分地区固定资产投资价格指数取自《2012 年中国城市（镇）生活与价格年鉴》，调整为以 2000 年为基期的价格指数。

存货。采用分省工业生产者出厂价格指数进行平减。分省工业生产者出厂价格指数取自《2012 年中国城市（镇）生活与价格年鉴》，调整为以 2000 年为基期的价格指数。对于缺失的数据（主要为 2000~2003 年存货的数据缺失），采用 2004 年存货占工业销售产值的比例，进行推算。

同时，根据注册类型的不同，将工业企业分为国有、集体、民营和外资四类；根据行业特点分为重工业和轻工业两类；根据工业企业的规模差异，分为大型、中型和小型三类。所有变量的数据除特别说明外均来自历年《中国工业经济统计年鉴》。

（二）产能利用率估计结果

根据前文介绍的方法，使用 *GAMS* 24. 1. 3 软件对 2001~2011 年 30 个省市工业企业产能利用率进行了估计。② 为了分析动态产能利用率和静态产能利用率之间的差异，本书分别使用静态模型和动态模型估计了规模以上工

---

① 由于《中国工业经济统计年鉴》从 2011 年开始不再报告“工业总产值”数据，故本章的样本期到 2011 年为止。同时，由于西藏的数据缺失严重，在计算产能利用率时将其剔除。

② 考虑到存货的组成包含产成品存货和原材料存货，在估计我国省际工业产能利用率时，分别估计了用产成品代替存货作为延续性活动，将 *DEA* 模型设定为投入导向型模型等情况下的产能利用率，结果表明本方法计算的产能利用率在不同的设定下都十分稳健。限于篇幅，笔者未对这些结果进行报告，有需要的读者可以向笔者索取估计及检验结果。

业企业的产能利用率。需要注意的是，由于将技术非效率也作为未利用产能的一部分，所以笔者估计的产能利用率会低于以往研究的结果。同时，由于不同方法对生产能力的假设存在较大差异，故采用不同方法得到的产能利用率无法进行直接比较。[①]

1. 整体状况

从产能利用率估计结果来看，动态模型估计的样本期内工业平均产能利用率为 60.68%，而静态模型估计的平均产能利用率为 60.66%，从平均意义上看两者差异很小。若以国内外学者（汪进等，2010；韩国高等，2011）普遍采用的低于 79% 为产能过剩的判断标准，则我国确实存在严重的产能过剩问题。通过与现有研究比较笔者发现，本章动态和静态模型估计的产能利用率都小于董敏杰等（2015）得到的估计值 69.3%，造成这一差异的原因可能有以下两点：一是对于资本存量的处理，本章与董敏杰等（2015）的做法有微小的差异；二是董敏杰等（2015）使用的是基于径向 *DEA* 模型，而本章使用的是基于冗余的 *DEA* 模型（*DSBM*），从理论上分析，如果存在产出不足，则径向 *DEA* 模型会高估产能利用率。[②]

从变化趋势看，许多学者认为我国经历了三轮产能过剩，分别是 1999~2002 年为第一阶段，2003~2007 年为第二阶段，2008~2011 年为第三阶段（王文甫等，2014；程俊杰，2015b）。本章估计的产能利用率也大致经历了这几个发展阶段，2001~2003 年产能利用率出现了较大幅度的下降；值得注意的是，本章使用动态模型估计产能利用率，结果并没有捕捉到 2003~2006 年的产能利用率下降，原因是自加入 WTO 后在出口导向型经济发展方式的作用下，这一时期经济得到快速发展，产能的扩大是为未来扩张的需求做准备，故动态模型未将此类投资扩张视为产能过剩；2008 年后由于经济危机的影响，需求开始下滑，同时政府 4 万亿元救市计划又带来了巨大的投资

① 从结果来看，函数法估计的产能利用率可能大于 100%，韩国高等（2011）将其解释为通过加班加点实现超负荷运行；而 Hickman（1964）认为将生产能力定义为“最小平均成本”时的产出条件下，只要企业的平均成本曲线随规模的扩大不会急剧上升，则产能利用率大于 100% 非常正常，仅表明企业生产规模超过了最优点。而 *DEA* 方法估计的产能利用率满足 $0 \leqslant CU \leqslant 1$，当不存在技术非效率且对固定投入要素充分利用的情况下，产能利用率为 100%。现实情况下，企业超过最优规模进行生产的情况十分常见。为此，函数法得到的产能利用率总是高于 *DEA* 估计的产能利用率。

② 关于两类模型差异的详细讨论可以参见 Tone（2001）以及 Sahoo and Tone（2009）。

效应，在两股力量的同时作用下，产能利用率从2008年的62.03%下降到了2010年的59.73%，而2011年后开始有所回升。

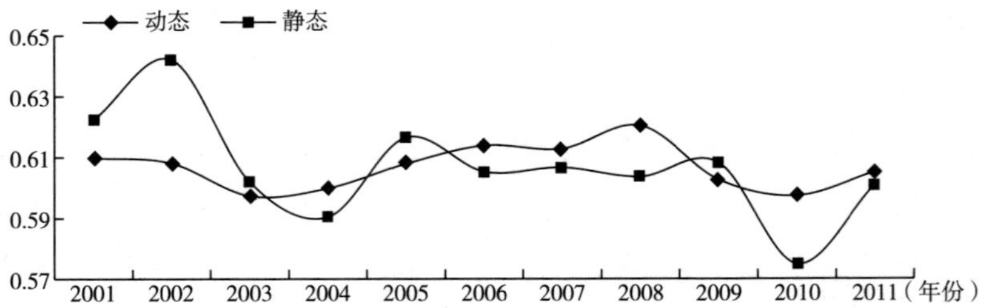

图5-6　2001~2011年动态、静态产能利用率（规模以上工业企业）

与此形成鲜明对比，静态模型估计的工业产能利用率呈现出完全不同的变化趋势。2002~2004年产能利用率出现了大幅下降，而后在2005年有所上升。2005年后开始平台波动且伴随着小幅下降趋势，直至受金融危机的影响从2009年开始出现骤降。

通过两种模型估计结果的比较，笔者发现在不考虑企业跨期决策时，工业企业的产能利用率展现出很强的波动性，而考虑了企业的跨期决策以后，产能利用率随着时间的变化变得相对平稳。这表明使用动态模型估计产能利用率可以更好地体现其变化趋势，消除因忽视延续性活动而带来的估计偏差，有利于政府科学决策。

整体上看，无论是从整个样本期间的均值还是随时间的变化趋势上，我国地区工业产能严重过剩的情况都十分明显：一方面由于过度投资造成了大量的闲置资源未被充分利用；另一方面，地区之间的技术差异显著，且有进一步扩大的趋势（张少华和蒋伟杰，2014）。但是需要着重强调的是，基于动态方法测度的我国产能利用率，呈现出显著的顺周期特征，即经济增速较快时，产能利用率较高，经济增速较慢时，产能利用率较低，这种顺周期特征背后体现的其实就是微观企业无时无刻不在根据所处的经济环境适时调整自己的投资、存货以及生产等决策行为，而本章采用的基于冗余的*DSBM*方法正好捕捉到了企业的动态决策行为，从而可以得出相对较为科学与可信的中国产能利用率的判断结果。

2. 类型差异

根据注册类型的不同，本章将工业企业分为国有、集体、民营和外资四类；根据行业特点分为重工业和轻工业两类；根据工业企业的规模差异，分为大型、中型和小型三类。表 5-3 列示了不同分类标准下，工业产能利用率的变化趋势。同时也报告了不同分类标准下，静态模型估计的产能利用率作为对比。图 5-7、图 5-8 和图 5-9 分别展示了三种分类标准下，动态模型估计的地区工业产能利用率变化趋势。结合表 5-3 以及图 5-7、图 5-8、图 5-9 的结果，我们可以得到以下几点判断。

第一，无论哪一种分类标准，动态方法估计的产能利用率的平均值都高于静态方法估计的平均值，换言之，静态方法会高估任何一种分类标准下的产能过剩程度。此外，从均值上看不同模型估计的产能利用率有所差异，而造成差异的原因可能是不同类型企业的预测能力存在差异，在本章的分析框架下，由于动态模型考虑了企业的跨期行为，故未将“窖藏行为”导致的暂时性投资过度视为产能过剩，而静态模型没有考虑企业的跨期行为，会高估企业的产能过剩程度。因此，对未来市场需求的预测越准确抑或是生产对需求变化的调整速度越快，两类模型估计的产能利用率差异就越小。据此判断我们发现，国有企业和民营企业的动态调整与预判能力最高，而集体企业相对较低，外资企业则最差，两种方法的均值差异达到 4.88%。从企业规模的比较来看，我们发现企业规模越小，其动态调整能力越强，产能利用率越高，这充分体现了“船小好调头”的经济与生活规律。具体而言，小型企业的均值差异是 3.74%，中型企业的均值差异是 4.75%，而大型企业的均值差异高达 7.48%。

第二，从不同注册类型企业的产能利用率看，国有工业企业产能利用率最高，达到了 68.67%；集体工业企业产能利用率紧随其后为 65.52%；民营工业企业产能利用率为 63.49%位于第三；而外资工业企业产能利用率最低，仅为 61.78%。以学术界广泛使用的产能利用率低于 79%为判断产能过剩的标准，即便是产能利用率相对较高的国有工业企业也存在较为严重的产能过剩问题。

从时间趋势看，国有工业企业产能利用率在 2005 年前呈现波动上升趋势，而 2005 年后开始缓慢下降；集体工业企业产能利用率在 2002 年以及 2008 年两次达到了峰值，而在 2008 年以后下降趋势十分明显；民营工业企业产能利用率在 2005 年前经历了快速提高，而 2005 年以后逐渐趋于平稳；外资工业企业产能利用率在 2009 年前呈现出波动上升趋势，而

2009年以后经历了快速下降。通过与静态模型估计的产能利用率变化趋势比较可以发现，与动态模型估计的产能利用率变化相比，静态模型的结果波动性更大。值得注意的是，从产能利用率的变化趋势看，两类模型在不同注册类型企业中的表现也有很大差异：对于国有工业企业来说，两类模型估计的结果不仅在均值上较为接近，其变化趋势也表现出较强的一致性；而对于私有工业企业而言，两类模型估计的结果在2005年后出现了明显的背离。

以往研究从理论上分析国有企业与民营企业之间产能利用率的差异时，认为由于国有企业相对于民营企业更容易获得政府补贴等形式的支持，从而将部分内部成本外部化为社会成本，造成过度投资（杨帅羽等，2015）。同时，政府为了保持国有企业在关系国计民生的行业中具有“较强影响力”，施加了大量的行政干预，伴随着市场化的推进民营企业开始挤占国有企业的市场，从而造成低效率国有企业的产能过剩（范林凯等，2015）。但本章研究结果表明国有企业产能利用率相对较高，给出的解释如下。（1）从注册类型看，本章所指的国有企业是根据注册类型来划分的，而事实上经过多次重大的国有企业改革，原来注册为国有企业的企业可能已经是国有控股的混合经济组织，这种国有企业产能利用率较高来源之一可能是多次改革产生的绩效所致。（2）从方法来看，本章测度的产能利用率是技术意义上的生产能力，不是经济学意义上的生产能力，国有企业虽然由于重复建设问题而导致固定资产闲置，但由于国有企业拥有更为先进的生产设备，从而可以大幅度减少技术非效率对产能利用率的不利影响。（3）从认识上来看，由于受西方主流产权理论的影响，长期以来，国内学术界存在对国有企业的认识偏差，即总是认为国有企业的效率低于民营企业，这种认识偏差实际上是从一个极端走向另一个极端，殊不知在特定背景下，国有企业不可能那么差，民营企业也不可能那么好。比如，张少华和张天华（2015）借助中国工业企业数据库（1998~2007），在*VDF*总量生产率增长分解框架下测度了不同所有制企业动态演进过程对总量生产率增长的贡献。研究发现国有企业在总量上的效率贡献最大，而民营企业在增量上的效率贡献则最大。（4）从经营环境来看，在现有金融体制安排下，国有企业相对来说受到的融资约束问题较小，可以支付得起更为先进的设备；在要素改革还不彻底的情况下，国有企业有机会获得更为优惠的投入品价格，本章

在 *DEA* 框架下是采用价值代替数量进行分析的，因此国有企业的资本由于补贴的存在而具有低估趋势。（5）从样本上看，还有一种可能就是国有企业的产能过剩问题在最近几年的表现特别突出，而本章的样本只到 2011 年，所以未能测度出最近几年的变化情况。但可以肯定的是，自 2005 年以来，国有工业企业产能利用率下降趋势十分明显，2009 年之后，国有企业的产能利用率确实低于民营企业的产能利用率。

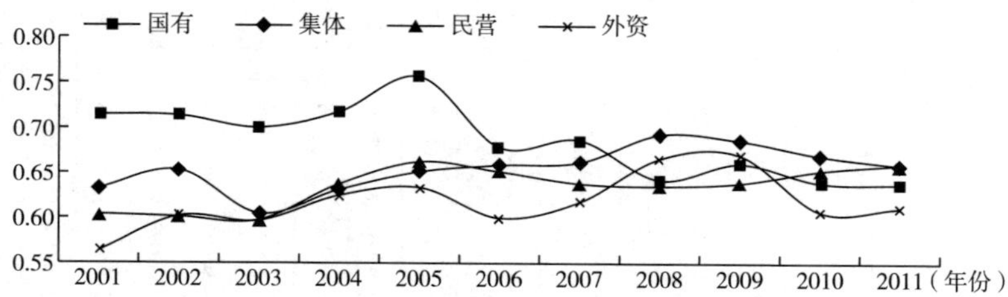

图 5-7　2001~2011 年不同注册类型工业企业产能利用率

第三，从轻工业和重工业分类看，如图 5-8 和表 5-3 的第二部分所示，轻工业企业平均产能利用率为 64.97%，重工业企业的产能利用率为 59.75%，两者均存在严重的产能过剩。而两者之间的差异主要是不同行业特点所造成的，相对于轻工业企业来说，重工业企业的设备投资周期较长，专用性也比较强。当遇到需求冲击时，重工业企业相对较难调整。韩国高等（2011）使用函数法估计了 28 个行业的产能利用率，结果表明存在严重产能过剩的大多属于重工业行业，与本书结论较为吻合。

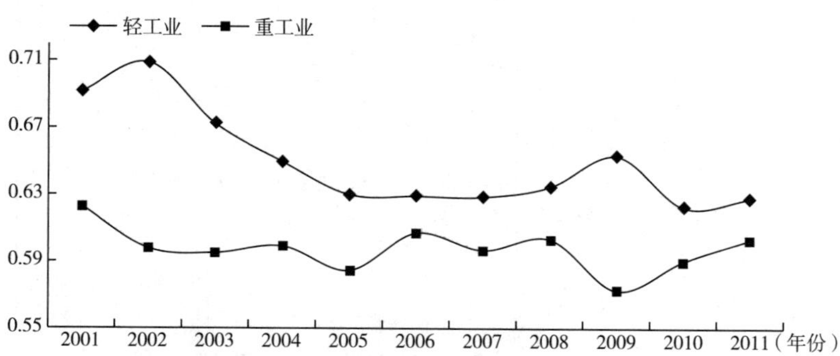

图 5-8　2001~2011 年轻、重工业产能利用率

表 5-3　2001~2011 年不同类型工业产能利用率

类型		模型	2001 年	2002 年	2003 年	2004 年	2005 年	2006 年	2007 年	2008 年	2009 年	2010 年	2011 年	平均
注册类型	国有	动态	0.7151	0.7141	0.7010	0.7182	0.7569	0.6794	0.6874	0.6427	0.6612	0.6396	0.6380	0.6867
		静态	0.6903	0.6911	0.6350	0.6974	0.7301	0.6668	0.6787	0.6337	0.6530	0.5940	0.5944	0.6604
	集体	动态	0.6327	0.6535	0.6048	0.6312	0.6516	0.6595	0.6627	0.6937	0.6871	0.6705	0.6598	0.6552
		静态	0.6059	0.6210	0.5630	0.5880	0.6269	0.6040	0.6313	0.6457	0.6265	0.6276	0.6372	0.6161
	民营	动态	0.6040	0.6014	0.5978	0.6376	0.6632	0.6521	0.6385	0.6358	0.6392	0.6534	0.6606	0.6349
		静态	0.5722	0.5586	0.5586	0.6126	0.6492	0.6372	0.6046	0.5945	0.6134	0.5943	0.6024	0.5998
	外资	动态	0.5638	0.6022	0.5970	0.6248	0.6338	0.6002	0.6178	0.6671	0.6711	0.6072	0.6114	0.6178
		静态	0.5513	0.5773	0.5805	0.5848	0.5777	0.5151	0.5503	0.5782	0.6010	0.5771	0.5657	0.5690
轻重	轻工业	动态	0.6915	0.7088	0.6721	0.6494	0.6299	0.6290	0.6285	0.6345	0.6527	0.6224	0.6276	0.6497
		静态	0.6721	0.6893	0.6325	0.6130	0.6047	0.6019	0.5961	0.5939	0.6135	0.5947	0.5918	0.6185
	重工业	动态	0.6230	0.5978	0.5951	0.5992	0.5845	0.6071	0.5967	0.6033	0.5727	0.5900	0.6033	0.5975
		静态	0.5662	0.5470	0.5488	0.5021	0.5559	0.5674	0.5756	0.5680	0.5539	0.5721	0.5884	0.5587
规模	大型	动态	0.6778	0.6488	0.5801	0.5275	0.4987	0.5560	0.5453	0.5525	0.5360	0.5536	0.5058	0.5620
		静态	0.6249	0.5992	0.3871	0.4052	0.4304	0.4730	0.4810	0.4964	0.4708	0.5041	0.4871	0.4872
	中型	动态	0.5921	0.6357	0.6453	0.7388	0.6303	0.6330	0.6378	0.6279	0.6149	0.6318	0.6389	0.6388
		静态	0.5558	0.5714	0.5618	0.6841	0.5671	0.5782	0.6018	0.5927	0.5852	0.6006	0.6050	0.5913
	小型	动态	0.6000	0.6292	0.6057	0.6432	0.6530	0.6617	0.6549	0.6108	0.6199	0.6647	0.6738	0.6379
		静态	0.5709	0.5864	0.5580	0.5887	0.6072	0.6052	0.6164	0.5692	0.5873	0.6613	0.6546	0.6005

资料来源：笔者通过 GAMS 软件计算得到，其中动态模型将存货作为企业的延续性活动，而静态模型没有考虑跨期活动。

从趋势来看，中国轻工业产能利用率自 2002 年开始有十分明显的下降趋势，从最高时期的 71%下降为 62%。而重工业相对来说较为稳定，属于低水平的平台波动。周劲和付保宗（2011）认为轻工业与重工业之间产能过剩的形成机制有很大差异，轻工业主要体现为“结构性产能过剩”，而重工业则表现为“体制性产能过剩”。同时，由于轻工业行业进入壁垒相对较低，所以当产业结构调整滞后于需求结构升级时，将会出现产能过剩的情况。对于重工业来说，其行业特点决定产品供给弹性相对较低，产能的增加需要大量的资本投入，这意味着产能很难在短时间内大幅度提高；与此同时，由于资产专用性较强，产业退出壁垒较高，产能很难在短期内减少。这些特点决定了重工业企业产能利用率低，且波动更大。

值得注意的是，轻工业与重工业的产能利用率在 2009 年发生了背离，重工业产能利用率出现了下降而轻工业产能利用率有小幅提升。2008 年政府为缓解经济危机带来的经济增长压力，出台了“4 万亿”投资刺激计划，从而导致原本存在产能过剩的重工业行业产能利用率进一步下降。而轻工业行业在这一时期产能利用率出现了小幅上升，可能是因为轻工业行业进入退出壁垒相对较小，在需求乏力的时候许多企业会选择退出，从而使产能利用率有所上升。

第四，从企业的规模来看，如图 5-9 以及表 5-3 的第三部分所示，大型工业企业在样本期内平均产能利用率为 56.20%，中型工业企业平均产能利用率为 63.88%，小型工业企业平均产能利用率为 63.79%。从均值看，不同规模的工业企业均存在产能过剩问题，且在大型工业企业中这一问题更为严重。

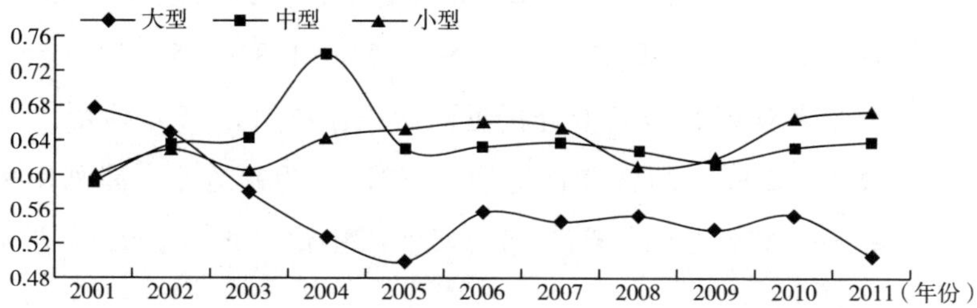

图 5-9　2001~2011 年不同规模工业企业产能利用率

从产能利用率的变化趋势看，大型工业企业的产能利用率在 2005 年前具有十分明显的下降趋势，但在 2005 年以后趋于稳定；中型工业企业除 2004 年达到产能利用率的峰值以外，其余时间都保持相对平稳，仅在 2009 年有小幅下降；小型工业企业产能利用率在整个样本期间内稳步提升，但在 2003 年和 2008 年分别出现了产能利用率下降的情况。整体上看，2002 年后不同规模的工业企业产能利用率出现了明显的背离，中型工业企业产能利用率在 2004 年大幅上升，小型工业企业基本保持不变，而大型工业企业的产能利用率出现了快速下滑的趋势。其原因可能与这一时期中国经济进入重工业以及重化工业阶段有关，也与各级地方政府对特定产业的干预与扶持相关。政府引导的在"铁公基"领域的过度投资诱发了大型工业企业的产能利用率下降，而出口导向型的政策为中小型工业企业带来了广阔的市场，从而促进产能利用率的提升。2006 年以后，三者之间的差异开始缩小，直至 2009 年在金融危机的影响下，政府出台了"4 万亿"的刺激计划以及各级政府的配套刺激措施，再一次导致大型工业企业产能利用率出现下降趋势。

3. 地区差异

在这一部分，主要考察我国工业企业产能利用率的地区差异。笔者将全国 30 个省区市分为四大经济区域①，并利用动态和静态模型估计这些地区的产能利用率，结果如图 5-10 和表 5-4 所示。样本期内，东部地区的平均产能利用率为 85.84%，以 79%为判断产能过剩的临界值，则东部地区并不存在产能过剩，而中部、西部和东北地区的平均产能利用率分别为 51.99%、45.91%以及 48.32%，均存在严重的产能过剩。董敏杰等（2015）利用静态径向 *DEA* 模型对产能利用率进行了估计，结果表明东部、中部、东北和西部地区工业整体平均产能利用率分别为 81.3%、57.7%、54.8%以及 46.8%，与笔者整理的结果十分接近。而程俊杰（2015）使用协整法和随机前沿函数法对 2001~2011 年我国 30 个省区市的制造业产能利用率进行了估计，结果表明东部地区的产能利用率低于中西部地区，若以 79%为划

① 其中，东北地区包括黑龙江、吉林、辽宁；东部地区包括北京、天津、河北、上海、江苏、浙江、福建、山东、广东、海南；中部地区包括山西、安徽、江西、河南、湖北、湖南；西部地区包括四川、重庆、贵州、云南、陕西、甘肃、宁夏、青海、广西、新疆、内蒙古。

分门槛，则东部地区有5个省份存在较高的产能过剩风险。结果的差异很大程度上是由于，基于*DEA*方法估计的产能利用率考虑了技术非效率带来的产能闲置，董敏杰等（2015）将这种由于技术非效率造成的产能闲置称为“落后产能”，考虑到我国各地区间经济发展水平差异巨大，忽略技术层面差异对产能利用率的影响会导致产能利用率估计值偏高。

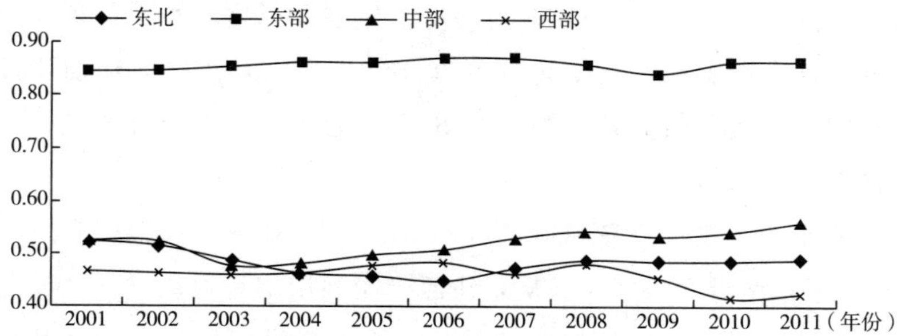

图5-10　2001~2011年四大区域规模以上工业企业产能利用率

表5-4　2001~2011年各地区工业产能利用率

年份	东部		中部		西部		东北	
	动态	静态	动态	静态	动态	静态	动态	静态
2001	0.8447	0.8369	0.5246	0.5232	0.4663	0.4337	0.5239	0.4638
2002	0.8466	0.8227	0.5232	0.4963	0.4631	0.4046	0.5146	0.4330
2003	0.8538	0.8344	0.4768	0.4571	0.4600	0.3857	0.4877	0.4515
2004	0.8625	0.8123	0.4809	0.4664	0.4633	0.4075	0.4631	0.4269
2005	0.8625	0.8173	0.4975	0.4920	0.4774	0.4424	0.4580	0.4449
2006	0.8713	0.8099	0.5073	0.4449	0.4829	0.3870	0.4483	0.4185
2007	0.8708	0.8195	0.5299	0.5088	0.4617	0.4232	0.4723	0.4638
2008	0.8594	0.8271	0.5437	0.4899	0.4807	0.4144	0.4881	0.4705
2009	0.8425	0.8075	0.5331	0.4925	0.4545	0.3752	0.4852	0.4657
2010	0.8635	0.8198	0.5412	0.5163	0.4161	0.3642	0.4860	0.4748
2011	0.8653	0.8308	0.5607	0.5379	0.4242	0.3715	0.4886	0.4837
平均	0.8584	0.8217	0.5199	0.4932	0.4591	0.4009	0.4832	0.4543

资料来源：笔者通过GAMS软件计算得到，其中动态模型将存货作为企业的延续性活动，而静态模型没有考虑跨期活动。

从产能利用率的变化趋势看，东部地区工业企业产能利用率一直保持在较高的水平，样本期内其产能利用率均高于80%。中部地区工业企业产能利用率在2001~2003年出现了小幅下降，而从2003年开始保持稳步提高的发展态势，并在2004年后超过西部和东北地区，产能利用率处于所有区域的第二位，但与东部地区相比仍存在很大差距；东北地区以重工业企业为主，故产能利用率相对较低，其变化趋势大致可以分为两个阶段，2006年前缓慢下降而2006年后开始渐渐提高，但幅度都比较小；与东北地区类似，西部地区产能利用率的变化也可以分为两个阶段，2008年前西部地区产能利用率具有微弱的上升趋势，而2008年后下降幅度十分明显，在所有地区中产能利用率最低。

从工业企业产能利用率的地区分布看，产能利用率较高的省份（$CU>0.8$）都位于东南沿海地区，且从东往西产能利用率有逐级递减的趋势。对于重工业企业来说，这一情况更为明显，除东部沿海地区以外，其余省份重工业产能利用率普遍偏低。西部地区除重庆市以外，其余省区的产能利用率都低于50%，造成这一现象的原因主要是政府为支持西部地区经济发展投入了大量的实物资本，而西部地区促进经济增长的内在机制尚未建立，从而导致资本利用效率降低。大量对于"西部大开发"政策效果的研究表明，西部大开发促进西部地区经济增长的机制，主要是通过大量的实物资本特别是基础设施投资实现的，教育发展、科技进步及软环境并没有因为西部大开发而得到显著改善（王洛林和魏后凯，2003；刘生龙等，2009）。对于这些地区而言，如何降低技术非效率，从而增强经济增长的内生动力，可能比单纯考虑治理产能过剩更富有意义。从企业规模的地区差异来看，无论企业规模如何，东南沿海地区的产能利用率普遍高于其他地区，但是福建省的小型工业企业的产能利用率相比大中型工业企业的产能利用率较低。东北三省的大型工业企业产能利用率相对较低，而该地区小型工业企业的产能利用率基本与东南沿海地区持平。值得注意的是，青海省的中型和小型工业企业产能利用率超过了80%，在中西部地区中表现较为出色。

4. 交互分析

本章上面从不同侧面分析了中国的产能利用率情况，依据文献中普遍采用的79%作为产能过剩的评定标准，概括而言，不同注册类型企业均存在产能过剩情况，外资企业最为严重；不同规模企业均存在产能过剩，大型企业最为严重；不同行业均存在产能过剩情况，重工业更为严重；但是对地区而言，东部地区则不存在产能过剩情况，而西部地区则最为严重。那么地区间的这种差异又是由何种因素造成的呢？为此，本章进一步做了地区与注册类型、轻重（工业）行业以及企业规模的交互分析，以进一步挖掘造成地区产能过剩的主要因素（见表 5-5）。

表 5-5　产能利用率的交互分析

企业类型		东部	中部	西部	东北
注册类型	国有	0.8764	0.6148	0.5403	0.7350
	集体	0.8190	0.6896	0.5205	0.5343
	民营	0.8921	0.6059	0.4628	0.4663
	外资	0.8150	0.4276	0.5584	0.5588
轻重	重工业	0.7638	0.6236	0.6082	0.4734
	轻工业	0.8625	0.5474	0.4032	0.5273
规模	大型	0.8492	0.4423	0.3944	0.4589
	中型	0.8637	0.5232	0.5408	0.4794
	小型	0.8828	0.6077	0.4728	0.4874

资料来源：笔者通过 GAMS 软件计算得到。

东部地区不存在严重的产能过剩问题，产能利用率为 85.84%。从注册类型特征来看，不同注册类型企业均不存在产能过剩问题，其中国有企业和民营企业的产能利用率相对较高；不同规模企业的产能利用率水平也较高，尤其是小型企业的产能利用率最高。但是行业层面就出现差异，笔者发现重工业存在轻微的产能过剩问题，说明即使在产能利用率水平较高的东部地区，重工业依然是造成产能过剩问题的一个主要来源。

与东部地区形成鲜明对比的是，中部、西部以及东北地区，无论在注册类型层面、轻重行业层面还是规模层面，产能利用率水平均较低，普遍存在严重的产能过剩问题，这可能折射出相较于注册类型、轻重行业以及规模因素而言，地区因素可能是解释中国产能过剩问题的一个较深层次因素，无论企业的注册类型特征如何，无论企业从事什么行业，无论这个企业的规模大小，只要这个企业在东部地区从事生产，那么其产能利用率水平就相对较高，不容易出现产能过剩问题，背后的根源可能在于市场化环境、良好的产权保护以及开放竞争的压力等。

五 结论与启示

本章分别采用动态和静态*SBM*模型估计了2001~2011年中国30个省区市工业产能利用率，分析了不同注册类型、轻重工业、不同规模以及不同地区工业企业的产能利用率差异及其变化趋势。

（1）样本期内平均工业产能利用率为60.68%，若以产能利用率低于79%为判断产能过剩的标准，则无论从均值上还是变化趋势上看，我国均存在严重的产能过剩问题。从变化趋势看，大致经历了三个阶段：2001~2003年产能利用率有明显的下降趋势；2004~2008年伴随着经济的快速发展，产能利用率开始缓慢上升；而2008年后受经济危机的影响产能利用率开始下降。从整个样本期来看，产能利用率的变化具有明显的顺周期特征。静态模型估计的产能利用率不仅波动较大，也不具有上述周期性的变化趋势。

（2）从注册类型来看，国有工业企业产能利用率高于其他所有制工业企业；从轻重工业分类看，重工业产能利用率显著低于轻工业产能利用率，但轻工业企业产能利用率在2005年前急剧下降，而2005年后趋于平稳，维持在63%左右；从规模差异看，大规模工业企业产能利用率低于中小规模工业企业，且具有明显的下降趋势。不论采用何种分类标准，估计的产能利用率均远低于临界值79%，说明各种分类的工业企业均存在严重的产能过剩问题。

（3）从工业产能利用率的地区差异看，东部地区工业企业产能利用率远高于其他区域，样本期内平均产能利用率达到了85.84%，并不存在产能过剩问题；中部地区工业企业产能利用率次之，为51.99%；而东北地区和西部地区的产能利用率较低，分别为48.32%、45.91%。除东部地区外，其他三个地区均存在严重的产能过剩。从变化趋势看，东部地区产能利用率相对比较平稳，样本期内始终维持在较高水平，中部和东北地区产能利用率自2005年开始缓慢上升，而西部地区产能利用率具有下降趋势。从地区分布看，产能利用率较高的省份（$CU>0.8$）多数位于东南沿海地区，且从东往西产能利用率有逐级递减的趋势。这充分表明，地区因素可能是解释中国产能过剩问题的一个较深层次因素，背后的根源可能在于市场化环境、良好的产权保护以及开放竞争的压力等。

依据本章研究结论，结合最近几年我国的产业政策，有几点重要启示。

（1）中国的产能过剩本质上是政府计划调控的结果，中国式产能过剩呈现显著的体制性和政策性特征。2006 年国务院文件确定的产能过剩行业包括“明显过剩”（包括钢铁、电解铝、电石、焦炭、汽车行业）和“潜在过剩”（包括水泥、煤炭、电力、纺织行业）两类，但是我们知道钢铁、汽车、水泥和电力当时正是供销两旺、市场正火的行业。2008 年的十大产业振兴规划就包含了各期产能过剩要化解治理的行业，而且由于 2008 年受到国际金融危机对国内经济的较大冲击，从 2009 年开始，国家制定和实施了扩大内需、促进经济增长的一揽子计划，出台了钢铁等十个重点产业调整和振兴规划，也由此引发了产能盲目扩张，形成今天这些产能过剩的局面。再比如，2009 年 9 月国务院文件列举的过剩行业（钢铁、水泥、平板玻璃、煤化工、多晶硅、风电设备、电解铝、造船、大豆压榨行业），在一年后的 2010 年 10 月有的竟然被国务院确立了七大战略新兴产业发展方向，典型的如风电装备。因此，政府的产业规划政策对企业的投资经营决策存在一定误导，事实上，微观企业一直在根据宏观经济形势动态优化与调整自己的存货、生产等经营决策。从这个意义上讲，化解产能过剩关键在于烫平经济波动，宏观经济政策应该避免过度干扰实体经济运行，来自政策的干扰以及政策不确定性造成的冲击可能是当下误导企业动态决策的主要因素。

（2）长期而言，化解产能过剩关键在于建立有利于微观企业自主决策的长效市场机制。在一个有效的市场经济环境中，一个企业，无论大小、所有制性质以及所处行业差异如何不同，都可以有效地动态调整自己的生产经营行为，提高产能利用率。尽管中央经济工作会议已经指出化解我国的产能过剩问题的总体思路是“四个一批加一”（消化一批，即扩大和创造国内需求，消化一批产能；转移一批，即支持企业“走出去”，转移一批产能；整合一批，即推动企业兼并重组，整合一批产能；淘汰一批，即通过严格执行市场准入标准，淘汰一批产能；加一，即民用转为国防军工），但是在具体的执行过程中还是要坚持市场化方向和采取市场化手段，即坚持市场倒逼、企业主体，地方组织、中央支持，突出重点、依法依规，综合运用市场机制、经济手段和法治办法，因地制宜、分类施策、标本兼治，积极稳妥化解过剩产能，建立市场化调节过剩产能的长效机制。

第六章　中国经济减速的供给侧分析：生产率视角

一　引言

近几年，“新常态”（New nomal）[①]、“新平庸”（New Mediocre）、“新萎靡”（New Malaise）、换挡期、经济减速、高速低效等词语见诸各大主流媒体，引起了经济学界的广泛关注。这些词语的一个共同特征就是中国 GDP 增长速度明显放缓。数据显示：受金融危机和欧洲主权债务危机等影响，2008 年中国经济增速明显放缓。[②] 尽管政府出台了大规模经济刺激计划，经济增速在 2009 年触底后有所反弹，但 2011 年以来中国经济增速再次降低。2011~2013 年 GDP 年均增长率为 8.23%，远低于 1979~2007 年年均 9.97% 的水平（白重恩等，2014）。2014 年中国 GDP 增速更是滑落至 7.4%，为 1990 年以来最低，也是自 1985 年政府开始公布 GDP 数据以来，官方 GDP 增长率低于目标增长率的第二个年份。而 2015 年中国经济增速为 6.9%，是 1990 年以来中国全年 GDP 增速首次跌破 7%。十八届三中全会确立 2020 年我国完成人均 GDP 和城乡居民收入翻两番的目标，这意味着“十三五”时期 GDP 平均增速须达到 6.5%。因此，经济减速尤其是经济增速跌破 7%，

---

① “新常态”（New Nomal）是太平洋投资管理公司 CEO 埃里安在其著名的题为《驾驭工业化国家的新常态》的报告中，用这个概念来诠释危机后世界经济的新特征。他指出，新常态主要是指西方发达经济体在危机过后将陷入长期疲弱、失业率高企的泥沼的状况。造成这一状况的直接原因是超高的杠杆比率、过度负债、不负责任地承担高风险和信贷扩张等因素，发达经济体要消化这些负面冲击需要较长时期，而且，决策当局因循旧制的经济政策，也会使得此一新常态长期化（李扬等，2015）。

② 2016 年 5 月，在中国经济取得较好开局但固有矛盾并未缓解之际，“权威人士”通过《人民日报》再度发声，引发海内外密切关注，特别是其“我国经济运行不可能是 U 型，更不可能是 V 型，而是 L 型的走势”的综合判断，获得各界高度重视。

会大大影响我国2020年双目标翻两番的实现。由此，本轮经济减速牵动了中央、各级政府以及国内外学者们敏感的神经。那么，中国经济增长这次放缓究竟是长期趋势还是短期波动？究竟是源于外部冲击的暂时影响，还是肇始于自身的结构性问题？究竟什么因素导致了中国经济增长减速？它们是如何发挥作用的？这些因素在未来是否会继续发挥作用？谨慎地回答这些问题对理解本轮经济减速以及未来治理减速有着重要的理论价值与政策意义。

学术界对中国经济减速的研究与判断是近几年新的研究热点，可以分为乐观派和悲观派。乐观派认为中国经济仍可在较长时间维持较高的增长速度，典型研究有：Fogel（2007）认为中国在2000~2040年GDP年均增长率为8.4%。世界银行（2012）预测也较为乐观，认为中国经济在2016~2020年的GDP年均增长率为7%。张军扩等（2014）则认为中国经济增速回落属于后发展国家追赶过程中的阶段转换，是从数量扩张型高增长转向质量提升型中高速增长。屈宏斌（2015）认为至2020年，中国潜在增长率仍会在8%以上。前世界银行的副行长兼首席经济学家林毅夫一直是中国经济增长的乐观派，认为目前的中国经济增速放缓是周期性的和外部性的，并且坚定地认为中国经济至少还可以保持7%左右的高增长30年（林毅夫，2016）。李扬等（2015）则认为中国经济“新常态”是中国迈向更高级发展阶段的宣示，完全不同于次贷危机之后国际主流媒体所展示的概念内涵。由于这种结构性减速伴随着经济增长质量的提升，因此中国经济“新常态”本质上反映了中国经济发展的高级化阶段。

而悲观派则认为中国经济高增长大势已去，经济减速甚至增速大幅度放缓的可能性很大，典型研究有：Maddison（2007）预测中国经济在2003~2030年只有4.98%的年均增长率。Eichengreen et al.（2011）的研究发现快速增长经济体人均年收入达到1.7万美元左右时，其经济增长速度将显著放缓。随后，Eichengreen et al.（2013）进一步研究表明快速经济增长体在人均GDP达到1万~1.1万美元的范围时，同样会出现增长放缓。Haltmaier（2013）预测中国经济增长将从大约10%的增速逐渐下降到2030年的近6.5%，更悲观的预测是到2030年中国经济增速会下滑到1.5%左右。Pritchett et al.（2014）将中国与印度维持在6%的增长称为

“亚洲欢欣症”（Asiaphoria）①，他们用均值回归预测到中国的平均增速在未来20年将低至3.9%，甚至会出现经济增长突然停滞的风险。巴罗（2016）基于条件收敛方法认为中国过去30年的增长在全球是“独一无二”的，但是这种长期偏离理论预期的高增长是不可持续的。国内学者袁富华（2012）也指出由于未来几十年中国经济结构的服务化趋势逐渐增强，会导致中国经济“结构性加速”向“结构性减速”转换问题的凸显。

总之，中国经济增长速度，无论是乐观派的判断，还是悲观派的预测；无论是向历史均值回归，还是向质量型中高速转变；各方预测与判断清楚表明，中国经济已经不可能再有如同过去三十多年的高增长速度②，未来减速增长已成定局。因此，2014年12月9~11日召开的中央经济工作会议也将“稳增长”列为2015年经济五大任务首位。

但是对中国经济减速原因的解释上，文献中争议较大。主要原因有：总需求中的出口和投资增速显著放缓（陈彦斌等，2013）；低成本优势的消失（庄巨忠，2012）；全要素生产率增速的下降（白重恩和张琼，2014；吴国培等，2014）；政府推动作用的减弱（梁红，2012）；人口结构的变化（王庆，2012；蔡昉，2013）；节能减排的制约（袁富华，2010）；显性和隐性债务的增加（Pettis，2013）；等等。其中代表性研究有：王庆（2012）认为中国人口结构变化的拐点已经出现，造成储蓄率停止上升甚至下降，储蓄率下降自然会导致投资与GDP增速放缓。梁红（2012）认为长周期和短周期各种因素叠加导致了中国经济减速，低于8%的经济增速将是常态。张斌（2013）认为要素投入率和*TFP*的双重下滑导致了中国经济增速的下滑。

需要指出的是，上述研究中，报告式分析多，而严谨性分析较少。只有少数学者做出了严谨的分析。中国经济增长前沿课题组（2012）指出资本和劳动要素弹性逆转是导致经济减速的关键变量。中国经济增长前沿课

---

① 普瑞切特和萨默斯联合撰写的文章“Asiaphoria Meets Regression to the Mean”，译成汉语是“亚洲欢欣症遇上均值回归”。Asiaphoria是两位作者创造的新词。英语里有euphoria这个词，意思是非常强烈的且通常持续时间较短的快乐。英语里还有一个医学词是phoria，指的是一种表现得不明显的隐性的斜视。两位作者把euphoria中的eu替换成asia，从而形成了asiaphoria，真是意蕴万千。

② 比如，林毅夫在《中国经济奇迹的一般意义》中指出，中国经济在1978~2014年的36年间保持了年均9.8%的高增长。具体参见北京大学国家发展研究院简报2015年第14期（总第1200期）。

题组（2013）进一步指出中国经济增长的人口结构转型、生产率的产业再分布、收入分配调整、城市化率提高、资本效率递减、全要素生产率改进空间狭窄等六个结构性特征共同作用导致了经济增长减速。伍晓鹰（2013）发现中国整体工业的全要素生产率在1980~2010年只有0.5%，远不如处在相似阶段的日韩和中国台湾。伍晓鹰（2014）进一步指出中国近百年工业化道路都遵循了一条高速低效的增长路径。白重恩等（2014）指出周期性因素不是中国2008年以来生产率下降的主要因素，“后发优势”不断减弱、对外依存度大幅下降、投资率攀升、政府规模不断扩大和劳动参与率持续降低等才是问题根本。吴国培等（2014）发现近几年经济减速的直接原因就是全要素生产率对经济增长的贡献率下降，近5年的贡献率平均仅约18%。

现有研究对理解本轮经济减速提供了诸多有价值的见解，但是依然存在一些研究空白与争议。一是重未来而轻过去，即过去经济增长模式对本轮经济减速的影响。大多数研究特别强调比较优势、人口结构、出口等因素的未来转变对经济减速的影响，而忽视中国经济本轮减速可能是过去的增长模式与行为导致的，很可能是过去增长模式难以为继的表现。二是对经济减速的解释争议较大。有的研究认为是长短期因素造成的；有的研究认为是六种因素造成的；有的研究认为是全要素生产率下降导致的；还有的研究认为是历史因素造成的。这种解释既不利于认清本轮经济减速的本质，也不利于实施有效的减速治理措施。三是缺乏一个统一的分析框架。有的研究属于统计经验总结，有的研究属于国别经验的计量预测，没有在一个统一的理论框架下分析中国经济减速的原因与对策。

本章试图从供给侧角度解释中国经济三十多年的增长情况与本轮中国经济减速问题。而经济增长的供给侧分析，也正好对应了以索洛（Robert Solow）为代表性人物的新古典增长理论（Solow，1956）。在新古典经济学框架下，资本积累、劳动力供给以及技术进步带来的全要素生产率（total factor productivity，*TFP*）① 是经济增长的三个源泉。本章借助数据包络分析（Data Envelope Analyse，*DEA*）构建了一种新的全要素生产率增长的估计与

① 因为，全要素生产率在长期经济增长中的决定性作用与价值。在相关争论中，全要素生产率增长也被较多的研究论述与分析，并逐渐成为揭示中国经济本轮减速的焦点。研究中国全要素生产率增长的结构及背后驱动力量，对理解本轮中国经济减速尤为重要和迫切。

分解方法，这种方法可以估计中国全要素生产率增长和每一种投入要素的生产率增长，这样我们就可以从供给侧的三个侧面来分析中国经济减速的根源。同时本章进一步构建计量分析模型分析影响中国全要素生产率增长、资本生产率增长以及劳动力生产率增长的关键因素。

本章研究结果如下。(1) 国家和地区层面的分析均表明，中国经济近些年在 *TFPG* 方面正面临着严重的双重挑战：一是 20 世纪 90 年代以后，资本生产率几乎零增长；二是改革开放以来，劳动生产率的技术效率表现不佳。这表明本轮中国经济减速早有隐患，增速放缓是结构性问题而非周期性问题，中国经济已经不小心走上一条“高投资—高增长—低效率—高投资—高增长”的恶性循环道路。(2) 但是，三十多年来的中国经济增长仍然演绎了一个近乎完美的中国版的奇迹故事：鉴于中国庞大的劳动力存量现实以及改革开放初期资本短缺的困境，中国经济增长充分发挥了自身的比较优势，全要素生产率增长对中国经济增长贡献度高达 65.19%，高增长的生产率基础也是建立在劳动生产率以及劳动力技术效率追赶基础上的。而 1994 年开始的分税制改革不仅带来了劳动的追赶效应而且使得技术进步偏向劳动。(3) 本轮中国经济发展特征是减速增效，根本原因是生产率加速，背后是劳动力追赶和比较优势发挥；如果非要说中国经济发生了减速事实的话，只能说是中国传统经济增长源泉式微，不再能够维持长期以来近两位数的 GDP 增长速度而已。追赶加速和发挥比较优势是中国经济“新常态”下生产率上的两大典型事实。从长期而言，大力发展金融与提高人力资本有助于缓解中国全要素生产率增长的双重困境。

本章的直接政策含义如下。(1) 2008 年以来中国经济增长下滑早有隐患，希望通过继续保持较高水平的投资，不仅不能解决中国经济增长问题，可能会进一步恶化中国经济增长的质量。(2) 深化改革对防止经济过度减速至关重要。中国全要素生产率增长的双重隐患向政府决策提出了更大挑战：为避免资本生产率的进一步恶化，必须控制过高的投资率。但是目前中国经济的转型过程尚未完成，依然有大约 40% 的劳动力用于农业。这么庞大的农业人口的顺利转移需要投资来推动。而过高的投资不仅会恶化生产率，而且会挤出私人消费。只有通过深化改革才可能解开中国全要素生产率增长双重隐患的死结。

本章其余部分安排如下：第二部分基于供给侧视角构建本轮经济减速

分析框架，然后解释数据来源；第三部分分析国家和地区的全要素生产率增长；第四部分是全要素生产率、资本生产率与劳动力生产率的影响因素分析；第五部分是结论与启示。

二　供给侧视角的经济增长分析框架

经济增长的供给侧分析，也正好对应了以索洛（Robert Solow）为代表性人物的新古典增长理论形成的（Solow，1956），在新古典经济学框架下，资本积累、劳动力供给以及技术进步带来的全要素生产率（Total Factor Productivity，*TFP*）是经济增长的三个源泉。在上述框架下，经济增长可以被分解为要素投入的增长与全要素生产率的增长，具体分解方式如图 6-1 所示。

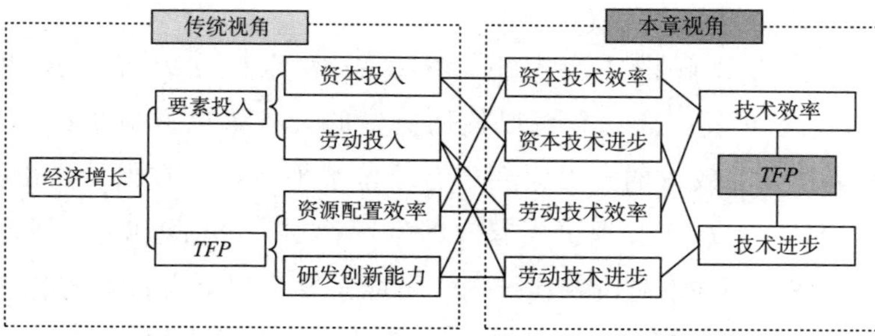

图 6-1　新古典增长理论下经济增长的分解

针对上述经济增长的分解框架，并考虑到在当前的经济形势下，依靠传统的资本积累和劳动参与率提高的增长方式渐渐表现出不可持续的态势，产能过剩、资源错配、效率损失严重等问题逐渐成为制约中国经济健康可持续发展的主要障碍。为此，如何从增加要素投入带动经济增长转变为对要素的合理、充分利用成为经济改革中亟须解决的问题。笔者参考 Chang et al.（2012）的做法，通过将全要素生产率的分解扩展到要素层面，将原本相对独立的两个部分进行有机结合。为此，笔者将投入导向型方向性距离函数与 Färe-Lovell 效率测度方法①相结合，对 Luenberger 生产率指数进行扩展，这种扩展使得全要素生产率可以进一步分解到要素层面，如此不仅可以

① Färe-Lovell 效率测度可以允许距离函数在不同的投入要素间具有不同的收缩比例，是一种较为常用的非径向效率测度方法。

将新古典经济增长理论中对于促进经济增长相互独立的两个部分进行有机结合，而且还可以将对经济增长的分析全部放在生产率这个层面，由此可以在生产率层面探索我国经济增速下降的深层原因。接下来本章将按照对生产技术建模、对经济增长动力进行分解两个步骤对理论框架做简单的介绍。

（一）生产技术与 *TFP*

与现有研究中国经济增长或者测度全要素生产率的相关文献相同，本章假定生产过程中主要使用劳动（L）和资本（K）作为投入，在既定技术水平（P_t）下可以产生经济产出（Y）。上述关系可以通过生产可能性集合（production possibility set）[①] 表示为：

$$P_t = \{ (L_t, K_t, Y_t) \mid (L_t, K_t) \text{ can produce } Y_t \} \tag{6.1}$$

在满足新古典假设的情况下，生产技术具有自由可处置性（free disposable），意味着厂商总是可以使用更多的投入来生产更少的产出。当然，这种做法是非效率的，因为在现有技术水平下可以在保持产出不变的情况下减少投入，从而实现更为有效的生产计划。可以想见要消除生产计划中的非效率问题并不是没有代价的，可能需要采用更为科学的管理模式、激励制度等。传统 *DEA* 模型在衡量生产活动中的非效率因素时，往往是基于整个生产过程的，而笔者通过采用 Färe-Lovell 效率测度方法与方向性距离函数相结合的方式，在要素层面衡量每种投入在生产活动中的非效率情况，并对其加总以得到整个生产过程的非效率值。采用方向性距离函数[②]以及 Färe-Lovell 效率测度方法，可以将上述生产技术等价地表示为：

$$\begin{aligned} &\overrightarrow{D}_{ot}(L_t, K_t, Y_t; g_L, g_K) \\ &= \max\{ \beta = w_L\beta_L + w_K\beta_K \mid (L_t - \beta_{LgL}, K_t - \beta_{KgK}, Y_t) \in P_t \} \end{aligned} \tag{6.2}$$

$$\overrightarrow{D}_{ot}(L_t, K_t, Y_t; g_L g_K) \geqslant 0 \tag{6.3}$$

这里（g_L；g_K）是定义在投入空间 R_+^2 上的非零向量[③]，w_L 以及 w_K 分别

---

① 这里本章假设生产技术符合新古典假设，不再进行详细说明。

② 关于方向性距离函数性质的详细介绍可以参考 Chambers et al.（1998）的文章。

③ 对于方向向量的非零约束是为了保证距离函数有定义，当方向向量取值为 0 时，距离函数会等于无穷大而变得没有定义。

代表劳动和资本投入中的非效率对整体非效率的影响权重。对于不同投入要素设定不同的放缩比例（β_L，β_K），可以测度要素层面的非效率情况。当且仅当所有投入要素都不存在非效率时，式（6.3）中的方向性距离函数取等号。

同时，将观察到的投入水平作为方向向量，即（g_L，g_K）=（L_{ot}，K_{ot}）。而劳动与资本投入中的非效率对整体非效率的影响权重也没有较强的理论依据，将劳动与资本对于整体非效率的影响权重设定为（w_L，w_K）=（0.5，0.5）。在上述设定下，各个生产单位的整体非效率值，即方向性距离函数可以通过求解如下线性规划问题得到：

$$
\begin{aligned}
\overrightarrow{D}_{ot}(L_t,K_t,Y_t;g_L,g_K) &= \max 0.5(\beta_L+\beta_K) \\
s.t.\ \sum_{j=1}^{N}\lambda_j L_{jt} &\leqslant L_{ot}(1-\beta_L) \\
\sum_{j=1}^{N}\lambda_j K_{jt} &\leqslant K_{ot}(1-\beta_L) \\
\sum_{j=1}^{N}\lambda_j Y_{jt} &\geqslant Y_{ot} \\
\lambda_j \geqslant 0,\beta_L \geqslant 0,\beta_K &\geqslant 0,j=1,2,\cdots,N
\end{aligned}
\tag{6.4}
$$

类似的，可以采用上述方法计算得到两个跨期方向性距离函数$\overrightarrow{D}_{ot+1}$（$L_t$，$K_t$，$Y_t$；$g$）和$\overrightarrow{D}_{ot}$（$L_{t+1}$，$K_{t+1}$，$Y_{t+1}$；$g$）以及一个同期方向性距离函数$\overrightarrow{D}_{ot+1}$（$L_{t+1}$，$K_{t+1}$，$Y_{t+1}$；$g$）。在此基础上，根据 Boussemart et al.（2003）的研究，全要素生产率增长率可以采用上述四个方向性距离函数表示为：

$$
\begin{aligned}
TFPG=0.5[&(\overrightarrow{D}_{ot}(L_t,K_t,Y_t;g)-\overrightarrow{D}_{ot}(L_{t+1},K_{t+1},Y_{t+1};g)) \\
&+(\overrightarrow{D}_{ot+1}(L_t,K_t,Y_t;g)-\overrightarrow{D}_{ot+1}(L_{t+1},K_{t+1},Y_{t+1};g))]
\end{aligned}
\tag{6.5}
$$

TFP 指数小于零，意味着在时期 t 与时期 $t+1$ 之间，全要素生产率发生了退步；*TFP* 指数等于零，意味着两期之间全要素生产率不变；*TFP* 指数大于零则意味着两期之间，全要素生产率发生了进步。

（二）供给侧视角的效率分解

从式（6.4）可以看到，β_{L} 以及 β_{K} 分别衡量了劳动与资本投入的非效率。

类似的，可以定义与未加权非效率相对应的方向性距离函数$\overrightarrow{D}_{ot}^{L}$（$L_t$，$K_t$，$Y_t$；$g$）$=\beta_L$，相应地也可以将资本非效率对应的方向性距离函数表示为$\overrightarrow{D}_{ot}^{L}$（$L_t$，$K_t$，$Y_t$；$g$）$=\beta_K$。因而可以分别计算劳动生产率增长（Labor Productivity Growth，*LPG*）与资本生产率增长（Capital Productivity Growth，*KPG*）：

$$KPG=0.5[(\overrightarrow{D}_{ot}^{L}(L_t,K_t,Y_t;g)-\overrightarrow{D}_{ot}(L_{t+1},K_{t+1},Y_{t+1};g)) \\ +(\overrightarrow{D}_{ot+1}^{L}(L_t,K_t,Y_t;g)-\overrightarrow{D}_{ot+1}(L_{t+1},K_{t+1},Y_{t+1};g))] \tag{6.6}$$

$$KPG=0.5[(\overrightarrow{D}_{ot}^{K}(L_t,K_t,Y_t;g)-\overrightarrow{D}_{ot}^{K}(L_{t+1},K_{t+1},Y_{t+1};g)) \\ +(\overrightarrow{D}_{ot+1}^{K}(L_t,K_t,Y_t;g)-\overrightarrow{D}_{ot+1}^{K}(L_{t+1},K_{t+1},Y_{t+1};g))] \tag{6.7}$$

进一步，这种分解方法有两个良好的特征。（1）每一种投入的生产率增长可以进一步分解为技术进步和技术效率变化。因此，就可以进一步理解资本生产率和劳动生产率背后的驱动因素。（2）全要素生产率增长等于资本生产率增长和劳动生产率增长的算术平均，相应的，全要素生产率增长中的技术进步等于资本生产率增长的技术进步和劳动生产率增长的技术进步的算术平均，全要素生产率增长中的技术效率变化等于资本生产率增长的技术效率变化和劳动生产率增长的技术效率变化的算术平均。因此，这种分解方法可以进一步表示为：

$$\begin{aligned} TFPG &= 0.5(LPG+KPG) \\ &= 0.5(EFFCH_L+EFFCH_K)+0.5(TECHCH_L+TECHCH_K) \\ &= EFFCH+TECHCH \end{aligned} \tag{6.8}$$

这里的 *EFFCH* 和 *TECHCH* 分别表示技术效率变化和技术进步，*EFFCH* 衡量的是对应投入要素的相对效率变化，*TECHCH* 衡量的是生产前沿面的移动。下标 L 和 K 分别表示劳动和资本。其中，

$$EFFCH=D_{ot}(L_t,K_t,Y_t;g)-D_{ot+1}(L_{t+1},K_{t+1},Y_{t+1};g) \tag{6.9}$$

$$TECHCH=0.5[(D_{ot+1}(L_{t+1},K_{t+1},Y_{t+1};g)-D_{ot}(L_{t+1},K_{t+1},Y_{t+1};g)) \\ +(D_{ot+1}(L_t,K_t,Y_t;g)-D_{ot}(L_t,K_t,Y_t;g))] \tag{6.10}$$

在本章的框架下，各要素的技术进步和技术变化可以理解为在其他要素效率不变的条件下，某要素效率变化对全要素生产率的影响。例如，劳

动要素出现了5%的技术进步。在本章的分析框架下，这表明在资本投入效率不变的条件下，生产前沿面沿着劳动的维度上移5%，进而使全要素生产率在技术进步方面提升5%。类似的，资本出现了5%的技术效率提升，意味着在劳动效率不变的条件下，观测点在资本维度向前沿面靠近了5%，且使得全要素生产率在技术效率方面提高5%。这样的分解使得全要素生产率变化的原因更加明晰。

（三）数据来源与处理

采用省际投入、产出数据研究中国经济增长的文献较为丰富，这些文章普遍使用了各省份的资本存量以及劳动力人数作为投入要素，产出变量也多以地区生产总值为主。本章最终构建了中国大陆29个省、自治区、直辖市（不包括西藏，重庆四川合并）1978~2012年的平衡面板数据。资本存量（*K*）的处理主要采用国际上通行的“永续盘存法”，而具体的处理方法则使用单豪杰（2008）方法，并且调整1978年为基期。笔者采用各省份历年就业人员数作为劳动投入量指标（*L*）。1985~2008年的各省份历年就业人员数据来自《新中国60年统计资料汇编》，2009~2012年的数据来自相应年份的《中国统计年鉴》。笔者选用中国29个省份以1978年为基期的实际地区生产总值（*Y*）。其中1978~2008年地区生产总值数据来自《新中国60年统计资料汇编》，2009~2012年的数据来自对应年份的《中国统计年鉴》。

三　测度结果分析

接下来，本章使用*GAMS* 24.1.3软件求解了上述方法中涉及的线性规划问题，基于中国29个省份1978~2012年的数据样本，重新测度了中国的*TFPG*、*KPG*与*LPG*，在将*TFPG*分解为技术效率变化和技术进步的基础上，也将*KPG*与*LPG*分解为各自的技术效率变化和技术进步。

（一）国家层面考察

1. 周期特征分析

图6-2是国家层面的*TFPG*、*KPG*与*LPG*变化情况。在样本期内，中国的*TFPG*表现出年均5.32%的增长。特别是，*TFPG*在90年代中期以前表现

得极不稳定，在 1986 年（9.71%）和 1989 年（13.9%）有两个峰值。*TFPG* 在 1995 年达到 13.4%之后开始下降，这期间的 *TFPG* 有一个减缓的趋势。2000 年以后，剔除全球金融危机的影响，*TFPG* 有一个轻微的上涨趋势。总体而言，*TFPG* 的模式与近期文献的发现比较一致（Wu，2003；Guillaumont et al.，2006；Li et al.，2011；李平等，2013）。*TFPG* 的周期特征也与 Tian et al.（2012），刘培林等（2015）的结论一致。1995 年之前波动十分剧烈，而 1995 年之后波动大幅减缓。

TFPG 波动的模式与中国改革开放以来的重要改革也高度契合。1978～1989 年这一段的高增长反映了我国 20 世纪 70 年代后期和 80 年代后期开始的两次农业部门改革（分别是家庭联产承包责任制、农产品价格改革和农业投入品市场改革），以及 20 世纪 80 年代早期进行的非农部门改革（价格双轨制和经济决策权下放）；而 *TFPG* 在整个 90 年代的高位运行反映了各种改革的深化尤其是 1997 年实施的市场化改革（国企所有制改革和民营企业合法化）的成果；2001 年我国加入世界贸易组织又带来了新一轮的 *TFPG* 的上扬，只是由于受次贷危机与全球经济危机的影响，我国 *TFPG* 在 2008 年之后波动加剧。

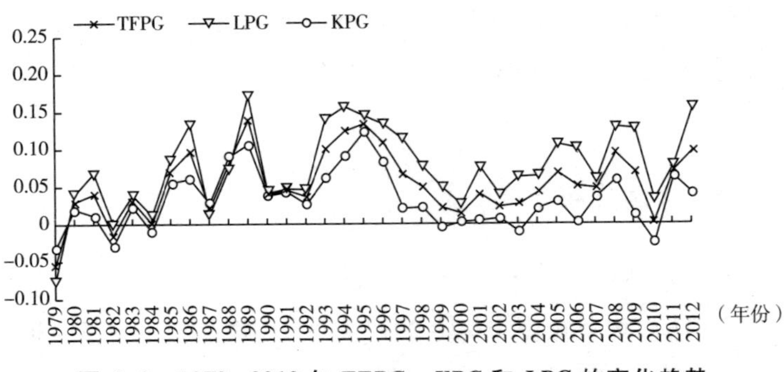

图 6-2　1979～2012 年 *TFPG*、*KPG* 和 *LPG* 的变化趋势

图 6-2 同样列示了 *KPG* 与 *LPG* 的年度变化情况。在样本期内，*LPG* 的平均增长率为 7.53%，而 *KPG* 的平均增长率仅为 3.12%。*LPG* 和 *KPG* 在 1993 年以前的趋势高度一致，而在 1993 年以后，这两种投入要素的生产率增长开始分离。特别是在 90 年代中期以后，*KPG* 总是低于 *LPG* 和 *TFPG*。图 6-2 表明，在 1993 年之后，*LPG* 呈现持续性的高年增长率（8.73%）。一

种可能的经济解释是劳动力逐渐从低生产率产业（第一产业）转移到高生产率产业（第二和第三产业）。然而，1993～2012 年的平均 *KPG* 只有 2.68%，表明在这段时间 *KPG* 对中国 *TFPG* 的贡献仅是 *LPG* 的 1/3。因此，本章研究发现在过去的几十年间，中国经济 *TFPG* 最大的贡献来自 *LPG*。近十几年来资本生产率较低水平的增长是中国全要素生产率增长面临的一个重大挑战。

总之，国家层面的 *TFPG*、*KPG* 与 *LPG* 在 20 世纪 90 年代之前变化较为一致，但是进入 20 世纪 90 年代之后，三种生产率出现了"大分流"现象，*LPG* 开始在高位运行，*KPG* 在低位运行，而 *TFPG* 居中。同时，国家层面的 *TFPG*、*KPG* 与 *LPG* 的周期特征非常明显。在整个样本期，表现为一个短周期（1979～1989 年）和一个长周期（1990～2012 年），其中包括两个峰值和两个谷值，两个峰值分别出现在 1989 年和 1994 年，两个谷值分别出现在 1990 年和 2000 年。周期阶段、峰值与谷值的发生时间高度印证了中国经济改革开放的发展进程。中国经济改革开放大致可以分为四个阶段：第一个阶段是从 1979 年到 1988 年，家庭联产承包责任制取代了集体化生产，乡镇企业异军突起，中央开始陆续推行经济特区政策。然而，在 1988～1992 年，中国经济增长放缓，腐败现象在社会上引起了不满，改革的支持者和反对者的关系趋于激化。第二个阶段是 1992 年之后，以邓小平同志南方谈话为标志，结束了不稳定时期，改革得以继续推进，中国经济逐渐转型为市场经济。经济特区继续发展扩大，吸引了大量外资，合资企业如雨后春笋般出现；国有企业"抓大放小"，低效率的国有企业进行重组或停业，民营企业的发展受到政府鼓励。这个阶段出现了亚洲金融危机，直接导致中国 *TFPG*、*KPG* 与 *LPG* 出现 1992 年以后的低增长。第三个阶段是 2001 年之后，中国加入 WTO，为出口导向的经济增长埋下了种子。第四个阶段是 2008 年至今。

20 世纪 90 年代以来中国资本生产率不断下降，造成年均资本生产率较低的局面，一个可能的经济解释就是中国越来越严重的过度投资以及过度投资造成的配置低效。已有研究表明中国投资占 GDP 的比重在过去十年持续上升，至 2013 年达到 46%。中国的实际投资水平不仅显著高于跨国面板数据估计所得出的水平，而且偏离跨国面板估计的规模更大且持续时间更长（Lee et al.，2012；屈宏斌，2015）。Pettis（2014）将中国发展分为四个阶段［第一次自由化时期、“格申克龙”（Gershenkron）期、投资过度期、第二次自由化时期］，并且认为中国目前正处于投资过度期。近十几年出现的难以根治的产能过剩问题就是对过度投资的一个最有力的佐证。

过度投资意味着经济资源错误地配置给经济中的其他部门，而资源错配直接导致经济效率低下，这一点已经被国内外大量研究证实（Hsieh et al.，2009）。Zheng et al.（2009）就指出20世纪90年代中期以后，中国经济的增长策略转变为资本密集型增长，进而导致了*TFPG*的减缓。Hsieh et al.（2009）预测如果中国资源配置效率提高到美国的水平，中国宏观经济产出将提高30%~50%。Lee et al.（2012）估计过度投资的代价为年均成本占GDP的4%。中国经济增长前沿课题组（2013，2014）不仅指出中国过多的资本进入政府主导的原材料和重工业部门、房地产以及基础设施部门，造成突出的资本无效配置现象，而且明确指出过度无效投资导致的过快减速风险。白重恩等（2014）也发现2008~2013年我国投资率水平大幅攀升并维持在较高水平上不变，虽然整体上有力地缓减了金融危机对我国经济增长的负面冲击，但不利于生产效率的改进，并且经济刺激计划等带来的大规模投资并未逆转经济增速不断下降的长期趋势。总之，国内外大量研究已经证实中国不仅存在严重的投资过度，而且过度投资确实造成配置低效与经济增长减速。

本章研究表明，尽管说保持过高投资率造就了中国经济快速发展，但是过度投资的代价高昂。中国因为过高投资遭遇的发展困境已经显现，中国一方面仍然需要大量的投资来完成工业现代化、城镇化，因为后发展国家更需要通过投资来实现经济的发展与技术的赶超；另一方面过度投资又导致资本生产率低下，不仅造成资源的极大浪费与错配，而且直接制约了中国经济增长转型。最终导致中国经济陷入一种“高投资—高增长—低效率—高投资—高增长”的发展怪圈。

2. *效率分解分析*

为了能够与传统分解方法相比较，本书进一步将*TFPG*分解为技术进步和技术效率变化。图6-3是*TFPG*、技术进步与技术效率变化的累计变化情况。中国的*TFPG*在样本期内累计增长了180.97%。技术进步是促进*TFPG*的主要动力，技术进步累计增长了168.97%。与此形成鲜明对比的是，技术效率变化的累计增长仅为 12.02%，这意味着在中国，追赶效应（catch-up effect）十分微弱，说明无效率省份和效率省份之间的不平衡程度并无显著改善。这个结果与大部分文献也是一致的（Guillaumont et al.，2006；Zheng et al.，2006；Chen et al.，2009；Li et al.，2011）。

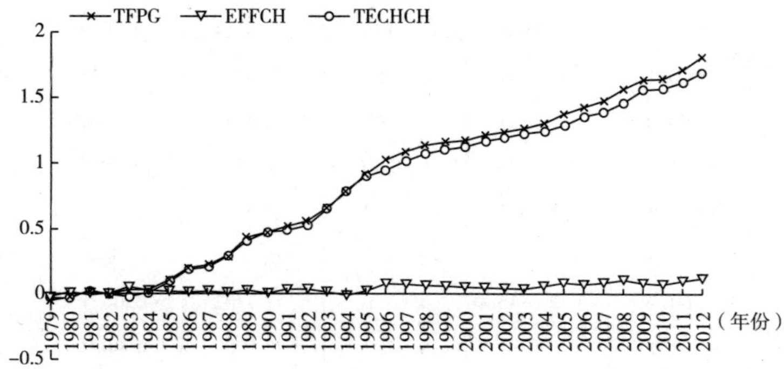

图 6-3 1979~2012 年 *TFPG*、技术进步与效率变化的累计变化

本章同样可以将 *KPG* 和 *LPG* 分解成各自的技术进步与技术效率变化。表 6-1 充分显示了每年 *KPG* 和 *LPG* 的技术进步与技术效率变化。*KPG* 的两个分解部分（$EFFCH_K$和 $TECHCH_K$），在 1979~2012 年，资本生产率的技术效率变化（$EFFCH_K$）平均是-0.11%。正如 Zheng et al.（2009）指出的，90 年代中期以后，中国的增长模式高度依赖资本积累。本书研究表明，在 1993~2010 年 $EFFCH_K$显著下降，这可能正是因为资本存量的积累速度过快所致。幸好，$TECHCH_K$每年增长 3.23%，抵消了 $EFFCH_K$的负效应并且导致资本生产率的正向增长。至于 *LPG* 的分解部分（$EFFCH_L$和 $TECHCH_L$），表 6-1 的最后两列表明 $EFFCH_L$年均增长 0.82%，$TECHCH_L$年均增长 6.71%，都是正向增长。

表 6-1 1979~2012 年 *TFPG KPG* 和 *LPG* 分解情况

时期	*TFPG*		*KPG*		*LPG*	
	EFFCH	*TECHCH*	$EFFCH_K$	$TECHCH_K$	$EFFCH_L$	$TECHCH_L$
1978/79	-0.0228	-0.0328	-0.0650	0.0313	0.0194	-0.0970
1979/80	0.0352	-0.0054	0.0146	0.0056	0.0559	-0.0163
1980/81	-0.0240	0.0640	-0.0504	0.0621	0.0024	0.0659
1981/82	0.0165	-0.0321	0.0002	-0.0304	0.0327	-0.0337

续表

时期	TFPG		KPG		LPG	
	EFFCH	*TECHCH*	$EFFCH_K$	$TECHCH_K$	$EFFCH_L$	$TECHCH_L$
1982/83	0.0468	-0.0157	0.0237	-0.0006	0.0700	-0.0308
1983/84	-0.0275	0.0279	-0.0433	0.0325	-0.0117	0.0234
1984/85	-0.0091	0.0801	-0.0172	0.0724	-0.0011	0.0878
1985/86	-0.0029	0.1000	-0.0121	0.0724	0.0063	0.1277
1986/87	0.0021	0.0184	0.0027	0.0252	0.0014	0.0115
1987/88	-0.0050	0.0861	0.0108	0.0790	-0.0208	0.0932
1988/89	0.0154	0.1236	0.0249	0.0814	0.0059	0.1658
1989/90	-0.0234	0.0631	-0.0152	0.0531	-0.0317	0.0730
1990/91	0.0313	0.0136	0.0120	0.0304	0.0505	-0.0033
1991/92	0.0017	0.0346	0.0056	0.0207	-0.0021	0.0486
1992/93	-0.0231	0.1234	-0.0397	0.1007	-0.0064	0.1461
1993/94	-0.0271	0.1510	-0.0211	0.1117	-0.0332	0.1903
1994/95	0.0353	0.0983	0.0415	0.0812	0.0292	0.1153
1995/96	0.0589	0.0490	0.0665	0.0162	0.0512	0.0818
1996/97	-0.0039	0.0706	-0.0213	0.0421	0.0136	0.0990
1997/98	-0.0094	0.0587	0.0045	0.0173	-0.0233	0.1002
1998/99	-0.0066	0.0282	-0.0189	0.0134	0.0056	0.0430
1999/00	-0.0076	0.0217	-0.0193	0.0217	0.0041	0.0217
2000/01	-0.0043	0.0440	-0.0061	0.0101	-0.0024	0.0779
2001/02	-0.0022	0.0250	0.0034	0.0035	-0.0077	0.0464
2002/03	-0.0049	0.0308	-0.0124	0.0014	0.0026	0.0601
2003/04	0.0219	0.0202	0.0252	-0.0047	0.0185	0.0451
2004/05	0.0248	0.0435	0.0420	-0.0117	0.0077	0.0986
2005/06	-0.0153	0.0660	-0.0166	0.0174	-0.0140	0.1146
2006/07	0.0162	0.0315	0.0207	0.0153	0.0117	0.0477
2007/08	0.0217	0.0727	0.0282	0.0312	0.0152	0.1142
2008/09	-0.0266	0.0961	-0.0275	0.0397	-0.0256	0.1525
2009/10	-0.0077	0.0107	-0.0026	-0.0229	-0.0127	0.0442
2010/11	0.0254	0.0458	0.0045	0.0591	0.0463	0.0325
2011/12	0.0204	0.0771	0.0206	0.0187	0.0201	0.1356
平均数	0.0035	0.0497	-0.0011	0.0323	0.0082	0.0671

注：*EFFCH* 和 *TECHCH* 是各自的技术效率变化与技术进步。

劳动力的技术效率相对其技术进步速度较低有两个方面原因：一是户籍制度与部门垄断等导致低素质劳动力长期积聚在低端制造业和传统工业部门，无法通过“干中学”和项目培训等来提升自身素质与效率水平；二是垄断导致的高素质劳动力无法合理配置，而大量配置在非生产性部门。例如，已有研究指出中国在人力资本水平相对较低的情况下，仍然将人力资本严重错配在非生产性部门（鄢萍，2012；中国经济增长前沿课题组，2014）。每年持续升温的高学历群体报考公务员热也从另一个侧面反映了中国存在严重的高素质人力资本错配。

3. 追赶效应分析

在本章框架下，各指标的效率值衡量了各省份距离生产前沿面的远近程度。为此，效率值增长率可以用以衡量相对较为落后的省份追赶位于生产前沿面的“最佳实践”省份的速度。效率增长率越高，表明落后省份向生产前沿面靠近的速度越快，也就越容易追赶甚至实现反超相对领先的省份。笔者在分析整体效率增长率变化情况的基础上，进一步在要素层面对效率增长率进行了分解，即将整体效率区分为资本效率以及劳动效率。结果如图 6-4 所示，从整体效率增长率的累计变化趋势可以发现，在 1994 年以前各省份累计效率增长率在“0”附近波动，这一结果表明在 1994 年以前我国各个省份之间几乎不存在“追赶效应”。而 1994 年以后各省份累计效率值基本维持在 5%左右，且最近几年具有微弱的上升趋势，表明相对落后省份向生产前沿面靠近的趋势正在逐步形成，到 2012 年整体效率累计增长率达到 12.02%。即通过 1995 年以来的多年累计，各个省份平均来说向生产前沿面靠近了 12.02%，考虑到生产前沿面在同一时期也会有所上升，12.02%已经是相对较好的结果了。

从效率值在投入要素层面的分解结果来看，劳动效率的累计增长率一直位于相对较高的水平，而且从时间变化上来看具有明显的上升趋势。与此形成鲜明对比的是资本效率一直是制约整体效率增长率提高的主要因素，从资本效率的累计增长率变化趋势可以看到，在 1979～1994 年资本效率累计增长率为-16.95%，资本在这一段时间内效率值的下降趋势非常明显。而 1994 年后资本效率累计增长率开始在波动中上升，特别是 2003 年后出现了较快的上升趋势，但即便如此也未能挽回其在整个样本期间一直为负的情况。从上述分析中可以发现，由于技术进步会推动生产前沿面上升，事实

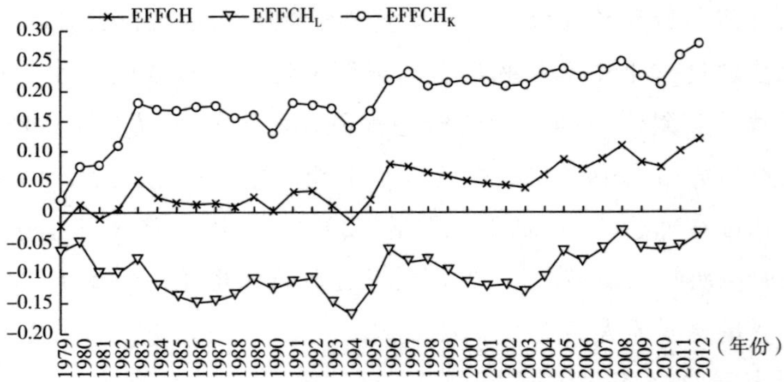

图 6-4　1979~2012 年 EFFCH 及其分解的累计变化

上效率增长率不仅衡量了相对落后省份向生产前沿面靠近的速度，也衡量了效率增长率与技术进步之间的相对关系，只有当效率增长率超过技术进步速度时，才可以观察到相对落后省份具有向生产前沿面靠近的趋势，否则相对落后的省份离开生产前沿面的距离将会越来越远。为此，笔者在考察省份之间的追赶效应时，进一步分析了技术进步对于追赶效应的影响，结果如图 6-5 所示。

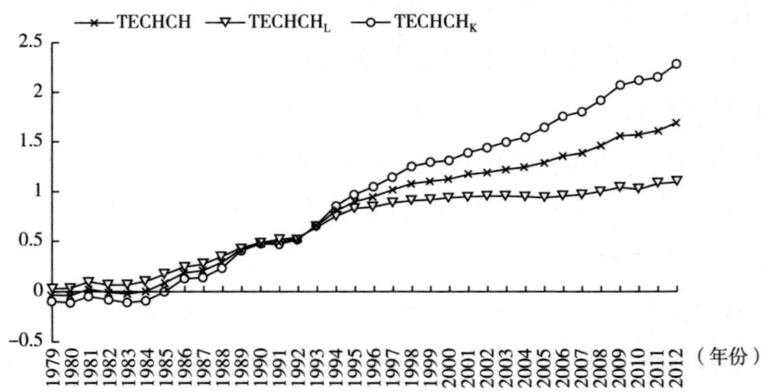

图 6-5　1979~2012 年 TECHCH 及其分解的累计变化

从图 6-5 可以看到，在 1985 年前几乎没有技术进步，从 1986 年开始才逐步出现了技术进步的情况，但在 1994 年以前资本技术进步与劳动技术进步几乎是同步的，表明在这一时期我国的技术进步属于中性的技术进步。而 1994 年以后资本与劳动的技术进步出现了背离的情况，技术进步开始偏向劳动，且随着时间的推移两者之间的差异有进一步扩大的趋势。本章的结论与现有研究中讨论生产技术进步在资本与劳动之间偏向性（戴天仕等，2010；雷钦礼，2013；邓明，2014）文献的结论存在较大的差异，造成这一差异的原因可能是由于本章的方法与传统基于计量经济学方法存在很大的差异，不仅可以测算技术进步的偏向性，还可以得到偏向程度时变的估计结果，属于对偏向性技术进步的直接测度。基于计量经济学的估计方法，是通过对生产函数参数的估计，进而得出技术进步的偏向性，属于间接测度。上述结果表明，虽然劳动技术进步累计增长率显著高于资本技术进步的累计增长率，但劳动效率的累计增长率仍然较高，表明劳动效率的提升对于整体效率的提升起着至关重要的作用。

4. 贡献度分析

接下来考察 *TFPG* 对中国 GDP 增长的贡献。表 6-2 中计算了整个样本期以及三个子样本期 *TFPG* 对中国 GDP 增长的贡献。平均而言，中国 GDP 在样本期的年均增长速度为 9.92%，与此同时，*TFPG* 的年均增长速度为 5.32%。研究发现，*TFPG* 可以解释中国 GDP 增长的 53.63%，远高于 Li et al.（2011）的发现。

基于本章分解方法，笔者能给 *KPG* 和 *LPG* 对 GDP 增长的贡献提供新的发现。如表 6-2 所示，*KPG*（18.27%）和 *LPG*（31.28%）的贡献在第一个子样本期（1978～1993 年）是三个子样本期内最接近的。然而，比较三个子样本期发现，*LPG* 的平均增长率从 6.18%增长到 9.82%，而 *KPG* 的平均增长率从 3.61%降低到 2.24%。结果导致 *KPG* 对 GDP 的贡献在第三个子样本期内（2008～2012 年）只占 12.11%，而 *LPG* 对 GDP 的贡献高达 53.08%。这个结果再次表明劳动力生产率对中国经济增长的重要作用，以及中国经济已经遭遇的资本生产率增长低下的困境。

表 6-2　*TFPG*、LPG 和 KPG 对 GDP 增长贡献度

组成	1978～1993 年	1994～2012 年	2008～2012 年	1978～2012 年
平均增长率（%）				
TFPG	4.90	5.70	6.03	5.32
KPG	3.61	2.68	2.24	3.12
LPG	6.18	8.73	9.82	7.53

续表

组成	1978~1993年	1994~2012年	2008~2012年	1978~2012年
GDP增长	9.88	9.95	9.25	9.92
贡献度（%）				
TFPG	49.60	57.29	65.19	53.63
KPG	18.27	13.47	12.11	15.73
LPG	31.28	43.87	53.08	37.95

注：*LPG*和*KPG*的贡献度是由0.5×*LPG*/GDP增长和0.5×*KPG*/GDP增长计算得出。

本章研究结果与朱晓东（2013）和刘培林等（2015）类似。朱晓冬（2013）的测度结果表明中国1978~2007年的经济增长主要来源于生产率的增长而非通常文献所认为的固定资产投资的拉动。而刘培林等（2015）研究表明1978~2009年中国全要素生产率平均增长率为3.16%，并且*TFP*增长对人均GDP的增长贡献率达到77.89%。中国经济增长的“技术含量”与日本、中国香港、韩国等相比，实际上更高。

5. 增长空间分析

潜在增长率是在充分就业条件下，现有生产要素和全要素生产率可以达到的合理经济增长速度。因此，改变生产要素供给和提高全要素生产率都可以提高潜在增长率。基于增长核算方法，许多研究者估计了中国不同时期的潜在增长率。例如，Kuijs（2009）估计中国在1978~1994年的年均潜在GDP增长率为9.9%；1995~2009年为9.6%；2010~2015年年均为8.4%，2016~2020年年均为7.0%。陆旸（2012）的估计结果则悲观一些，即中国平均潜在的GDP年均增长率，在1978~1994年为10.39%，1995~2009年为9.76%。但是，在“十二五”时期将下降到7.79%，在“十三五”时期进一步降低到6.31%。袁富华（2010）估计中国潜在经济的增长速度平均为9.5%。而本研究表明中国GDP在1978~2012年的年均增长速度为9.92%，这清楚表明这三十多年的经济增长一直在潜在经济增长水平附近或之上，中国经济总体的增长质量并不差。

同时，根据朱晓冬（2013）的测算，中国的*TFP*在过去30年实现了年均3.61%的增长，*TFP*从美国的大约3%上升到13%。而且即使中国继续保持20年的高增长，中国的生产率水平也仅仅为美国的40%，这个水平仍然低于处于同样经济赶超阶段的日本、韩国和中国台湾地区。而根据笔者计算，中国1978~2012年的*TFPG*的年均增长速度为5.32%，虽然高于朱晓东（2013）的测算水平，但是中国现在实现的生产率水平还是不及美国的50%，而日本、韩国、中国台湾等在实现经济赶超的同时它们的*TFP*达到美国的至少70%时，这几个国家或地区的经济才进入减速阶段。因此，如果对照东亚这几个成果赶超的国家或地区的经济增长经验来看，中国*TFP*增长的空间非常巨大，中国通过大规模的技术创新来保持可持续的经济增长和进入高收入国家的行列的希望依然巨大。而且，国内外大量研究表明中国经济目前仍然面临着各种发展制约，存在各种扭曲。Hsieh et al.（2009）研究发现如果中国资源配置效率提高到美国的水平，中国制造业的全要素生产率可以提高30%~50%。Brandt et al.（2012）指出，如果资源从低效率的国有企业向高效率的民营企业流动，中国总体经济的潜在生产率至少可以增加20%。张天华等（2016）发现如果消除国有企业的偏向性政策，不仅可以提高资源配置效率，而且可以改善总量生产率水平。需要进一步强调的是，上述研究都是在给定现有资源情况下通过优化资源配置就可以实现的全要素生产率提升，根本不需要通过进一步追加投资来保证经济的可持续发展。总之，无论是笔者研究还是其他相关研究，都证实了中国经济增长的空间依然巨大，通过提升全要素生产率的增长来保持中国经济未来几十年高增长的可能性非常大。

（二）分地区考察

1. 总体考察

长期以来，中国存在严重的地区差距问题。自从邓小平同志1992年的“南方谈话”以后，中国加快了改革开放进程。然而，官方数据表明，自1992年以后，用人均GDP衡量的地区不平衡加剧了（Fleisher et al., 2010）。图6-6勾勒了1978~2012年的东中西部*TFPG*累计变化情况。[①] 图6-6清楚地表明，截至2012年末，中国地区间的全要素生产率增长的累计变化差异巨大。在1978~2012年，东部地区是三个地区中累计*TFPG*最大

① 29个省区市被分类为三个区域，东部（北京、天津、上海、山东、河北、辽宁、江苏、浙江、福建、广东和海南），中部（山西、吉林、黑龙江、安徽、江西、河南、湖北和湖南）和西部（内蒙古、四川、贵州、云南、陕西、甘肃、青海、广西、宁夏和新疆）。

的，总和达到 225.85%，紧接着是中部地区（164.06%）和西部地区（145.15%）。这个研究结论是合理的，并且与 Chen et al.（2009）以及 Tian et al.（2012）的研究结论一致。但是，令人意外的是，在 1990 年之前，中部地区相较于其他两个地区来说拥有更高的累计 *TFPG*。一种可能的解释是，中国经济改革从西部和中部地区开始启动（Tian et al.，2012），但是由于地域优势（易于进入全球市场）和优惠政策（经济特区），东部地区在 90 年代以来加快了改革开放的步伐并且取得了显著的 *TFPG*。

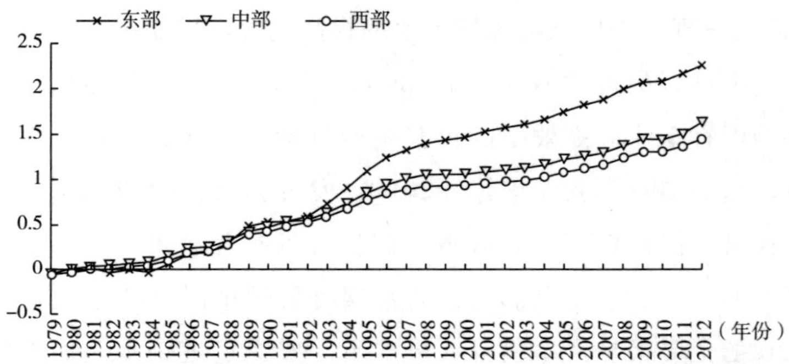

图 6-6　1979~2012 年东部、中部、西部地区 *TFPG* 的累计变化

上文分析表明，在生产率增长方面，东部地区的 *TFPG* 最高，西部地区的 *TFPG* 最低。为了能够了解 *TFPG* 的根源，图 6-7 阐明了三个地区的平均 *TFPG*、*KPG* 和 *LPG*。图 6-7 表明，在东部地区，*KPG* 和 *LPG* 年均增长率分别达到 3.74%和 9.55%。中部和西部地区也呈现类似的增长模式，即 *LPG* 是 *TFPG* 的主要来源。东部地区的平均 *LPG* 和平均 *KPG* 都比中西部地区的高很多，两种要素生产率增长共同导致了东部和中西部之间的巨大差距。因此，本章不仅发现了 *TFPG* 的地区性差异，而且发现了这种地区性差异同样存在于不同要素生产率增长上面。

2. 追赶效应分析

我国地区发展所展现出的不平衡性归根结底还是在于生产率的差异，因此要实现各个地区的协调发展亟须解决的首要问题在于如何缩小地区之间的生产率差异。在本章的分析框架下我们希望通过技术效率差异的分析，揭示出各地区距离生产前沿面的远近及其变化趋势，并进一步从各地区要素使用效率的层面分析产生这一差异的根本原因。从图 6-8 中各地区整体

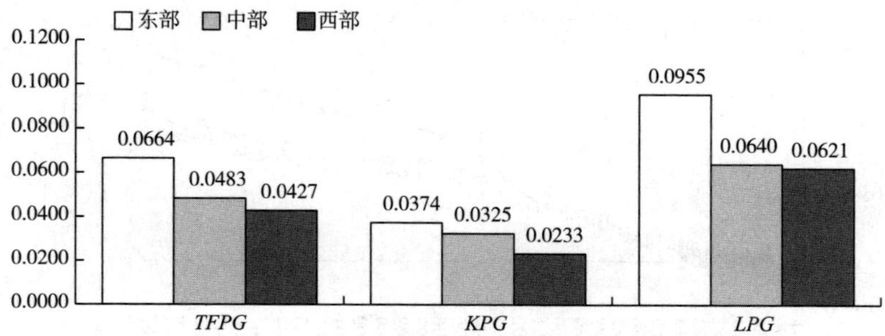

图 6-7　东部、中部、西部的平均 *TFPG*、*KPG* 和 *LPG*

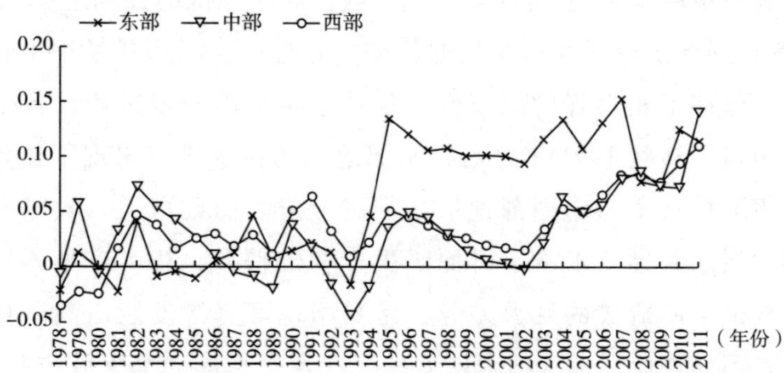

图 6-8　1978~2011 年东、中、西三个地区技术效率（*EFFCH*）的累计变化

效率累计增长率的变化趋势可以看出，在 1994 年以前三个区域都没有展现出显著的追赶效应，表现为整体效率累计增长率一直在“0”附近徘徊。而 1994 年以后随着东部地区率先展现出显著的追赶效应，上述趋势才逐渐被打破。此后，东部地区的效率累计增长率一直处于领先位置，直到 2008 年金融危机的爆发才改变这一趋势。反观中西部地区整体效率累计增长率的变化趋势，直到 2003 年才开始展现出显著的上升趋势，但值得注意的即便是受到金融危机的冲击，这两个地区的整体效率累计增长率也没有像东部地区那样出现快速下降的情况，反而是逆势上升，表现十分抢眼。

从各个地区技术进步的累计变化趋势来看，如图 6-9 所示，虽然中西部地区在效率增长率累计水平上有着十分抢眼的表现，但在技术进步累计变化上与东部地区的差异具有逐渐扩大的趋势。可以清楚地看到，从 1978

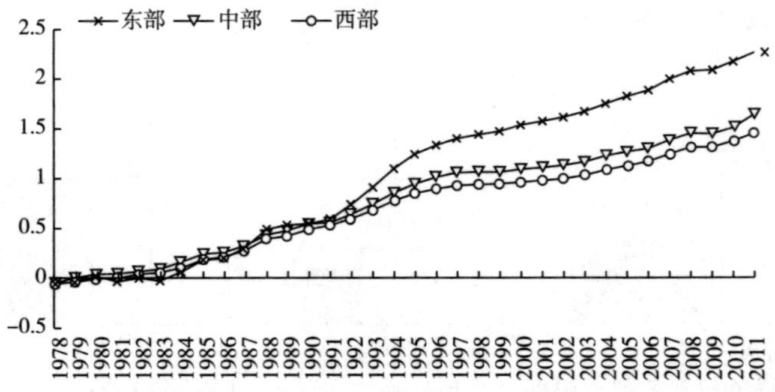

图 6-9　1978~2011 年东、中、西三个地区技术进步（*TECHCH*）的累计变化

年改革开放政策的实施到 1984 年期间，我国各个地区的技术进步几乎为零。而从 1985 年开始出现了快速增长的趋势，并且在这一增长过程中各个地区的技术进步保持了相当好的同步性，从技术水平的角度来说，各个地区的差异并不明显。直到 1991 年之后，东部地区的技术进步出现了显著的加速趋势，并逐渐拉开了与中西部地区之间的差异。由此可见，我国三大经济区域经济发展的差异从根本上讲源于生产率的差异，技术进步累计增长率在改革开放以来所造成的巨大差异，是我国地区经济发展出现严重背离的根本原因。不仅如此，地区技术落差的存在还会形成“马太效应”，吸引生产要素的快速聚集，从而进一步拉大了地区之间经济增长的非平衡性。为此，要从根本上解决我国区域发展的不平衡性，需要从生产率角度出发，逆转各地区在生产率上存在的差异。

从资本和劳动两种投入要素的分解情况来看，图 6-10 展示了不同地区间资本、劳动两种投入要素技术效率的累计变化趋势，从总体趋势上看，分地区的资本和劳动的技术效率变化情况与图 6-4 中全国的分解情况十分一致。从中可以看到，在 1994 年之前中部地区在劳动效率的表现上较为出色，西部地区位列第二，而东部地区表现最差。另外，从资本效率的累计增长率变化趋势看，上述排名发生了逆转。尽管各个地区的资本累计增长率在这一期间内都是负的，但相对来说东部地区在资本累计增长率上表现最好，西部地区表现次之而中部地区在资本累计增长率上表现最差。不同地区在资本和劳动效率累计增长率上的差异，导致了在 1994 年以前整体的效率接近于“0”。而 1994 年以后直到 2008 年世界金融危机爆发之前，东部

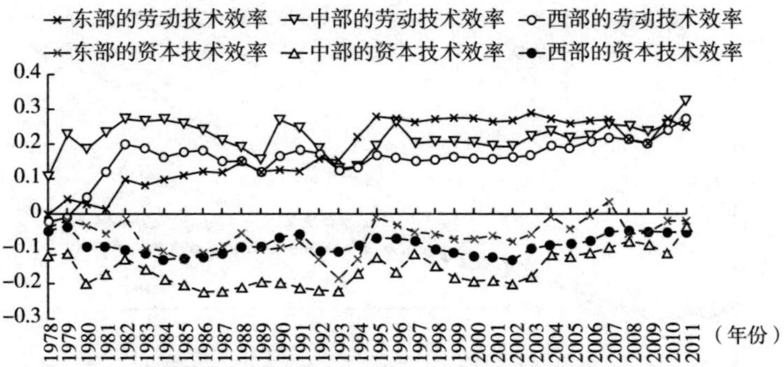

图 6-10　1978~2011 年东、中、西三个地区劳动、资本技术效率（*EFFCH*）的累计变化

地区无论是在资本效率还是劳动效率的累计增长率上表现均十分出色，从而造就了在整体效率上东部地区在 1994 年以后异军突起的局面。

与技术效率累计变化在不同区域间出现你追我赶的趋势不同，技术进步的累计变化趋势虽然在两种要素间出现了较大的差异，但基本上可以发现东部地区在要素技术增长的累计变化方面具有较大的优势。图 6-11 再次清楚表明，我国的技术进步偏向劳动的特征在三个地区层面同时表现出来，只不过东部的技术进步在 1990 年开始就已经偏向劳动，而中西部直到 2000 年才开始表现出明显偏向劳动的趋势。同时，结合图 6-11 和图 6-9 的变化趋势可以发现，东部地区 1990 年以后在技术进步累计增长率上的优势主要来自东部地区劳动力技术进步累计增长的快速上升。而在资本技术进步的累计增长上，三个地区的差异并不十分明显，除西部地区在 1993 年以后资本技术进步累计增长乏力，造成其与其他两个地区相比具有明显的劣势之外，并没有展现出进一步扩大的趋势。值得注意的是，如图 6-11 所示 1994 年以后三个地区的资本技术进步累计增长几乎是水平的，这也为我国长期以来以“铁公基”为主的投资拉动式增长方式埋下了不可持续的隐患。

总的来说，虽然在金融危机爆发之后，中西部地区在效率累计增长率方面表现较好，但也无法改变整体上处于落后的局面。这表明要从生产技术上赶上甚至是超越东部地区仍然任重而道远。值得庆幸的是在 2003 年之后，中西部地区表现出了十分迅猛的追赶势头。这一方面是由于东部地区的经济增长受到金融危机的冲击较为严重，另一方面也表明随着国家扶持

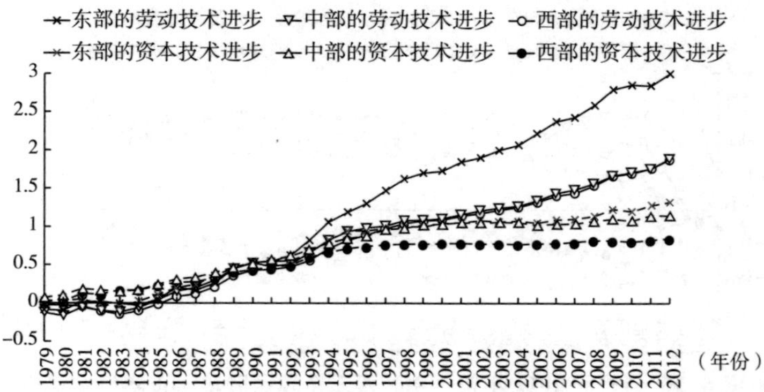

图 6-11　1979~2012 年东、中、西三个地区劳动、资本技术进步（*TECHCH*）的累计变化

力度的不断加大中西部地区的内生成长动力也在发挥越来越重要的作用。这对于中西部地区的发展政策从“输血”到“造血”的转变非常重要。接下来本章将沿着索罗的分析框架，对我国经济增长的驱动因素进行贡献度分析，以剖析不同地区增长动力的来源及其地区差异。

3. 贡献度分析（兼论“两大战略”）

改革开放以来，中央政府实施了一系列政策来缓解区域发展不平衡。进入 21 世纪后更是实施了两个战略：“西部大开发”战略和“中部崛起”战略。“西部大开发”战略在 2000 年正式实施，目的是加速西部地区发展基础设施，增强环境保护，改善产业结构，促进科技教育，深化改革开放等。在十一五期间（2006~2010），政府又开始实施“中部崛起”战略，目的是为了提升中部地区发展，核心是要实现农业现代化，提升工业化和城镇化水平。为了能够更好地理解这些战略的实施效果，本章按照四个时期进一步分析 *TFPG* 和它的构成：全样本期（1978~2012）、“西部大开发”时期（2000~2012）、“中部崛起”时期（2006~2012），以及“后金融危机”时期（2008~2012）。

表 6-3 列示了三个地区在四个样本期的 *LPG*、*KPG* 以及各自的技术进步与技术效率变化对 *TFPG* 的贡献率。在整个样本期（表 6-3 的 A 板块），三个地区的 *TFPG* 大部分是由 *LPG* 推动的，贡献度变化从中部地区的 66.34%到西部地区的 72.74%。三个地区的 $EFFCH_K$ 对 *KPG* 的贡献均为负值，没有“追赶效应”，意味着三个地区在资本生产率上展现了“强者恒强”的发

展模式。在整个样本期内，三个地区的 *KPG* 的贡献份额始终低于 *LPG*。

表 6-3 的 B 板块反映了 2000 年后的计算结果，来检验三大地区是否从“西部大开发”战略中获益。在该段样本期内，西部地区的 *TFPG* 最低，平均每年 4.24%，这个增长率约为东部地区的 2/3，意味着“西部大开发”战略对西部地区具有显著提升作用，在生产率层面有效缩小了地区差距。同时也可以看到 *KPG* 的技术进步和技术效率变化对于西部地区有正向影响，尽管效果相对较小；与 *KPG* 对西部的贡献相比，*LPG* 对西部的贡献要大于其对东部和中部的贡献。B 板块表明，在“西部大开发”过程中，偏向劳动的技术进步是主要方向与动力。

表 6-3 的 C 板块显示的是 2006～2012 年“中部崛起”战略的实施效果。结果显示在“中部崛起”战略实施后，中部地区的年均 *TFPG* 达到了 6.31%，较之于东部地区（7.27%）和西部地区（5.49%）提升作用十分显著。研究结果进一步表明，“中部崛起”战略在缩小地区差异的同时，能使中部地区的 *KPG* 产生“追赶效应”（10.82%），而且中部地区的 *LPG* 虽然没有西部的高，但是已经超过了东部。因此，C 板块同样表明，在“中部崛起”过程中，同样发挥了劳动的比较优势以及偏向劳动的技术进步也是推动“中部崛起”的主要方向与动力。

表 6-3 的 D 板块分析了“后金融危机”时期三大区域的经济增长情况。结果显示中部与东部地区的 *TFPG* 几乎相等，而西部的全要素生产率增长也十分可观。同时两种要素的追赶在东部都是负值，中部表现最好。这可能反映了东部地区的经济增长受到全球金融危机的影响更加严重的事实。

本章同样比较了 A 和 D 两个板块。我们发现相比整个样本期，“后金融危机”时期三个地区的 *TFPG* 都十分抢眼，尤其是中西部的表现。可能的解释是受外部金融危机冲击的影响，东部发展的比较优势受到抑制，而中西部自身的比较优势进一步凸显出来，比如我们注意到西部的 *LPG* 对 *TFPG* 的贡献度就高达 94.63%，说明西部充分发挥了自身在劳动力方面的比较优势。

总之，本章研究表明，至少从 *TFPG* 角度来看，中央政府推行的两大战略有效地促进了地区间的平衡增长，其中发挥劳动力比较优势以及偏向劳动的技术进步是“西部大开发”和“中部崛起”战略能够成功的关键。受全球金融危机的影响，中西部的 *TFPG* 与东部的 *TFPG* 更加接近，表现出较强的抗跌特征。

表 6-3 *TFPG*、*KPG* 与 *LPG* 以及各自分解部分对三个区域的贡献度

地区	*TFPG*	*KPG* 的贡献度			*LPG* 的贡献度		
		KPG	$EFFCH_K$	$TECHCH_K$	*LPG*	$EFFCH_L$	$TECHCH_L$
A：1978~2012							
东部	0.0664	28.12%	-0.45%	28.57%	71.88%	5.49%	66.39%
中部	0.0483	33.66%	-1.22%	34.87%	66.34%	9.87%	56.47%
西部	0.0427	27.29%	-1.81%	29.09%	72.74%	9.39%	63.34%
B：2000~2012							
东部	0.0656	20.93%	3.33%	17.58%	79.08%	-1.70%	80.78%
中部	0.0481	21.57%	12.24%	9.30%	78.40%	10.16%	68.24%
西部	0.0424	12.26%	5.87%	6.38%	87.74%	10.69%	77.05%
C：2006~2012							
东部	0.0727	29.51%	2.73%	26.76%	70.52%	-1.19%	71.70%
中部	0.0631	25.37%	10.82%	14.52%	74.62%	14.18%	60.44%
西部	0.0549	15.18%	5.41%	9.75%	84.81%	12.90%	71.92%
D：2008~2012							
东部	0.0649	24.32%	-10.75%	35.05%	75.72%	-4.41%	80.12%
中部	0.0648	23.87%	11.16%	12.69%	76.13%	12.92%	63.23%
西部	0.0517	5.35%	0.12%	5.22%	94.63%	12.80%	81.86%

（三）省际层面分析

表 6-4 列示了我国除西藏、重庆、港澳台外 29 个省、自治区、直辖市的年均 *TFP* 变化及劳动、资本生产率及其分解情况。笔者发现，就 *TFP* 的平均水平而言，全部省区市在样本期内都实现了 *TFP* 的提升。1986~2009 年 *TFP* 提高最快的三个省份依次为上海、广东以及浙江，分别达到了年均 7.35%、7.10%以及 6.92%的增长率；省级 *TFP* 提高最慢的三个省份依次为贵州、甘肃以及青海，分别是年均 1.47%、1.56%以及 1.67%的增长率。总之，笔者发现，*TFP* 提升较快的省份主要是沿海省份，可能与这些省份的较早改革开放以及参与国际竞争有关，TFP 变化较小的省份主要是中西部地区的省份。

从省际 *TFP* 的分解项来看，技术效率变化方面，1986~2009 年，上海、浙江与广东三省市平均处于生产前沿面上，即处于“最佳实践”状态；值得警醒的是有 15 个省区市的年均技术效率变化为负，说明这些省份均出现了不

同程度的远离生产前沿面的情况，其中湖北、北京以及宁夏是三个“掉队”最严重的省份。各个省份之间的追赶效应（catch-up effect）并不明显，从全国来看年均技术效率变化为0.35%。技术变化方面，1986~2009年，各个省份的年均技术变化值都为正数，且为各省份*TFPG*变化的主要推动力，全国年均技术变化达到了4.97%，即生产前沿面年均向上移动4.97%。

表6-4　1978~2012年全国29个省区市*TFP*及各投入要素生产率年均变化及其分解情况

省份	*Total factor*			*Capital*			*Labor*		
	tfpch	*effch*	*techch*	*cpch*	*effch*	*techch*	*lpch*	*effch*	*techch*
北京	0.0470	-0.0048	0.0517	0.0664	-0.0123	0.0788	0.0275	0.0028	0.0247
天津	0.0689	0.0074	0.0616	0.0128	-0.0171	0.0299	0.1250	0.0319	0.0932
河北	0.0304	-0.0023	0.0327	0.0070	-0.0064	0.0134	0.0537	0.0018	0.0519
山西	0.0292	-0.0045	0.0337	0.0134	0.0042	0.0092	0.0449	-0.0043	0.0492
内蒙古	0.0353	0.0011	0.0342	0.0400	0.0000	0.0400	0.0306	0.0022	0.0284
辽宁	0.0612	0.0032	0.0582	0.0357	0.0000	0.0357	0.0867	0.0000	0.0867
吉林	0.0326	-0.0025	0.0351	0.0071	-0.0051	0.0122	0.0580	0.0000	0.0580
黑龙江	0.0399	-0.0029	0.0428	0.0193	-0.0131	0.0324	0.0605	0.0073	0.0532
上海	0.0735	0.0000	0.0735	0.0921	-0.0247	0.1168	0.0149	0.0156	-0.0007
江苏	0.0425	0.0001	0.0423	0.0001	-0.0127	0.0128	0.0848	0.0150	0.0699
浙江	0.0692	0.0000	0.0692	0.0106	-0.0043	0.0149	0.0857	0.0102	0.0756
安徽	0.0263	0.0030	0.0232	0.0016	0.0100	-0.0083	0.0509	-0.0039	0.0548
福建	0.0559	0.0057	0.0502	0.0310	0.0061	0.0249	0.0808	0.0053	0.0755
江西	0.0179	-0.0043	0.0222	0.0026	-0.0049	0.0074	0.0333	-0.0037	0.0370
山东	0.0357	0.0016	0.0341	0.0103	-0.0007	0.0109	0.0612	0.0039	0.0573
河南	0.0203	-0.0035	0.0239	0.0061	-0.0054	0.0116	0.0346	-0.0016	0.0362
湖北	0.0229	-0.0065	0.0295	0.0117	-0.0075	0.0192	0.0342	-0.0056	0.0397
湖南	0.0303	0.0041	0.0262	0.0268	0.0116	0.0152	0.0338	-0.0033	0.0371
广东	0.0710	0.0000	0.0710	0.0114	-0.0039	0.0152	0.0988	0.0106	0.0882
广西	0.0225	-0.0017	0.0242	0.0071	-0.0020	0.0092	0.0380	-0.0013	0.0393
海南	0.0361	0.0031	0.0330	0.0172	0.0060	0.0112	0.0550	0.0001	0.0549
四川	0.0299	0.0052	0.0246	0.0251	0.0095	0.0156	0.0347	0.0010	0.0336
贵州	0.0147	-0.0005	0.0152	0.0145	0.0047	0.0098	0.0149	-0.0058	0.0206
云南	0.0461	-0.0007	0.0468	0.0192	0.0000	0.0192	0.0731	0.0000	0.0731
陕西	0.0221	0.0007	0.0214	0.0083	0.0019	0.0063	0.0360	-0.0005	0.0365

续表

省份	Total factor			Capital			Labor		
	tfpch	*effch*	*techch*	*cpch*	*effch*	*techch*	*lpch*	*effch*	*techch*
甘肃	0.0156	-0.0012	0.0168	0.0046	-0.0015	0.0061	0.0265	-0.0009	0.0275
青海	0.0167	-0.0081	0.0247	0.0065	-0.0033	0.0098	0.0268	-0.0128	0.0397
宁夏	0.0213	-0.0047	0.0260	0.0095	0.0013	0.0083	0.0331	-0.0107	0.0438
新疆	0.0339	-0.0042	0.0381	0.0069	-0.0020	0.0089	0.0609	-0.0065	0.0674

注：*tfpch* 为年均全要素生产率变化值；*cpch* 为年均资本使用效率变化值；*lpch* 为年均劳动力使用效率变化值；*effch* 为零表示该省份处在生产前沿面。

从各个要素的生产率来看，劳动生产率的变化是各投入要素中表现最好的，1986~2009 年，各个省区市的劳动生产率平均变化值都为正，这主要是由劳动的技术变化导致的，从劳动使用的技术效率变化来看，有 13 个省区的平均劳动技术效率变化为负，这说明在劳动生产率变化方面这些省区是远离生产前沿面的。各个省区市的资本生产率平均变化值也都为正，这主要源自资本技术变化，而半数以上的省份资本使用的技术效率变化为负，说明各省区市之间未表现出明显的“追赶效应”。上海、北京和内蒙古是资本生产率增长最快的三个省市，年均增长率分别达到了 9.21%、6.64%以及 4%，上海优势十分明显。

表 6-5 报告了样本期内每年处于最佳实践的省份。研究发现，处于最佳实践的省市主要是上海、浙江、广东、福建等沿海省市，其中上海与广东在整个样本期都是最佳实践省市，而浙江在 1995 年之后掉出最佳前沿面，福建进入最佳前沿面；同时笔者发现，2005 年之后，有更多的省区市进入了最佳前沿面，也就是最佳实践省区市在不断增加，表明更多的省区市成为“创新者”。

表 6-5　1986~2009 年最佳实践省市

年份	最佳实践省市	年份	最佳实践省市
1986	上海、浙江	1998	上海、广东、福建
1987	上海、浙江	1999	上海、广东、福建
1988	上海、浙江	2000	上海、广东、福建
1989	上海、浙江、广东	2001	上海、广东、福建
1990	上海、浙江、广东	2002	上海、广东、福建
1991	上海、浙江、广东	2003	上海、广东、福建

续表

年份	最佳实践省市	年份	最佳实践省市
1992	上海、浙江、广东	2004	上海、广东、福建
1993	上海、浙江、广东	2005	上海、广东、福建、江苏、山东
1994	上海、浙江、广东	2006	上海、广东、福建、江苏、山东
1995	上海、浙江、广东	2007	上海、广东、福建、江苏、山东
1996	上海、广东、福建	2008	上海、广东、福建、江苏、山东
1997	上海、广东、福建	2009	上海、广东、福建、江苏、山东

上述研究仅仅分析了省区市的 *TFP* 变化以及分解项。然而，同时分析省区市的静态效率水平（static efficiency level）与动态生产率变化（dynamic productivity change），将更有意义。下面将着重分析省区市的相对静态效率与生产率变化特征，从而可以得出每个省区市的优势与不足。为此，本章以省区市静态效率和动态生产率变化指数的均值为界，将其区分为效率指数变化高于均值的 H 组以及效率指数变化低于均值的 L 组，分别构建全要素生产率、资本生产率以及劳动生产率的生产率-效率矩阵（productivity-efficiency matrix），各个省区市分别被归入下述四个方阵：处于第一方阵（表示为 H/H）的省份其动态生产率变化及静态效率均高于平均水平，表明该省区市不仅当前位势较高而且其增长速度也快；处于第二方阵（即 L/H 组）的是动态生产率变化低于平均水平，而静态效率高于平均水平的省区市，这些省区市由于其生产率变化低于平均水平，将面临被其他省区市赶超的风险与竞争；处于第三方阵（即 H/L 组）的是动态生产率变化高于平均水平，而静态效率低于平均水平的省区市，这些省区市尽管目前在省区市之间的位势较低，但是其未来增长潜力不可小觑；最后，处于第四方阵（即 L/L 组）的是动态生产率变化及静态效率均低于平均水平的省区市，该类省区市的相对位势不仅较低，而且没有增长潜力。

根据上述定义与分类，表 6-6 总结了各省区市在效率变化方面的优势与不足，举例来说，上海与北京的优势都在 *TFP* 与资本生产率方面，它们的不足在劳动的生产率变化水平处于均值以下，说明尽管这两个直辖市的静态效率较高，但被赶超的压力较大；而天津市的不足在于资本的生产率和效率均处于平均水平之下。在 29 个省区市中，只有辽宁、福建、云南三个省份是“全能冠军”，即其 *TFP*、资本和劳动的静态效率和动态生产率变化全部处于均值水平以上，而山西、江西、河南、贵州、陕西、甘肃、青海和宁夏八个省区市的三种效率值全部处于均值水平以下，这些省区市不仅落后而且没有潜力。内蒙古在 *TFP* 和资本生产率方面尽管现在位势较低，但是其未来增长高于平均水平。为了更清晰地刻画出各省区市分布情况，笔者绘制出图 6-12。图 6-12 表明，各个省区市的 *TFP*、资本生产率与劳动生产率在 H/H 组与 L/L 组出现“扎堆”现象，即我国的省区市在效率方面体现出“强者恒强、弱者恒弱”的态势，经济发展水平高的省份生产率提升也快，经济落后的地区赶超乏力。总之，表 6-6 与图 6-12 不仅可以清楚地告诉我们各个省区市在 *TFP* 与要素生产率上的相对优势与不足，而且可以让我们发现中国省际发展的差距与陷阱。

表 6-6 省区市的优势与不足

省区市	*TFP*	*Capital*	*Labor*	省区市	*TFP*	*Capital*	*Labor*
北　京	H/H	H/H	L/H	河　南	L/L	L/L	L/L
天　津	H/H	L/L	H/H	湖　北	L/L	L/H	L/L
河　北	L/L	L/L	H/L	湖　南	L/L	H/H	L/L
山　西	L/L	L/L	L/L	广　东	H/H	L/L	H/H
内蒙古	H/L	H/L	L/H	广　西	L/L	L/H	L/L
辽　宁	H/H	H/H	H/H	海　南	H/L	L/L	H/L
吉　林	L/L	L/L	H/H	四　川	L/L	H/H	L/L
黑龙江	H/H	H/L	H/H	贵　州	L/L	L/L	L/L
上　海	H/H	H/H	L/H	云　南	H/H	H/H	H/H
江　苏	H/H	L/L	H/H	陕　西	L/L	L/L	L/L
浙　江	H/H	L/L	H/H	甘　肃	L/L	L/L	L/L
安　徽	L/L	L/H	L/L	青　海	L/L	L/L	L/L
福　建	H/H	H/H	H/H	宁　夏	L/L	L/L	L/L
江　西	L/L	L/L	L/L	新　疆	L/L	L/L	H/H
山　东	H/L	L/L	H/H				

注：H/H 表示较高的生产率变化及效率变化；H/L 表示较高的生产率变化以及较低的效率变化；L/L 表示较低的生产率变化及效率变化；L/H 表示较低的生产率变化及较高的效率变化。

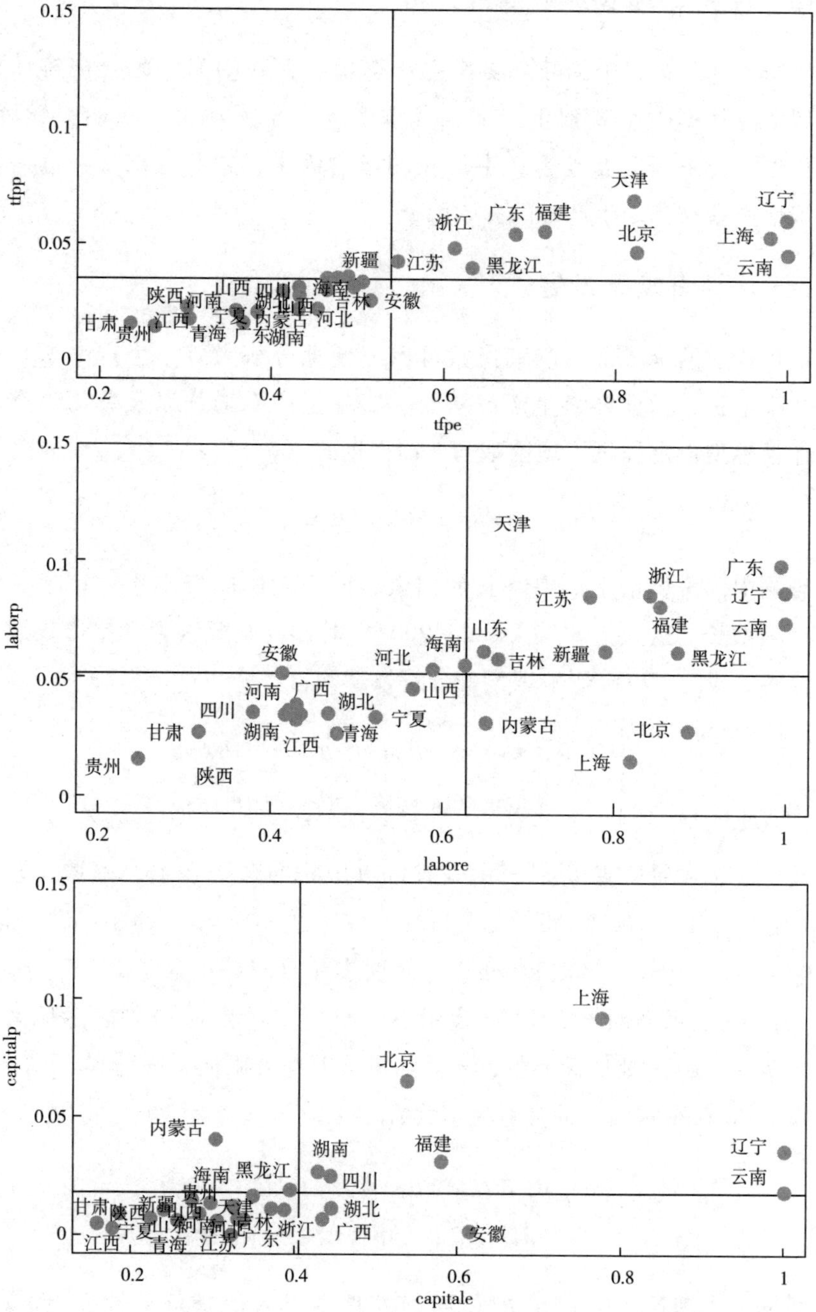

图 6-12　各省区市优势与不足的分布情况

四　生产率增长影响因素分析

根据上文分析，中国的全要素生产率增长存在隐患，此处构建计量分析模型来寻找影响全要素生产率、资本生产率与劳动生产率的关键因素。为此，先分析中国全要素生产率增长的影响因素，在此基础上，进一步识别资本生产率与劳动生产率的影响因素。

（一）计量模型设定

本章构建的全要素生产率指数可以方便地分解为资本生产率增长和劳动生产率增长，为全要素生产率增长、资本生产率增长以及劳动生产率增长的计量模型设定提供了理论基础。即根据式（6.11）：

$$TFPG=0.5(LPG+KPG) \tag{6.11}$$

影响中国全要素生产率增长的因素，同样会影响资本生产率增长和劳动生产率增长。这里借鉴 Isaksson（2007）对影响全要素生产率增长因素的系统综述，设定 *TFPG* 影响因素的计量模型为：

$$\begin{aligned} tfpg_{it}=&\beta_0+\beta_1 pgdp_{it}+\beta_2 pgdp_{it}^2+\beta_3 indu3_{it}+\beta_4 trade_{it}\\ &+\beta_5 fdi_{it}+\beta_6 gov_{it}+\beta_7 market_{it}+u_i+u_t+\varepsilon_{it} \end{aligned} \tag{6.12}$$

其中，被解释变量 $tfpg_{it}$表示各省区市历年的全要素生产率增长，由于 *TFPG* 数据在 0 左右波动，采用 ln（1+*x*）进行转换。而 $pgdp_{it}$、$pgdp_{it}^2$、$indu3_{it}$、$trade_{it}$、fdi_{it}、gov_{it}和 $market_{it}$分别表示 *TFPG* 的影响因素（解释变量），其中 i 表示不同省区市，t 表示不同时期，u_i 和 u_t 分别表示地区和年份特定效应，β_i 是被估计参数，ε_{it}是随机误差项，服从正态分布。

设定 *KPG* 影响因素的计量模型为：

$$\begin{aligned} kpg_{it}=&\beta_0+\beta_1 pgdp_{it}+\beta_2 pgdp_{it}^2+\beta_3 indu3_{it}+\beta_4 trade_{it}\\ &+\beta_5 fdi_{it}+\beta_6 gov_{it}+\beta_7 market_{it}+u_i+u_t+\varepsilon_{it} \end{aligned} \tag{6.13}$$

根据资本理论，笔者在 *KPG* 回归方程中引入信贷可得性变量 credit_{it}，该变量用信贷总量占本省区市 GDP 比重表示。信贷可得性一方面可以反映投资的资本成本，另一方面可以体现金融对资本效率的促进作用。被解释

变量 kpg_{it} 表示各省区市历年的 *KPG*，由于 *KPG* 的数据在 0 左右波动时，采用 ln（1+*x*）进行转换。其余变量解释同公式（6.12）。

设定 *LPG* 影响因素的计量模型为：

$$\begin{aligned} kpg_{it} = & \beta_0 + \beta_1 pgdp_{it} + \beta_2 pgdp_{it}^2 + \beta_3 indu3_{it} + \beta_4 trade_{it} \\ & + \beta_5 fdi_{it} + \beta_6 gov_{it} + \beta_7 market_{it} + u_i + u_t + \varepsilon_{it} \end{aligned} \tag{6.14}$$

本书在 *LPG* 回归方程中引入人力资本变量 $human_{it}$，该变量用中学生和大学生数量占本省总人口比重表示，本书预期人力资本越高，劳动生产率水平越高。被解释变量 lpg_{it} 表示各省份历年的 *LPG*，由于 *LPG* 的数据在 0 左右波动时，采用 ln（1+*x*）进行转换。其余变量解释同公式（6.12）。

（二）变量与数据说明

对影响 *TFPG* 的各个因素的设定和说明如下。

（1）地区经济发展水平（$pgdp_{it}$），用不变价格的人均实际 GDP 表示，以 1978 年为基期的 GDP 平减指数对名义量进行调整，同时对实际 GDP 取对数。由于地区经济总量反映了一个地区的市场规模，而给定一定的市场规模是企业创新和产业发展的前提条件，从而有利于提高本地区的全要素生产率。笔者预期地区经济发展水平与 *TFPG* 关系为正。人均实际 GDP 对数的平方（$pgdp_i^2t$）也包含在回归方程中，主要考察 *TFPG* 和人均实际 GDP 之间是否存在二次型关系。

（2）产业结构（$indu3_{it}$）。用第三产业增加值占 GDP 比重表示。经济理论与实证研究表明，当经济结构重心从第二产业向第三产业转型，尤其是向现代生产性服务业转型的情况下，会提高一国或地区的全要素生产率。因此笔者预期第三产业与全要素生产率正相关。

（3）对外开放（$trade_{it}$）。用进出口总额占 GDP 比重表示，反映对外贸易对 *TFPG* 的影响。新新贸易理论从异质性企业角度分析了国际贸易对企业生产率的促进作用。因此，我们预期对外开放对全要素生产率的影响是正的。

（4）外商直接投资（fdi_{it}）。用外商直接投资额占 GDP 比重表示。改革开放以来，为了发展经济，无论从国家层面还是省份层面，中国都鼓励招商引资，外商直接投资在中国经济中起到了重要的作用。理论界和政策界都认为引进外资有利于提高本国的管理水平，产生技术溢出效应，外资在本土市场上的经营活动还会促进企业之间的竞争，提高经济的整体运作效率。但是也有很多研究认为外商直接投资对本国经济的影响是负的或者是不确定的，比如刘志彪（2007）认为在加入全球价值链的过程中，长三角地区的外向化发展有形成新的“依附经济”的趋势。MIT 教授黄亚生（2005）认为 *FDI* 在 20 世纪 90 年代涌入中国，本质上是因为中国国内企业不具有竞争力，不可避免会对本国企业以及本国经济产生抑制作用。因此，本章中该变量与全要素生产率的关系有待实证分析来确定。

（5）政府的作用（$market_{it}$）。用政府财政支出占 GDP 比重衡量。在发展中国家的转型与发展过程中，政府往往起着难以估量的作用，一方面，市场的不完善等客观上需要政府提供各种制度基础设施，为企业发展、产业成长保驾护航；另一方面，政府可能是制造麻烦的终极原因，即政府既可能是“帮扶之手”（Help Hand），也可能是“掠夺之手”（Grap Hand）。因此，笔者认为在计量模型中有必要控制这个变量，但是政府对全要素生产率的影响方向有待实证检验。

（6）市场化水平（$market_{it}$）。改革开放以来，中国在各个领域推行市场化改革，逐步建立了统一开放、竞争有序的市场体系，资源配置更加有效，企业生产效率日益提升。因此，我们期望市场化改革将会提高中国的全要素生产率。本章选择的是樊纲、王小鲁编制的市场化指数，具体是 29 个省区市 1997~2012 年的市场化指数数据。为了减小各个解释变量存在的异方差，所有变量均取对数。

本章最终构建了 29 个省区市（四川、重庆合并）1979~2012 年的数据非平衡面板数据，除被解释变量和市场化指数之外，其余变量的原始数据均来自《新中国六十年统计资料汇编》和相应年份的《中国统计年鉴》。

（三）实证结果分析

在对上述计量模型进行分析之前，本章运用 Stata 软件对数据和模型进行了一些基本处理与分析。（1）首先对解释变量进行了多重共线性检验，经检验各解释变量的方差膨胀因子（Variance Inflation Factor，VIF）均小于 10，表明模型不存在多重共线性问题。（2）面板数据模型常用的估计方法包括固定效应模型和随机效应模型，由于样本并非随机抽取，因此采用固定效应估计方法对式（6.12）（6.13）（6.14）进行估计。随后对上述设定的计量模型中的解释变量进行逐步回归。

表 6-7 第（1）列报告了 *TFPG* 影响因素的基本估计结果。从中可以看出，经济发展水平的估计系数显著为正，说明经济发展水平的提高有利于全要素生产率进步，具体而言，经济发展水平提高 1%，全要素生产率进步 4.8%。第三产业的估计也是显著为正，说明大力发展第三产业可以提升一国或者地区的全要素生产率水平，具体而言，第三产业发展水平提高 1%，全要素生产率进步高达 4.5%左右。这个结论不仅与预期相符，而且为进一步大力发展第三产业提供了经验证据。开展国际贸易也有利于全要素生产率的提升，这点也被大量的实证研究所证实。目前，我国已经成为第一大出口国、第二大进口国，在开展国际贸易的过程中，充分发挥了自身的比较优势，引进了先进的技术、管理经验与制度等，而且通过积极参与国际市场，增强了自身企业的国际竞争力，形成了国际贸易与国内经济发展之间的良性互动。同时，笔者实证研究表明外商直接投资对全要素生产率产生显著的正向影响，说明从提高全要素生产率的角度而言，*FDI* 的大规模进入是有益的，但是影响力度只有 0.6%。市场化仅在 10%水平上对全要素生产率有促进作用，这可能一方面说明目前我国已经在市场化方面取得了巨大进步，有助于全要素生产率的提高，另一方面说明我国关键领域的市场化改革进程依然缓慢，进而使得市场化对全要素生产率的促进作用不是很大，今后关键是进一步加快要素市场，比如能源、金融资本、电力等领域的市场化改革。而政府的支出行为对全要素生产率的影响尽管为负，但是这种影响效应比较微弱，未能通过显著性检验。在改革开放的初期和中期，政府确实在经济发展中起到了许多积极作用，但是随着改革的深入，政府日益成为改革的阻力，对经济发展的负面作用将会日益凸显出来。本章实证研究表明，经济发展水平的平方项与全要素生产率之间不存在显著的二次型关系。

表 6-7 第（2）列报告了 *KPG* 影响因素回归分析结果。结果表明经济发展水平与 *KPG* 负相关，笔者认为这种结果的出现与我国经济发展的特征有关。尽管大多数国家的经济腾飞很大程度上与高水平的投资有关，但是 Lee et al.（2012）研究发现中国投资水平过高，正是这种过高的投资导致资源错配、产能过剩，抑制了资本生产率的提高。笔者发现，第三产业的发展有利于提高 *KPG*，第三产业尤其是其中的生产性服务业，可以为制造业的发展提供“翅膀”和“大脑”，是提高资本效率的关键力量。对外贸易

与 *KPG* 也是正相关，贸易与生产率之间的关系，已经被大量的实证研究所证实，尤其是新新贸易理论，从微观层面证明了企业从事国际贸易活动有利于提高生产率。本文注意到，信贷可得性与 *KPG* 负相关。这与理论明显不符。一种可能的解释是，我国的信贷投放存在明显的所有制歧视，国有企业获得了大量的信贷资源，而对经济发展有着巨大促进作用的民营企业却很难获得必要的信贷资源，并且国有企业的低效率运营导致 *KPG* 难以提高。外商直接投资与市场化的回归系数不显著。

上文测度与分解研究表明，中国经济中的过度投资造成资本配置低效，而过度投资可能与在国民经济中占据主导地位的国有企业有关，由于信贷配置向国有企业倾斜，再加上国有企业对要素成本不敏感，造成了当下“国进民退”以及产能过剩。为此，本书引入信贷可得性变量 $credit_{it}$ 和国有企业的全社会固定资产投资比重 soe_{it}，进一步考察其对资本生产率的影响。表 6-7 第（3）列显示交互项的系数显著为负，说明在中国确实存在信贷资源大量配置给国有经济部门，导致生产中的过度投资与低效配置。

表 6-7 *TFPG* 影响因素估计结果

变量	(1) *TFPG*	(2) *KPG*	(3) *KPG*	(4) *LPG*	(5) *LPG*
pgap	0.048***	-0.051***	-0.075***	0.071***	0.077***
	(0.014)	(0.013)	(0.022)	(0.023)	(0.024)
$pgdp^2$	0.007	0.008	0.028	0.017	0.015
	(0.006)	(0.006)	(0.036)	(0.016)	(0.013)
*indu*3	0.045***	0.134**	0.088*	0.066**	0.068**
	(0.016)	(0.056)	(0.045)	(0.032)	(0.030)
trade	0.016***	0.022***	0.024***	0.042*	0.042*
	(0.003)	(0.004)	(0.010)	(0.025)	(0.025)
fdi	0.006***	0.007	0.005	-0.003	-0.003
	(0.001)	(0.008)	(0.006)	(0.006)	(0.005)
gov	-0.009	0.006	0.015	0.007	0.040
	(0.007)	(0.028)	(0.023)	(0.036)	(0.075)
market	0.018*	0.005	0.010	0.001	-0.002
	(0.009)	(0.025)	(0.028)	(0.030)	(0.025)

续表

变量	(1) TFPG	(2) KPG	(3) KPG	(4) LPG	(5) LPG
credit		-0.061***			
		(0.015)			
*credit * soe*			-0.256***		
			(0.013)		
human				0.081***	0.119***
				(0.024)	(0.023)
Cons.	-0.105**	0.607	0.052**	-0.237	-0.166***
	(0.046)	(0.428)	(0.023)	(0.178)	(0.048)
Obs.	986	493	493	493	493
R^2	0.125	0.85	0.76	0.50	0.88

注：括号中是稳健性标准误。***，** 和 * 分别表示 1%、5%和 10%的显著性水平。

表 6-7 第（4）列报告了 *LPG* 影响因素回归分析结果。分析表明，经济发展水平与劳动生产率正相关。改革开放以来，中国经济快速发展的同时也是中国从农业社会向工业社会迅速转型的过程，其中伴随着农村大量剩余劳动力的转移与再就业，客观上有利于提高 *LPG*。产业结构的调整也有利于 *LPG* 的提高，这是因为产业转型的过程就是充分发挥劳动力资源优势，劳动力资源再配置的过程。对外开放与 *LPG* 正相关，说明从事国际贸易发挥了我国劳动力比较优势，尤其是 20 世纪 90 年代后期以来，随着经济全球化以及中国加入 WTO，开展国际贸易尤其是加工贸易，大大提高了我国的 *LPG*。本章注意到人力资本有利于提高 *LPG*，这完全符合经济学理论，说明我国今后还是要在劳动力资源优势的基础上进一步提高劳动力的人力资本水平，这不仅可以帮助提高 *LPG*，而且可以降低“人口红利”消逝带来的负面影响。外商直接投资与市场化与 *LPG* 也是不显著。

Eichengreen et al.（2011；2013）研究发现增长放缓不太可能发生在具有高水平中等和高等教育的国家。菲利普·阿吉翁（2014）也指出顶尖的研究型大学是创新型经济体的四大支柱之一。鉴于前文已经证实劳动力生产率的效率恶化是一个非常严重的问题。本章在表 6-7 第（5）列将人力资本变量 $human_{it}$ 调整为大学生数量占本省总人口比重，来进一步考察高端人力资本对劳动力生产率的影响。回归结果表明，与第（4）列的人力资本变量相比，回归结果更加显著，系数明显变大，说明高质量的人力资本确实有助于提升劳动力生产率水平。

KPG 与 *LPG* 的回归分析表明，经济发展的作用截然不同，说明效率的提升要与自身禀赋相匹配，要适合自身的经济发展水平。第三产业发展和对外贸易既可以提高 *KPG* 又可以促进 *LPG*。而外商直接投资对两种要素生产率均没有显著影响，本章结论再次证明外商直接投资对东道国的经济发展没有显著的正向溢出效应，我国要迅速调整自己引资政策，走上一条依靠内部力量发展的道路。

五　结论与启示

越来越多的研究表明，中国经济未来减速已成定局。本章旨在从供给侧角度解释中国经济减速问题。为此，本章构建了一个契合供给侧分析视角的经济增长分解框架，该框架可以在估计 *TFPG* 的同时在全要素框架下分解出每一种投入要素的生产率，即 *TFPG* 可以在全要素框架下被同时分解成资本生产率和劳动生产率。这种新的分解便于我们详细识别与分析中国 *TFPG* 背后的推动力。

本章研究发现，中国经济 2008 年以来的减速喜忧参半，喜的是经济增长率仍然处于合理的潜在水平，全要素生产率增长对中国改革开放以来经济高速增长起着主要作用，中国经济的高速增长和全要素生产率的增长都是建立在充分发挥比较优势基础上的，而实时实地的分税制政策以及区域发展战略都有效地助推了中国经济比较优势的发挥。忧的是中国经济减速早有隐患，集中表现在中国全要素生产率增长存在双重困境：一是 20 世纪 90 年代以后，资本生产率增长出现明显的下降趋势。二是改革开放以来的劳动生产率的技术效率表现欠佳。第一个困境集中反映了在 1993～2012 年资本生产率增长的极端缓慢。笔者认为主要是因为 90 年代中期以后的过度投资和以及过度投资导致的资源错配。第二个困境表现为劳动生产率的“追赶效应”后继乏力。进一步提高人力资本、加大培训甚至启动更深层次的户籍制度改革有助于化解劳动生产率方面追赶乏力的窘境，而且可以将经济增长的基础建立在比较优势和生产率增长的基础上。

本章研究的主要启示如下。

（1）政府主导的投资型增长模式造就了中国经济减速的风险。进入20世纪90年代以来，地方政府与资本顺利“结盟”，在中国上演了一场高投资“大戏”，在造就中国经济高增长的同时，也为今天经济增长放缓埋下隐患。只要现有的资源配置体制和机制不改变，政府主导的投资模式就不会改变。但是继续依靠政府主导的投资驱动经济增长的模式，不仅会加剧资源错配程度，而且会进一步恶化总量生产率的改善。

（2）中国全要素生产率增长的双重困境同时加大了减速治理的难度，这是因为双重困境是交织在一起的。为避免资本生产率的进一步恶化，必须控制过高的投资率。但是目前中国经济的转型过程尚未完成，依然有大约40%的劳动力用于农业，这么庞大的农业人口的顺利转移需要投资来推动。为避免劳动力使用效率的恶化，必须提高人力资本，但是人力资本的提高不能脱离具体的产业结构与生产过程，“干中学”、生产培训等是提高人力资本的有效途径，这又需要依赖较高的投资率来实现。

（3）打破双重困境、治理经济减速关键在于制度建设与制度的有效执行。中国在过去30年中卓越的增长很大程度上是追赶式增长，也就是说，增长建立在模仿和改造从别处引进的技术上（菲利普·阿吉翁，2014）。中国要想成功地从追赶式增长转为创新引导式增长，就必须从更深层次改变自己的经济、社会和政治结构。这涉及建立公平的市场竞争环境，理顺扭曲的要素价格机制，取消各种形式的补贴以及建立现代福利国家制度，等等。减速治理要注重长短期改革措施相结合。结构性改革是短期内提升*TFP*的最有效的手段。例如通过户籍制度改革和加大教育培训投入提升人力资本。通过加快国有企业改革，提高竞争来释放宝贵的人力资本和金融资源。长期内必须通过加大教育投入，切实提高人均受教育年限来为全要素生产率的增长创造根本动力。这些中长期改革措施产生的效益可能足以抵消人口老龄化等因素的影响，并使未来经济增长变得更加可持续。当然历史经验表明，制度建设的根本挑战在于如何有效地执行这些制度，这就涉及更深层次的制度改革与建设。

（4）对本轮经济衰退的解释大多归咎于生产率的增速下降，但是本章研究表明经济减速可以和生产率增速并存。事实上，当一个国家的经济发展越来越成熟的时候，由于要素投资回报率下降、人口红利消失等因素，经济增长速度放慢是必然的。但是GDP增速反映的是经济增长的总量，而我们更应该关注的是经济增长的质量，是企业的生产效率和竞争力，而本轮经济减速并没有伴随发生全要素生产率增长的减速，根本原因是发挥了比较优势，而不是后发优势（指的是通过大规模投资实现技术进步），在未来保持经济可持续发展和质量提升的关键还在于发挥比较优势和优化资源配置效率。

（5）中国经济减速和全球目前的经济长期停滞有着本质区别。普利切特等（2015）认为中印未来增长在很大程度上会放缓。放缓的根本原因就是超高速发展经济体的未来趋势就是向“均值”回归。笔者认为全球目前的经济长期停滞的根本在于处在技术前沿面的发达经济体创新乏力，短期内难以找到突破性的创新技术。而中国经济的 2008 年以来的减速是经济成熟的一个标志，本质上是一个结构性问题。因此，只要中国能够解决经济增长所面临的结构性问题，中国经济在未来保持快速和高效的增长完全是可能的。

参考文献

Abernathy, W. J. and K. B. Clark. 1985. "Innovation-Mapping the Winds of Creative Destruction." *Research Policy* 14: 3-22.

Abramovitz, M. 1990. "The Catch-up Factor in Postwar Economic-Growth-Presidential-Address to the Western-Economic-Association, June 21, 1989." *Economic Inquiry* 28: 1-18.

Agarwal, R., and C. E. Helfat. 2009. "Strategic Renewal of Organizations." *Organization Science* 10: 281-293.

Aghion, P., and P. Howitt. 1992. "A Model of Growth through Creative Destruction." *Econometrica* 60: 323-351.

Aigner, D., C. Lovell and P. Schmidt. 1977. "Formulation and estimation of stochastic frontier production function models." *Journal of econometrics* 6: 21-37.

Alchian, A. A. 1950. "Uncertainty, Evolution, and Economic Theory." *The Journal of Political Economy* 58: 211-221.

Audretsch, D. B. 1991. "New-Firm Survival and the Technological Regime." *Review of Economics and Statistics* 73: 441-450.

Aw, B. Y., X. Chen and M. J. Roberts. 2001. "Firm-level Evidence on Productivity Differentials and Turnover in Taiwanese Manufacturing." *Journal of Development Economics* 66: 51-86.

Baily, M. N., C. Hulten, and D. Campbell. 1992. "Productivity Dynamics in Manufacturing Plants." *Brookings Papers on Economic Activity* 4: 187-267.

Baily, M. N., E. J. Bartelsman, and J. Haltiwanger. 1996. "Downsizing and Productivity Growth: Myth or Reality?" *Small Business Economics* 8: 259-278.

Barro Robert J. 2016. "Economic Growth and Convergence, Applied Especially to China." NBER Working Paper, No. 21872.

Bartelsman, E., J. Haltiwanger, and S. Scarpetta. 2013. "Cross-Country Differences in Productivity: The Role of Allocation and Selection." *American Economic Review* 103: 305-334.

Bartelsman, E. J., and P. J. Dhrymes. 1998. "Productivity Dynamics: Us Manufacturing Plants, 1972-1986." *Journal of Productivity Analysis* 9: 5-34.

Bartelsman, E. J., J. Haltiwanger, and S. Scarpetta. 2004. "Microeconomic evidence of creative destruction in industrial and developing countries." *Tinbergen Institute Discussion Paper*, 20004-114/3.

Basu, Susanto, Fernald, John G. 2002. "Aggregate productivity and aggregate technology." *European Economic Review* 46: 963-991.

Battese, G. E. and T. J. Coelli. 1992. "Frontier production functions, technical efficiency and panel data: with application to paddy farmers in India." *Journal of productivity analysis*, 3: 153-169.

Berndt, E. R. and Morrison, C. J. 1981. "Capacity Utilization Measures: Underlying Economic Theory and an Alternative Approach." *The American Economic Review* 71: 48-52.

Blinder A. 1986. "Can the Production Smoothing Model of Inventory Be Saved?" *Quarterly Journal of Economics* 56: 56-57.

Blundell, R. and S. Bonds. 1998. "Initial conditions and moment restrictions in dynamic panel data models." *Journal of Econometrics* 87: 115-143.

Blundell, R. and S. Bond. 2000. "GMM estimation with persistent panel data: an application to production functions." *Econometric reviews* 19: 321-340.

Bollard A., Peter J. Klenow and Gunjan Sharma. 2013. "Indias Mysterious Manufacturing Miracle." *Review of Economic Dynamics* 16: 59-85.

Boussemart, J. P., Briec, W., Kerstens, K and Poutineau, J. C. 2003. "Luenberger and Malmquist productivity indices: Theoretical comparisons and empirical illustration." *Bulletin of Economic Research* 55: 391-405.

Brandt, L., J. Van Biesebroeck and Y. Zhang. 2012. "Creative Accounting or Creative Destruction? Firm-Level Productivity Growth in Chinese Manufacturing." *Journal of Development Economic* 97: 339-351.

Brynjolfsson, E., A. Mcafee, M. Sorell, F. Zhu. 2008. "Scale without

Mass: Business Process Replication and Industry Dynamics." *Harvard Business School Technology and Operations Mgt Unit Research Paper* 07-016: 160-175.

Burnside, C. and Eichenbaum, M. 1996. "Factor Hoarding and the Propagation of Business Cycles Shocks." *American Economic Review* 86: 1154-1174.

Button, K. and Kramberger, T. V. Z. 2015. "European Union Expansion and Seaport Efficiency in the North Adriatic." *Applied Economics Letters* 22: 700-703.

Cai, H. B. and Q. Liu. 2009. "Competition and Corporate Tax Avoidance: Evidence from Chinese Industrial Firms." *Economic Journal* 19: 764-795.

Cassels, J. M. 1937. "Excess Capacity and Monopolistic Competition." *The Quarterly Journal of Economics* 51: 426-443.

Chambers, R. G., Chung, Y., Färe, R. 1998 "Profit, directional distance functions, and Nerlovian efficiency." *Journal of Optimization Theory and Applications* 98: 351-364.

Chang, T. -P., Hu, J. -L., Chou, R. Y., Sun, L. 2012. "The sources of bank productivity growth in China during 2002 - 2009: A disaggregation view." *Journal of Banking and Finance* 36: 1997-2006.

Charnes, A., W. W. Cooper and E. Rhodes. 1978. "Measuring the efficiency of decision making units." *European journal of operational research* 2: 429-444.

Chen, M., Zheng, Y. 2009. "China's regional disparity and its policy responses." *China andWorld Economy* 16: 16-32.

Coad, A. 2009. *The Growth of Firms: A Survey of Theories and Empirical Evidence.* Cheltenham: Edward Elgar Publishing.

Coelli, T., Grifell-Tatje, E. and Perelman, S. 2002. "Capacity Utilisation and Profitability: A Decomposition of Short-Run Profit Efficiency." *International Journal of Production Economics* 79: 261-278.

Czarnitzki, D., and S. Thorwarth. 2012. "Productivity Effects of Basic Research in Low-Tech and High-Tech Industries." *Research Policy* 41: 1555-1564.

Davidson, C. and Deneckere, R. 1990. "Excess Capacity and Collusion." *International Economic Review* 31: 521-541.

De Borger, B., Kerstens, K., Auteurs, D. P. and Prior. 2012. "Static Efficiency Decompositions and Capacity Utilisation: Integrating Economic and Technical Capacity Notions." *Applied Economics* 44: 4125–4141.

Dearden, L., H. Reed, and J. Van Reenen. 2006. "The Impact of Training on Productivity and Wages: Evidence from British Panel Data." *Oxford Bulletin of Economics and Statistics* 68: 397–421.

Del Gatto, M., A. Di Liberto and C. Petraglia. 2011. "Measuring Productivity." *Journal of Economic Surveys* 25: 952–1008.

Diewert, W. E., and K. A. Fox. 2005. "On Measuring the Contribution of Entering and Exiting Firms to Aggregate Productivity Growth." *Index Number Theory and the Measurement of Prices and Productivity* 05–02: 125–160.

Disney, R., J. Haskel, and Y. Heden. 2003. "Restructuring and Productivity Growth in UK Manufacturing." *The Economic Journal* 113: 666–694.

Dosi G, Marsili O, Salvatore O R. 1995. "Learning, Market Selection and the Evolution of Industrial Structures." *Small Business Economics* 7: 411–436.

Dosi, G. 1988. "Sources, Procedures, and Microeconomic Effects of Innovation." *Journal of Economic Literature* 26: 1120–1171.

Eichengreen Barry, Donghyun Parkand Kwanho Shi. 2011. "When Fast Growing Economies Slow Down: International Evidence and Implications for China." *NBER Working Paper.* No. 16919.

Eichengreen Barry, Donghyun Parkand Kwanho Shin. 2013. "Growth Slowdowns Redux: New Evidence on the Middle - Income Trap." *NBER Working Paper* No. 18673.

Fagerberg, J. 2003. "Schumpeter and the Revival of Evolutionary Economics: An Appraisal of the Literature." *Journal of Evolutionary Economics* 13: 125–159.

Färe, R., Grosskopf, S. and Kokkelenberg, E. C. 1989. "Measuring Plant Capacity, Utilization and Technical Change: A Nonparametric Approach." *International Economic Review* 30: 655–666.

Färe, R., Grosskopf, S. and Whittaker, G. 2000. "Network Dea." *Socio–Economic Planning Sciences* 34: 35–49.

Farrell, M. J. 1957. "The measurement of productive efficiency." *Journal of the Royal Statistical Society. Series A (General)* 120: 253-290.

Feenstra, R. C.; Li, Z. and Yu, M. 2011. "Exports and Credit Constraints under Incomplete Information: Theory and Evidence from China." *Review of Economics and Statistics* 96: 729-744.

Fleisher, B., Li, H. and Zhao, M. Q. 2010. "Human capital, economic growth, and regional inequality in China." *Journal of Development Economics* 92: 215-231.

Fogel, R. 2007. "Capitalism and Democracy in 2040: Forecasts and Speculations." *NBER Working Paper.* No. 13184.

Foster, L., Haltiwanger, J. and Syverson, C. 2008. "Reallocation, firm turnover, and efficiency: Selection on productivity or profitability?" *American Economic Review* 98: 394-425.

Foster, L., J. C. Haltiwanger, and C. J. Krizan. 2001. *Aggregate Productivity Growth. Lessons from Microeconomic Evidence.* New York: National Bureau of Economic Research Inc.

Foster, Lucia, Haltiwanger, John and Syverson, Chad. 2008. "Reallocation, firm turnover, and efficiency: Selection on productivity or profitability?" *American Economic Review* 98: 394-425.

Friedman, M. 1972. *More On Archibald Versus Chicago.* London: Palgrave Macmillan.

Gary H. Jefferson, Thomas G. Rawski and Yuxin Zheng. 1996. "Chinese Industrial Productivity: Trends, Measurement Issues, and Recent Developments." *Journal of Comparative Economics* 23: 146-180

Griliches, Z. and J. Mairesse. 1995. "Production functions: the search for identification." *Working Paper.*

Griliches, Z., and H. Regev. 1995. "Firm Productivity in Israeli Industry 1979-1988." *Journal of econometrics* 65: 175-203.

Guillaumont J., S., Hua, P., Liang, Z. 2006. "Financial development, economic efficiency, and productivity growth: Evidence from China." *The Developing Economies* 44: 27-52.

Hall, R. and Jones, C. 1999. "Why do some countries produce so much more output per worker than others?" *Quarterly journal of economics* 114: 83-116.

Hall, R. E., and C. I. Jones. 1999. "Why Do Some Countries Produce So Much More Output Per Worker Than Others?" *Quarterly Journal of Economics* 114: 83-116.

Haltiwanger J. 1997. "Measuring and Analyzing Aggregate Fluctuations: The Importance of Building from Microeconomic Evidence." *Federal Reserve Bank of St Louis Economic Review* 79: 55-77.

Haltmaier. 2013. "Challenges for the Future of Chinese Economic Growth." *Board of Governors of the Federal Reserve System International Finance Discussion Papers*. No. 1072.

Henrekson, M., and D. Johansson. 2010. "Gazelles as Job Creators: A Survey and Interpretation of the Evidence." *Small Business Economics* 35: 227-244.

Hickman, B. G. 1964. "On a New Method of Capacity Estimation." *Journal of the American Statistical Association* 59: 529-549.

Hopenhayn, H. A. 1992. "Entry, Exit, and Firm Dynamics in Long-Run Equilibrium." *Econometrica* 60: 1127-1150.

Hopenhayn, H., and R. Rogerson. 1993. "Job Turnover and Policy Evaluation-a General Equilibrium-Analysis." *Journal of Political Economy* 101: 915-938.

Hopenhayn, H. A. 1992. "Exit, Selection, and the Value of Firms." *Journal of Economic Dynamics and Control* 16: 621-653.

Hsieh, C. T. and P. J. Klenow. 2009. "Misallocation and Manufacturing TFP in China and India", *The Quarterly Journal of Economics* 124: 1403-1448.

Isaksson A. 2007. "Determinants of total factor productivity: a literature review." *IMF Staff Working Paper*.

Jefferson, G. H., T. G. Rawski, and Y. X. Zheng. 1992. "Growth, Efficiency, and Convergence in China State and Collective Industry." *Economic Development and Cultural Change* 40: 239-266.

Jefferson, G. H., Rawski, T. G. and Zhang, Y. 2008. "Productivity Growth and Convergence across China´s Industrial Economy." *Journal of Chinese*

Economic and Business Studies 6: 121-140.

Johansen, L. 1968. "Production Functions and the Concept of Capacity." *Recherches REcentes Sur La Fonction De Production, Collection, Economie Mathematique et Econometrie* 2: 46-72.

Kamien, M. I. and Schwartz, N. L. 1972. "Uncertain Entry and Excess Capacity." *The American Economic Review* 62: 918-927.

Klein, L. R. and Preston, R. S. 1967. "Some New Results in the Measurement of Capacity Utilization." *The American Economic Review* 57: 34-58.

Klein, L. R. 1960. "Some Theoretical Issues in the Measurement of Capacity." *Econometrica: Journal of the Econometric Society* 28: 272-286.

Klenow, P. and Rodriguez-Clare, A. 1997. "The neoclassical revival in growth economics: has it gone too far?" *NBER Macroeconomics Annual* 12: 73-103.

Klenow, P. J., and A. Rodríguez-Clare. 2005. *Handbook of Economic Growth*. North Holland: North Holland Publisher.

Klepper, S. 1996. "Entry, Exit, Growth, and Innovation over the Product Life Cycle." *American Economic Review* 86: 562-583.

Klepper, S., and J. H. Miller. 1995. "Entry, Exit, and Shakeouts in the United States in New Manufactured Products." *International Journal of Industrial Organization* 13: 567-591.

Konings J., Cayseele P. V. and Warzynski F. 2005. "The effects of privatization and competitive pressure on firms´price-cost margins: Micro evidence from emerging economies." *Review of Economics and Statistics* 87: 124-134.

Krugman, P. 1999. *What happened to Asia*. Berlin: Springer.

Kuijs, Louis. 2009. "China Through 2020: A Macroeconomic Scenario." *World Bank China Research Working Paper*.

Lee, C. Y. 2010. "A Theory of Firm Growth: Learning Capability, Knowledge Threshold, and Patterns of Growth." *Research Policy* 39: 278-289.

Lee, Murtaza Syed, Liu Xueyan. 2012. "Is China Over-Investing and Does it Matter?" *IMF Working Paper* 277.

Levinsohn J. and A. Petrin. 2003. "Estimating Production Function Using

Inputs to Control for Observables." *Review of Economic Studies* 70: 317-341.

Li, K.-W., Liu, T. 2011. "Economic and productivity growth decomposition: An application to post-reform China." *Economic Modelling* 29: 366-373.

Ma, Y., H. Tang and Y. Zhang. 2014. "Factor Intensity, product switching, and productivity: Evidence from Chinese exporters." *Journal of International Economics* 92: 349-362.

Maddison, A. 2007. *Contours of the World Economy*. New York: Oxford University Press.

Meeusen, W. and J. Van den Broeck. 1977. "Efficiency estimation from Cobb-Douglas production functions with composed error." *International economic review* 18: 435-444.

Melitz, M. J. 2003. "The impact of trade on intra-industry reallocations and aggregate industry productivity." *Econometrica* 71: 1695-1725.

Metcalfe, J. S. 1994. "Evolutionary Economics and Technology Policy." *Economic Journal* 104: 931-944.

Morrison, C. J. 1985a. "Primal and Dual Capacity Utilization: An Application to Productivity Measurement in the US Automobile Industry." *Journal of Business and Economic Statistics* 3: 312-324.

Morrison, C. J. 1985b. "On the Economic Interpretation and Measurement of Optimal Capacity Utilization with Anticipatory Expectations." *The Review of Economic Studies* 52: 95-309.

Nelson, R. R. 1982. *An Evolutionary Theory of Economic Change*. Massachusetts: Harvard University Press.

Olley G. S. and A. Pakes. 1996. "The Dynamics of Productivity in the Telecommunications Equipment Industry." *Econometrica: Journal of the Econometric Society* 64: 1263-1297.

Ozyurt, S. 2009. "中国工业的全要素生产率：1952—2005." 世界经济文汇 5: 1-16。

Parente, S. L. 1994. "Technology Adoption, Learning-by-Doing, and Economic-Growth." *Journal of Economic Theory* 63: 346-369.

Pascoe, S. and Tingley, D. 2006. "Economic Capacity Estimation in Fisheries: A Non-Parametric Ray Approach." *Resource and Energy Economics* 28: 124-138.

Pascoe, S., Kirkley, J. E., Ward, J. and Greboval, D. F. 2003. "Measuring and Assessing Capacity in Fisheries: Issues and Methods." *Food and Agriculture* 433/2: 130

Peltoniemi, M. 2011. "Reviewing Industry Life - Cycle Theory: Avenues for Future Research." *International Journal of Management Reviews* 13: 349-375.

Penrose, E. 2009. *The Theory of the Growth of the Firm*. UK: Oxford University Press.

Pettis, 2013, "Hidden Debt MUST Still be Repaid." http://blog.caijing.com.cn/expert_article-151686-60460.shtml.

Pettis, 2014, "The four stages of Chinese growth." http://blog.caijing.com.cn/expert_article-151686-71297.shtml.

Phillips, A. 1963. "An Appraisal of Measures of Capacity." *The American Economic Review* 53: 275-292.

Pindyck, R. S. 1988. "Irreversible Investment, Capacity Choice, and the Value of the Firm." *The American Economic Review* 78: 969-985.

Prescott, Edward C. 1998. "Lawrence R. Klein lecture 1997: Needed: A theory of total factor productivity." *International economic review* 39: 525-551

Pritchett, Summers. 2014. "Asiaphoria Meets Regression to the Mean." *NBER Working Paper*. No. 20573.

Restuccia, D. and R. Rogerson. 2008. "Policy distortions and aggregate productivity with heterogeneous establishments." *Review of Economic Dynamics* 11: 707-720.

Romer, P. M. 1990. "Endogenous Technological-Change." *Journal of Political Economy*, 98: S71-S102.

Sahoo, B. K. and Tone, K. 2009. "Decomposing Capacity Utilization in Data Envelopment Analysis: An Application to Banks in India." *European Journal of Operational Research* 195: 575-594.

Schuh, S. 1998. "Industrial Evolution in Developing Countries: Micro

Patterns of Turnover, Productivity, and Market Structure." *Journal of Economic Literature* 36: 946-948.

Schumpeter, J. A. 1961. *The Theory of Economic Development: An Inquiry into Profits, Capital, Credit, Interest, and the Business Cycle.* US: Transaction Books.

Segerson, K. and Squires, D. 1990. "On the Measurement of Economic Capacity Utilization for Multi-Product Industries." *Journal of Econometrics* 44: 347-361.

Seiford, L. M. and R. M. Thrall. 1990. "Recent Developments in Dea-the Mathematical-Programming Approach to Frontier Analysis." *Journal of Econometrics* 46: 7-38.

Shaikh, A. and Moudud, J. 2004. "Measuring Capacity Utilisation in OECD Countries: A Cointegration Method." *Economics Working Paper Archive* 415.

Silverberg, G., G. Dosi, and L. Orsenigo. 1988. "Innovation, Diversity and Diffusion: A Self-Organisation Model." *The Economic Journal* 98: 1032-1054.

Solow R. M. 1956. "A contribution to the theory of economic growth." *The Quarterly Journal of Economics* 70: 65-94.

Solow, R. M. 1956. "A contribution to the theory of economic growth." *The Quarterly Journal of Economics* 70: 65-94.

The World Bank. 2012. "China 2030: Building a Modern, Harmonious, and Creative High-Income Society." *China's Foreign Trade* 4: 36-37.

Tian, X., Yu, X. 2012. "The enigmas of TFP in China: A meta-analysis." *China Economic Review* 23: 96-414.

Tone, K. and Tsutsui, M. 2010. "Dynamic DEA: A Slacks-Based Measure Approach." *Omega* 38: 145-156.

Tone, K. 2001. "A Slacks-Based Measure of Efficiency in Data Envelopment Analysis." *European Journal of Operational Research* 130: 498-509.

Vainiomaki, J. 1999. *Technology and Skill Upgrading: Results from Linked Worker-Plant Data for Finnish Manufacturing.* Emerald Group Publishing Limited.

Van Biesebroeck, J. 2007. "Robustness of productivity estimates." *Journal of Industrial Economics* 55: 529-569.

Witt, U. 1992. "Evolutionary Concepts in Economics." *Eastern Economic*

Journal 18: 405-419.

Wu, Y. 2003. "Has productivity contributed to China's growth?" *Pacific Economic Review* 8: 15-33.

Young, A. 2003. "Gold into base metals: Productivity growth in the People's Republic of China during the reform period." *Journal of Political Economy* 111: 1220-1261.

Zheng, J., Hu, A. 2006. "An empirical analysis of provincial productivity in China (1979 - 2001)." *Journal of Chinese Economic and Business Studies* 4: 221-239.

Zheng, J., Liu, X., Bigsten, Arne. 2009. "Efficiency, Technical Progress, and Best Practice in Chinese State Enterprises (1980-1994)." *Journal of Comparative Economics* 31: 134-152.

白重恩、张琼，2014，《中国经济减速的生产率解释》，《比较》第4期。

蔡昉、都阳、高文书，2004，《就业弹性、自然失业和宏观经济政策——为什么经济增长没有带来显性就业?》，《经济研究》第9期。

蔡昉，2013，《中国经济增长如何转向全要素生产率驱动型》，《中国社会科学》第1期。

陈林，2018，《中国工业企业数据库的使用问题再探》，《经济评论》第6期。

陈诗一，2011，《中国工业分行业统计数据估算：1980—2008》，《经济学（季刊）》第3期。

陈妍，2012，《国有、民营、三资企业在科技活动中的地位和作用——两次经济普查相关数据分析之二》，《经济研究参考》第30期。

陈彦斌、姚一旻、陈小亮，2013，《中国经济增长困境的形成机理与应对策略》，《中国人民大学学报》第4期。

陈永伟、胡伟民，2011，《价格扭曲、要素错配和效率损失：理论和应用》，《经济学（季刊）》第4期。

程俊杰，2015a，《转型时期中国产能过剩测度及成因的地区差异》，《经济学家》第3期。

程俊杰，2015b，《转型时期中国地区产能过剩测度——基于协整法和随机前沿生产函数法的比较分析》，《经济理论与经济管理》第 4 期。

程俊杰，2015c，《中国转型时期产业政策与产能过剩——基于制造业面板数据的实证研究》，《财经研究》第 8 期。

戴天仕、徐现祥，2010，《中国的技术进步方向》，《世界经济》第 11 期。

单豪杰，2008，《中国资本存量 K 的再估算：1952~2006 年》，《数量经济技术经济研究》第 10 期。

邓明，2014，《人口年龄结构与中国省际技术进步方向》，《经济研究》第 3 期。

董敏杰、梁泳梅、张其仔，2015，《中国工业产能利用率：行业比较、地区差距及影响因素》，《经济研究》第 1 期。

范林凯、李晓萍、应珊珊，2015，《渐进式改革背景下产能过剩的现实基础与形成机理》，《中国工业经济》第 1 期。

菲利普·阿吉翁，2014，《寻求竞争力：对中国增长政策设计的启示》，《比较》第 5 期。

郭春娜，2019，《制造业全要素生产率测算及影响因素研究》，《重庆大学学报》（社会科学版）第 2 期。

郭庆旺、贾俊雪，2005，《中国全要素生产率的估算：1979—2004》，《经济研究》第 6 期。

韩国高、高铁梅、王立国、齐鹰飞、王晓姝，2011，《中国制造业产能过剩的测度、波动及成因研究》，《经济研究》第 12 期。

黄亚生，2005，《改革时期的外国直接投资》，新星出版社。

简泽，2011，《企业间的生产率差异，资源再配置与制造业部门的生产率》，《管理世界》第 5 期。

简泽、段永瑞，2012，《企业异质性、竞争与全要素生产率的收敛》，《管理世界》第 8 期。

江飞涛、耿强、吕大国、李晓萍，2012，《地区竞争、体制扭曲与产能过剩的形成机理》，《中国工业经济》第 6 期。

雷钦礼，2013，《偏向性技术进步的测算与分析》，《统计研究》第 4 期。

李春顶，2010，《中国出口企业是否存在“生产率悖论”基于中国制造业企业数据的检验》，《世界经济》第 7 期。

李平、钟学义、王宏伟、郑世林，2013，《中国生产率变化与经济增长源泉：1978~2010年》，《数量经济技术经济研究》第1期。

李平、简泽、江飞涛，2012，《进入退出、竞争与中国工业部门的生产率——开放竞争作为一个效率增进过程》，《数量经济技术经济研究》第9期。

李胜文、李大胜，2008，《中国工业全要素生产率的波动：1986~2005——基于细分行业的三投入随机前沿生产函数分析》，《数量经济技术经济研究》第5期。

李小平、卢现祥、朱钟棣，2008，《国际贸易、技术进步和中国工业行业的生产率增长》，《经济学（季刊）》第2期。

李扬、张晓晶，2015，《"新常态"：经济发展的逻辑与前景》，《经济研究》第5期。

李玉红、王皓、郑玉歆，2008，《企业演化：中国工业生产率增长的重要途径》，《经济研究》第6期。

梁红，2012，《中国经济的长周期和短周期》，2012年秋季CMRC中国经济观察（总第31期），北京大学国家发展研究院。

梁泳梅、董敏杰、张其仔，2014，《产能利用率测算方法：一个文献综述》，《经济管理》第11期。

林毅夫，2007，《潮涌现象与发展中国家宏观经济理论的重新构建》，《经济研究》第1期。

林毅夫、蔡昉、李周，1999，《比较优势与发展战略——对"东亚奇迹"的再解释》，《中国社会科学》第5期。

林毅夫、巫和懋、邢亦青，2010，《"潮涌现象"与产能过剩的形成机制》，《中国经济学》第10期。

林毅夫，2016，《中国经济到底会不会左右为难》，http://www.aisixiang.com/data/98341.html。

刘培林、贾珅、张勋，2015，《后发经济体的"追赶周期"》，《管理世界》第5期。

刘生龙、王亚华、胡鞍钢，2009，《西部大开发成效与中国区域经济收敛》，《经济研究》第9期。

刘小玄、郑京海，1998，《国有企业效率的决定因素：1985—1994》，

《经济研究》第1期。

刘志彪，2007，《全球价值链中我国外向型经济战略的提升——以长三角地区为例》，《中国经济问题》第1期。

卢锋，2010，《治理产能过剩》，天则经济研究所399次学术报告会纪要。

鲁晓东、连玉君，2012，《中国工业企业全要素生产率估计：1999—2007》，《经济学（季刊）》第1期。

陆旸，2012，《中国的潜在产出增长率及其预测》，社会科学文献出版社。

毛其淋、盛斌，2013，《中国制造业企业的进入退出与生产率动态演进》，《经济研究》第4期。

聂辉华、贾瑞雪，2011，《中国制造业企业生产率与资源误置》，《世界经济》第7期。

聂辉华、江艇、杨汝岱，2012，《中国工业企业数据库的使用现状和潜在问题》，《世界经济》第5期。

屈宏斌，2015，《中国潜在增长率究竟几何》，《发展》第2期。

桑东华，2010，《新中国成立以来党的所有制政策演变与我国所有制结构的变迁》，《中国党史研究》第7期。

邵敏、包群，2012，《政府补贴与企业生产率——基于我国工业企业的经验分析》，《中国工业经济》第7期。

邵宜航、步晓宁、张天华，2013，《资源配置扭曲与中国工业全要素生产率——基于工业企业数据库再测算》，《中国工业经济》第12期。

沈利生，1999，《我国潜在经济增长率变动趋势估计》，《数量经济技术经济研究》第12期。

盛斌、毛其淋，2015，《贸易自由化与制造业企业生产率的动态演进：来自中国微观企业数据的经验证据》，《当代经济科学》第5期。

苏锦红、兰宜生、夏怡然，2015，《异质性企业全要素生产率与要素配置效率——基于1999~2007年中国制造业企业微观数据的实证分析》，《世界经济研究》第11期。

孙巍、何彬、武治国，2008，《现阶段工业产能过剩“窖藏效应”的数理分析及其实证检验》，《吉林大学社会科学学报》第1期。

孙巍、李何、王文成，2009，《产能利用与固定资产投资关系的面板数据协整研究——基于制造业 28 个行业样本》，《经济管理》第 3 期。

涂正革，2008，《环境、资源与工业增长的协调性》，《经济研究》第 2 期。

涂正革、肖耿，2005，《中国的工业生产力革命——用随机前沿生产模型对中国大中型工业企业全要素生产率增长的分解及分析》，《经济研究》第 3 期。

涂正革，肖耿，2006，《中国经济的高增长能否持续：基于企业生产率动态变化的分析》，《世界经济》，第 2 期。

王贵东，2017，《中国制造业企业的垄断行为：寻租型还是创新型》，《中国工业经济》第 3 期。

王贵东，2018，《1996-2013 年中国制造业企业 TFP 测算》，《中国经济问题》第 4 期。

王立国、鞠蕾，2012，《地方政府干预、企业过度投资与产能过剩：26 个行业样本》，《改革》第 12 期。

王立国、周雨，2013，《体制性产能过剩：内部成本外部化视角下的解析》，《财经问题研究》第 3 期。

王洛林、魏后凯，2003，《我国西部大开发的进展及效果评价》，《财贸经济》第 10 期。

王庆，2013，《中国经济的"新常态"》，2012 年冬季 CMRC 中国经济观察（总第 32 期），北京大学国家发展研究院。

王万珺、刘小玄，2018，《为什么僵尸企业能够长期生存》，《中国工业经济》第 10 期。

王文甫、明娟、岳超云，2014，《企业规模、地方政府干预与产能过剩》，《管理世界》第 10 期。

王小鲁，2000，《中国经济增长的可持续性与制度变革》，《经济研究》第 7 期。

王志华、董存田，2012，《我国制造业结构与劳动力素质结构吻合度分析——兼论"民工荒"、"技工荒"与大学生就业难问题》，《人口与经济》第 5 期。

吴国培、王伟斌，2014，《我国全要素生产率对经济增长贡献的分析研究》，《统计研究》第 12 期。

伍晓鹰，2013，《测算和解读中国工业的全要素生产率》，《比较》第 6 期。

伍晓鹰，2014，《中国工业化道路的再思考：对国家或政府作用的经济学解释》，《比较》第 6 期。

谢千里、罗斯基、张轶凡，2008，《中国工业生产率的增长与收敛》，《经济学（季刊）》第 3 期。

徐朝阳、周念利，2015，《市场结构内生变迁与产能过剩治理》，《经济研究》第 2 期。

许宪春，2002，《中国国内生产总值核算》，《经济学（季刊）》第 4 期。

鄢萍，2012，《资本误配置的影响因素初探》，《经济学（季刊）》第 2 期。

严洁，2017，《缺失数据的多重插补：应用案例与软件操作》，重庆大学出版社。

杨汝岱，2015，《中国制造业企业全要素生产率研究》，《经济研究》第 2 期。

杨帅羽、向洪金、戴志洋，2015，《政府补贴、国企国有化系数与中国企业的产能过剩》，《经济数学》第 2 期。

易纲、吴任昊，2000，《论存货与经济波动——理论回顾与对中国情况的初步分析》，《财贸经济》第 5、6 期。

尹恒、杨龙见，2019，《投入产出异质性与中国制造业企业生产率估计：1998—2013》，《中国工业经济》第 4 期。

余淼杰，2010，《中国的贸易自由化与制造业企业生产率》，《经济研究》第 12 期。

余淼杰，2011，《加工贸易、企业生产率和关税减免——来自中国产品面的证据》，《经济学（季刊）》第 4 期。

余淼杰、金洋、张睿，2018，《工业企业产能利用率衡量与生产率估算》，《经济研究》第 5 期。

袁富华，2010，《低碳经济约束下的中国潜在经济增长》，《经济研究》第 8 期。

袁富华，2012，《长期增长过程的“结构性加速”与“结构性减速”：

一种解释》,《经济研究》第3期。

张斌,2013,《经济趋势下行的逻辑》,2013年秋季CMRC中国经济观察,北京大学国家发展研究院。

张杰、李勇、刘志彪,2009,《出口促进中国企业生产率提高吗?——来自中国本土制造业企业的经验证据:1999~2003》,《管理世界》第12期。

张军、施少华,2003,《中国经济全要素生产率变动:1952-1998》,《世界经济文汇》第2期。

张军扩、余斌、吴振宇,2014,《增长阶段转换的成因、挑战和对策》,《管理世界》第12期。

张少华、张天华,2015,《中国工业企业动态演化效率研究:所有制视角》,《数量经济技术经济研究》第3期。

张少华、蒋伟杰,2014,《中国全要素生产率的再测度与分解》,《统计研究》第3期。

张天华、张少华,2016,《偏向性政策、资源配置与国有企业效率》,《经济研究》第2期。

张天华、张少华,2016,《中国工业企业全要素生产率的稳健估计》,《世界经济》第4期。

章上峰、许冰,2010,《初次分配中劳动报酬比重测算方法研究》,《统计研究》第8期。

中国经济增长前沿课题组,2012,《中国经济长期增长路径、效率与潜在增长水平》,《经济研究》第11期。

中国经济增长前沿课题组,2013,《中国经济转型的结构性特征、风险与效率提升路径》,《经济研究》第10期。

中国经济增长前沿课题组,2014,《中国经济增长的低效率冲击与减速治理》,《经济研究》第12期。

周劲、付保宗,2011,《产能过剩的内涵、评价体系及在我国工业领域的表现特征》,《经济学动态》第10期。

周黎安,2004,《晋升博弈中政府官员的激励与合作》,《经济研究》第6期。

周黎安、张维迎、顾全林、汪淼军,2007,《企业生产率的代际效应和年龄效应》,《经济学(季刊)》第4期。

周黎安、张维迎、顾全林、姜烨，2006，《中关村科技园区制造业生产率的动态变化及其分解：1995-2003》，《经济学报》第2卷。

周其仁，1997，《机会与能力——中国农村劳动力的就业和流动》，《管理世界》第5期。

朱晓冬，2013，《理解中国经济增长：过去、现在和未来》，《比较》第4期。

庄巨忠，2012，《超越低成本优势：中国经济如何避免落入中等收入陷阱》，2012年秋季CMRC中国经济观察，北京大学国家发展研究院。

邹东涛，2008，《中国所有制改革30年（1978~2008）》，社会科学文献出版社。

后　记

我对“全要素生产率”的关注最早可以追溯到2003年。那年，在北京中关村的风入松书店翻阅《经济学（季刊）》，张军、施少华和陈诗一三位老师发表在上面的首篇论文《中国的工业改革与效率变化——方法、数据、文献和现有的结果》吸引了我。论文对“全要素生产率（*TFP*）”的定义、计算以及主要文献，进行了系统的梳理和回顾，有公式有图表，“全要素生产率”和“*TFP*”这两个超酷的字眼，加上论文技术性的写作手法，使得我对这个领域产生了浓厚的兴趣，但也仅仅是埋下了一颗小小的种子。

我对“全要素生产率”的研究是一个长期积累的过程。2010年博士毕业，我有幸来到浙江理工大学从事教研工作。一位老资格的同事给我安排了一门课“经济学原著阅读”，我没有按照通常的讲法来讲授经济学原著，而是对课程进行了重新设计，定位现代经济学的发展历史和现代结晶，重点带领学生阅读和给学生讲授能够反映现代经济学思想的经典和前沿文献。比如钱颖一、田国强、许成钢等对现代经济学基本分析框架和研究方法的系统介绍，比如哈耶克那篇对社会科学产生广泛影响的《知识在社会生产中的作用》。而对克鲁格曼发表在美国《外交》杂志上面的科普性文章《东亚奇迹的神话》以及一系列相关论文的梳理，再次将我引入“全要素生产率”这个研究领域。我因此开始对全要素生产率的各种测度方法、主要应用以及存在争议进行了系统梳理，写下了5万多字的阅读笔记，打下了后来从事全要素生产率实证研究的文献基础。

但是，本书的具体研究，却是这十多年来我和我的学生以及合作者共同学习、共同研究和共同进步的产物。第一章是我和博士生李苏苏的合作产物，主要工作就是基于目前使用中国工业企业数据库开展研究的文献局限于1999年到2007年，我们采用了5种插补方法将数据库延长到2013年，并且对中国工业企业的全要素生产率进行了再测度。第二章是我和张天华的合作产物，主要工作是借助中国工业企业数据库，采用7种生产率测度方法进行了稳健估计和对比分析。第三章是我、步晓宁和张天华的合作成果，侧重分析中国工业企业增长动能的来源。第四章也是我和张天华的合作成果，侧重从所有制视角分析中国工业企业的动态演化效率。第五章是我和学生蒋伟杰的合作成果，采用前沿的动态 *DEA* 方法测度了中国工业和省际层面的产能利用率，对中国产能过剩情况进行了科学测度和分析。第六章也是我和学生蒋伟杰的合作成果，从生产率视角分析了中国经济减速的根本原因。本书的出版，得益和受教于我的学生和长期合作者，感激之情难以言表。他们因为出色的研究能力和研究成果找到理想的工作，我由衷地为他们高兴和骄傲。

本书能够顺利出版，还需要着重感谢两个人。一位是傅元海院长，他帮助解决了本书出版的资金问题。一位是社会科学文献出版社的周志静编辑，她专业、细致和耐心的编辑工作，无论是形式上还是内容上，都大大提升了本书的质量。

我撰写后记之际，正是我国统计局公布中国2020年GDP首超100万亿元之日。当此非常之日，恭祝我们伟大的祖国繁荣昌盛，恭祝我们勤劳的人民健康幸福，恭祝世界各国人民早日走出疫情风险。

张少华谨记于广州

2021年1月18日

图书在版编目(CIP)数据

中国经济增长的生产率视角：从微观到宏观 / 张少华等著. -- 北京：社会科学文献出版社，2021.7
ISBN 978-7-5201-8549-3

Ⅰ.①中… Ⅱ.①张… Ⅲ.①中国经济-经济增长-研究 Ⅳ.①F124.1

中国版本图书馆 CIP 数据核字(2021)第 118545 号

中国经济增长的生产率视角：从微观到宏观

著　　者 / 张少华 等

出 版 人 / 王利民
责任编辑 / 周志静　韩莹莹

出　　版 / 社会科学文献出版社 · 人文分社(010) 59367215
地址：北京市北三环中路甲 29 号院华龙大厦　邮编：100029
网址：www. ssap. com. cn
发　　行 / 市场营销中心（010）59367081　59367083
印　　装 / 三河市尚艺印装有限公司

规　　格 / 开 本：787mm × 1092mm　1/16
印 张：13. 25　字 数：218 千字
版　　次 / 2021 年 7 月第 1 版　2021 年 7 月第 1 次印刷
书　　号 / ISBN 978-7-5201-8549-3
定　　价 / 98. 00 元